CSES 연구총서_3

사회적 가치의 재구성

대한민국 사회문제 지도로 사회적 기업의 미래를 그리다

장용석 · 조희진 · 김보경 · 황정윤 · 이영동

문우사
MoonWoo

머리말

새 정부 들어, '사회적 가치'가 중요한 키워드로 등장하고 있습니다. 문재인 대통령이 2014년, 의원 시절에 발의하였던 '사회적 가치 기본법(공공기관의 사회적 가치 실현에 관한 기본법)'이 다시 수면 위로 떠올랐고, 올해부터 공공기관 경영평가의 '사회적 가치' 부문 배점이 30점으로 대폭 향상되는 등 사회 변화에 초석이 될 만한 움직임이 다양하게 나타나고 있습니다. 하지만, 사회적 가치가 무엇인지에 대한 논의는 여전히 부족합니다. '사회적 가치 기본법(공공기관의 사회적 가치 실현에 관한 기본법)' 제3조 1항에서 정의하는 사회적 가치는 "사회적·경제적·환경적·문화적 영역에서 공동의 이익과 공동체 발전에 기여하는 가치"입니다. 여기에는 인권 보호, 안전한 근로·생활환경 유지, 보건복지, 노동권 보장, 사회통합, 양질의 일자리 창출, 지역사회 활성화, 환경의 지속가능성 보전, 민주적 의사결정, 기업의 사회적 책임 이행 등이 포함됩니다. 과연, 어디까지를 사회적 가치로 보아야 할지 모호하기도 하고, '공공성'의 또 다른 이름이라는 비판도 존재합니다. 따라서 광범위하게 포진되어 있는 사회적 가치를 재구성하고, 구체화하는 작업이 필요합니다. 이를 위해서는 우리가 겪고 있는 사회문제 중심으로 사회적 가치를 재분류하는 과정이 선행되어야 합니다.

'사회적 가치 기본법'의 등장으로 나타난 또 다른 중요한 변화는 사회적 가치를 기치로 하는 사회적 기업, 소셜 벤처, NGO 등의 조직들이 크게 주목받고 있다는 사실입니다. 그중 사회적 기업은 기업의 운영 원리를 통해 사회문제를 해결해 나가는 혼합조직(hybrid organization)으로 사회적 가치와 경제적 가치를 동시에 추구하는 독특한 특성을 보입니다. 정부나 NGO, 기업과는 달리, 사회문제를 지속가능하게 해결할 수 있다는 이점도 있습니다. 시장실패와 정부실패의 보완책으로서 사회적 기업이 전 세계적으로 각광받는 이유도 이 때문입니다. 새로운 사회문제 해결사로서 사회적 기업이 자본주의의 새 장을 열어가고 있다고 해도 과언이 아닙니다.

우리나라는 일자리 문제를 해결하기 위해 2007년부터 '사회적기업육성법'을 통해 사회적 기업을 지원해 왔습니다. 하지만, 시민사회의 전통이 뿌리 깊은 유럽이나 미국과는 달리, 10년 남짓의 짧은 기간 동안 정부 주도 하에 사회적 기업이 육성되었다는 점에서 여러 한계가 나타나고 있습니다. 정부가 그동안 인건비성의 재정 지원을 중심으로 사회적 기업을 육성하다 보니, 정부 지원이 끊기면 업종을 전환하거나 폐업하는 경우가 상당합니다. 2007년 40여 개에 불과했던 사회적 기업 수가 2018년 12월 현재, 2,089개로 급격히 증가하였지만, 대표적인 성공 사례를 찾기 힘들다는 사실이 우리나라 사회적 기업의 현실을 잘 보여주고 있습니다.

사회적 기업을 설명하는 또 다른 축인 사회적 가치에 대해서는 어떻게 평가할 수 있을까요? 많은 연구들은 사회적 기업이 경영 역량 증진보다 사회적 가치 실현에 초점을 두고 있다고 설명합니다. 하지만, 사회적 기업이 경영난에 시달리다 보면, 사회적 가치 실현도 어려워지는 게 사실입니다. 창의적인 아이디어와 기술로 국민들의 삶을 위협하는 다양한 사회문제를 해결해 나가는 것이 사회적 기업에게 요구되지만, 이를 위해서는 많은 자본이 필요하기 때문입니다. 본 연구는 이러한 문제의식을 가지고 사회적 기업이 다양한 사회문제 해결을 통해 사회적 가치를 실현하고 있는지 살펴보고자 했습니다.

이를 위해 국제사회에서 제시하는 가이드라인, 정권별 국정과제, 학계에서 사회문제로 정의하는 아젠다, 미래사회 예측 보고서, 신문기사 빅데이터 분석 등 다양한 자료를 바탕으로 경제적 불평등(소득 및 주거 불안, 노동 불안정, 교육 불평등), 사회적 위험(삶의 질 저하, 사회통합 저해, 사회구조 변화, 안전위협), 환경파괴(환경오염, 자원 고갈, 자연재해) 영역의 10대 사회문제를 도출하였습니다. 이는 현재, 그리고 미래 세대들의 삶을 위협할 수 있는 요소들을 중심으로 광범위하게 흩어져 있던 사회문제, 즉, 사회적 가치를 재정의한 것으로 향후 정부의 정책을 기획하고 사회적 기업의 사업 영역을 발굴하는 종합 지표로서 의의가 있습니다.

연역적, 귀납적 방법을 통해 도출한 10대 사회문제와 2015년 기준, 고용노동부 인증 사회적 기업 1,299곳의 소셜 미션을 매칭(matching)한 결과, 31%의 사회적 기업이 '노동 불안정', 즉, 취약계층 일자리 문제를 해결하는 것으로 나타났습니다. 우려할 만한 사실은 우리 사회를 위협하는 문제들이 과거에 비해 더 다양해지고 복잡해지고 있음에도, 대다수의 사회적 기업이 정부에서 사회적 기업을 지원하기 시작한 초기의 목적에서 벗어나지 못하고 있다는 것입니다. 일반 국민 1,000명을 대상으로 한 사회적가치연구원(舊 사회적기업연구소)의 〈사회적 가치 서베이 2016〉에 따르면, '노동 불안정' 외에도 응답자의 70% 이상이 '소득 및 주거 불안', '환경오염', '자원고갈' 등의 문제를 심각하다고 인식하였습니다. 하지만, 이의 문제를 해결하고 있는 사회적 기업은 각각 5%, 8.1%, 5.5%에 불과합니다.

따라서 국민들이 심각하다고 생각하는 사회문제를 사회적 기업이 해결할 정도로 많이 분포하고 있지 않다는 것에 주목할 필요가 있습니다. 국민들이 심각하게 인식하지만, 사회적 기업이 많이 존재하지 않는 사회문제를 해결하는 것이 사회적 기업의 블루오션 시프트(blue ocean shift)이자, 그들의 자생력을 높이는 길입니다. 이를 위해 크리솔버(cresolver)로서 새로운 사회적 가치를 탐색하고 도전하는 사회적 기업 자체의 변화, 사회적 가치를 측정·보상하는 제도의 변화, 사회적 기업 생태계를 확장시키는 시스템적인 변화 등 세 가지 전략이 요구됩니다.

본 연구는 다수의 저서와 학술논문, 사회적 혁신가들의 아이디어를 바탕으로 진행되었습니다. 이 분야를 선도해 주신 연구자분들과 사회적 기업가분들에게 진심 어린 존경을 표하며 감사의 말씀을 드립니다. 혹여 본문에서 인용, 출처가 누락되었거나 표기상의 오류가 있더라도 이는 고의적인 것이 아님을 밝히며, 그에 대한 너그러운 양해를 부탁드립니다.

본 연구는 사회적가치연구원(舊 사회적기업연구소)의 지원 하에 지난 2년여간 진행된 연구 모임을 바탕으로 축적시킨 다양한 정보와 아이디어를 집대성한 결과물입니다. 사회적가치연구원의 지원에 감사의 말씀을 드리며, 본 연구의 문제의식을 처음부터 함께 공유하고 발전시키는 데 많은 도움을 준 조선일보 더나은미래에도 감사의 말씀을 전합니다.

2018년 12월

장용석 외 저자 일동

차 례

Part II

사회문제 해결로 사회적 가치를 창출하다

Prologue

사회문제 해결, 누구의 책임인가?

2008년 발생한 글로벌 금융위기로 자본주의의 개념 및 인식이 새롭게 재편되고 있다. 정부의 역할을 최소화하고, 시장의 역할을 강조해 왔던 신자유주의[1)]의 효력이 과거에 비해 크게 약화된 것이다. 그렇다면, 시장에 한계가 발생하였을 때, 정부의 역할이 보다 강화되는 자본주의의 역사적 흐름이 현재에도 유지될 수 있을까? 전 세계 경제·사회의 흐름이나 학자들의 다양한 논의들을 살펴보았을 때, 이의 답은 '아니다'에 훨씬 기울고 있다.

최근 들어, '자본주의 4.0', '착한 자본주의' 등의 용어들을 신문 지면이나 뉴스, 인터넷 등을 통해 많이 들어봤을 것이다. 이는 2008년 미국 발 글로벌 금융위기 이후, 정부나 시장, 어느 한 주체의 역할만으로는 복잡한 문제들을 해결하기 어렵다는 인식에서 비롯된 것이다. '자본주의 4.0', '착한 자본주의', '따뜻한 자본주의'는 지속가능한 발전을 위해 정부와 시장, 각각의 운영 원리를 혼합함으로써 두 영역 간의 협력적 관계가 유지되어야 함을 강조한다.[1] 이러한 새로운 시장운영 원리들이 이제 경제, 사회 등 여러 영역에 걸쳐 얽혀 있는 복잡한 현대 사회의 문제들을 해결할 대안으로 급부상하고 있다.

1) 1970년대 후반, 두 차례의 오일 쇼크로 인해 정부가 시장에 개입, 통제하던 정부 주도 자본주의의 문제점이 드러나자, 정부의 역할을 축소하고, 시장의 역할을 확대하는 신자유주의로 자본주의의 흐름이 전환되었다(장하준, 2014).

현대 사회에서 누구나 공감할 수 있는 대표적인 문제 중 하나로 일자리 불안과 행복감 저하를 꼽을 수 있다. 이는 노동 불안정에 따른 경제적인 문제로 비춰지기도 하지만, 과도한 업무로 인한 스트레스 등으로 개인의 삶의 질이 저하되는 문제로도 볼 수 있기 때문에 문제의 원인을 어느 하나로 규명할 수 없다. 또한, 취약계층에게만 해당되는 문제도 아니고, 누구나 겪고 있는, 그리고 미래의 세대들도 앞으로도 겪을 수 있는 문제이다. 과거 취약계층에게 국한되던 사회문제는 이렇게 일반 개인에게까지 확대되고 있다. 따라서 빈곤층, 소수계층 등 제한된 계층을 대상으로 하는 정부의 복지서비스 제공은 더 이상 큰 실효성을 갖기 어려워졌다.

더욱이, 1990년대 초반 이후, 세계화 현상이 가속화되면서 국가의 경계가 허물어짐에 따라 특정 국가에서 발생한 문제가 다른 국가들에게까지 순식간에 퍼지는 등 피해의 범위가 '국내'에서 '세계'로 점차 커지고 있다. 예를 들면, 환경문제, 경제 위기 등이 대표적이다. 또한, '지속가능발전(sustainable development)'의 개념이 전 세계적으로 강조되면서 경제적 빈곤을 해결하는 것에서 더 나아가, 사회, 환경의 위험으로부터 안전하게 보호받고, 행복하게 살 수 있도록 경제, 사회, 환경을 조화롭게 발전시켜 나가는 것이 중요해지고 있다.[2] 더욱이, 국민 의식이 성숙해짐에 따라 사회문제 해결에 대한 요구도 커지고 있어 정부가 이를 홀로 감당하는 데 한계가 나타나고 있다.

신자유주의의 여파로 1980년대부터 현재까지, '정부의 규모 감축'이 전 세계적인 추세로 자리 잡고 있지만, 무분별한 규모 감축 경쟁이 정부의 역량까지 줄이는 부작용을 낳기도 하였다.[3] 그러다 보니, 정부는 점차 증대되는 사회적 요구나 복잡해지고 있는 사회문제에 효과적으로 대응할 수 없는 지경에 이르렀다. 이에 정부뿐 아니라, 풍부한 자본과 아이디어를 지닌 기업과의 협력, 공익성을 추구하면서도 시민과의 소통에 강점을 지닌 시민사회와의 협력, 즉, 협력적 거버넌스가 사회문제 해결의 중요한 대안으로 자리 잡게 되었다.[4, 5]

최근 등장하고 있는 '자본주의 4.0'의 원리도 정부나 시장 모두 실패의 가능성을 줄이고 서로 협력하여 시너지 효과를 창출하자는 것으로 이상의 논의와 일맥상통한다. 자본주의 4.0은 사회를 구성하는 다양한 주체들 간의 협력을 강조해 왔던 협력적 거버넌스의 논의를 자본주의 측면에서 재해석한 것이라 볼 수 있다. 전통적으로 '공익성'을 추구하던 정부와 '수익성'을 추구하던 시장에서 서로의 가치를 받아들이는 유연한 자세가 강조됨에 따라 '책임성'에 해당하는 사회적 가치와 '효율성'에 해당하는 경제적 가치 간의 융합 현상이 빈번해지고 있다.[6, 7]

그렇다면, '효율성'과 '책임성' 간의 융합 현상이 보편화되고 있는 보다 근본적인 원인은 무엇일까? 그동안, 우리는 경제 성장을 최우선 목표로 하는 발전 국가 시대를 경험하면서 각종 불평등, 양극화, 인권 유린, 환경 파괴 등의 심각한 부작용을 겪었다. 정부가 공공성, 책임성, 복지 등 사회 정의를 실현하기 위해 노력하는 것 역시, 막대한 예산 낭비를 불러와 경제 위기를 초래하기도 했다. 이러한 현상들은 과거, '효율성'과 '책임성'의 두 가치가 상호배타적인 것으로 인식되어 경제 성장과 사회 정의의 동시 실현이 불가능하다고 믿었기 때문에 발생한 것이다.[8, 9] 이처럼, '효율성'과 '책임성' 중 어느 하나의 가치를 우선적으로 추구하다 보면, 궁극적으로 또 다른 문제가 나타나기 마련이다.[10] 그러기에 상호 모순적이라고 여겨지던 가치들을 균형 있게 조화시키는 것이 필요하다.

이제는 경제도 발전시켜야 하고 환경문제도 해결해야 하는 시대로 접어들었다. 많은 사람들이 심리적으로 안정되고 행복한 삶을 소망하고 있다. 이 모든 것을 충족시키려면 '효율성'과 '책임성', '경제적 가치'와 '사회적 가치' 간의 융합으로 긍정적 파급효과를 확대해야 한다. 사회문제를 효과적으로 해결하고 사회를 지속가능하게 발전시키기 위해 융합가치에 기반한 전략이 필요해졌다는 의미이다.

이러한 일련의 변화들은 시장의 논리(market logic)와 자선의 논리(charity logic)를 결합시킨 혼합조직(hybrid organization)을 증가시켰다.[11, 12] 정부처럼 다양한 사회적 가치를 창출하면서도 기업처럼 이윤을 추구하는 사회적 기업이 그 대표적인 예이다.[13, 14] 경제적 목적과 사회적 목적 모두를 추구하는 융합적 특성으로 인해 사회적 기업은 기업보다 더 책임 있게, 정부보다 더 효율적으로 사회문제를 해결함으로써 사회적 영향력(social impact)을 확대시킬 수 있다. 사회적 기업의 개념 자체는 유럽이나 미국을 중심으로 오래전부터 존재하여 왔지만, 우리나라를 비롯하여 전 세계적으로 사회적 기업이 강조되기 시작한 지는 얼마 되지 않았다. 사회문제 해결을 전담해 오던 정부 역량에 한계가 발생하자, 재화나 서비스를 판매한 수익을 지역 사회 발전을 위해 재투자하는 사회적 기업을 통해 정부의 한계를 보완하려는 움직임이 활발해졌다.[15, 16] 이에 사회적 기업을 협력적 거버넌스의 일환으로서 정부, 기업, 시민사회와 더불어 사회문제를 해결할 핵심 주체로 바라보기 시작한 것이다.

사회문제 해결에 있어 정부의 한계뿐 아니라, 기업, 시민사회 각각의 한계가 여전히 존재하고 있기에, 사회적 기업은 이제 '새로운 사회문제 해결사'로서 더 많은 역할을 해줄 것을 요구받고 있다.[17] 기업은 여전히 자선적 기부나 봉사활동 등 이미지 제고 차원의 사회공헌 활동에만 집중하고 있어 진정한 사회문제 해결이나 사회 혁신을 이끌어내지 못하고 있다. NGO 역시, 사회문제를 독자적으로 해결하기에는 한계가 있다. 사회문제를 해결하려면 NGO 자체적으로 비용을 충당하고, 수익을 창출할 수 있는 구조가 마련되어야 하는데 우리나라 NGO의 대부분은 그렇지 못한 실정이다. 그런 점에서 NGO는 정부 보조금이나 민간 기부금 등 외부 지원에 의존할 수밖에 없다. 최근, 사회적 기업이 더 주목을 받는 것도 이러한 현실적인 이유가 크게 작용한다.

그렇다면, '새로운 사회문제 해결사'로서 주목받고 있는 사회적 기업은 과연, 그 역할을 충실히 이행하고 있는가? 우리나라의 사회적 기업은 정부 주도로 육성되고 있다는 것이 가장 큰 특징이다. 2007년부터 시행된 '사회적 기업 육성법'에 의해 고용노동부가 사회적 기업을 인증해 주고, 이들에게 재정적·비재정적인 지원을 제공하고 있기 때문이다. 2007년 40여 개에 불과하던 사회적 기업이 2018년 12월 현재, 2,089개로 10년 사이에 50배 이상 급증하는 모습을 보이고 있다. 이러한 양적 성장에도 불구하고, 사회적 기업에 대한 회의적인 시각 또한 존재한다. 사회적 기업이 '지속가능발전'과 '사회문제 해결'이라는 큰 흐름에 부응하지 못한다는 것이다. 특히, 정부 주도로 사회적 기업이 육성되는 현 상황에서 '기업'으로서의 지속가능성을 담보하기 어렵다는 지적이 많다.[18] 이 글을 읽는 독자들 또한, 우리나라에 이렇게 많은 사회적 기업이 존재하고 있는지 의아해 할 것이다. 그만큼, 사회적 기업의 존재감이 불분명하다는 뜻이다. 선진국과 달리, 우리나라를 대표하는, 누구나 다 알만한 정도의 사회적 기업은 손에 꼽기 어려울 정도이니 말이다.

더 큰 문제는 현재, 대부분의 사회적 기업이 '취약계층 고용'에 한정된 사회적 미션을 가지고 있다는 것이다. 사실, '고용', '노동' 문제 외에도 우리나라에는 상당히 많은 사회문제가 존재한다. 과거부터 존재하던 '빈곤', '경제적 불평등', '실업' 등의 문제 외에도 '소외', '심리적 불안', '삶의 질 저하', '환경오염' 등 새로운 문제들이 속속 등장하고 있다. 그럼에도 불구하고, 사회적 기업의 사회적 미션이 '취약계층 고용'에 한정되어 있다는 것은 이들이 새로운 사회문제 해결자로서의 역할을 충실히 이행하고 있지 못함을 의미한다. 물론, 정부가 사회적 기업을 육성하게 된 배경 자체가 '고용 창출'에 있었기 때문에 일자리 문제에 집중하는 사회적 기업이 많은 것은 당연한 일일 수도 있다. 하지만, 현대 사회의 문제가 더욱 다양해지고, 복잡·다변화되고 있음을 주지할 필요가 있다. 단편적인 예로, 경제적으로는 풍족할지 몰라도, 삶이 불행하다고 느끼는 국민들이 점점 늘어나고 있다. 만약 이들이 취약계층이 아니라는 이유로 외면받는다면, 우리의 미래가 어떻게 되겠는가?

현재의 사회적 기업은 냉정히 말해 아직까지 사회문제 해결사로서의 역할을 충분히 수행하지 못하는 상황이다. 그동안 사회적 기업의 성장을 위한 다양한 정책과 해법이 시도되어 왔다. 그러나 좀 더 장기적이고 거시적인 차원에서 사회적 기업의 지속가능성을 높이고 이들이 제 역할을 다하도록 만들어주는 것이 필요하다. 이러한 상황에서 우리는 사회적 기업의 활동 영역을 사회문제와 연계시켜 살펴볼 필요가 있다고 판단하였다. 사회적 기업에 있어 중요한 점은 '기업'으로서의 자생력을 갖추는 것과 함께 '사회문제 해결'을 통한 '사회적 가치 창출'에 있기 때문이다.

우리의 접근은 다음의 측면에서 기존의 논의와 차별화된다. 첫째, 국제사회와 국내 사회의 시각을 종합하여 보편적으로 적용 가능한 사회문제들을 분류해보았다. 우리 사회가 직면한 사회문제가 과연 무엇인지 정의하는 과정이 선행되어야, 사회문제를 효과적으로 해결할 수 있는 방법을 탐색하는 것도 가능하다. 둘째, 이렇게 만들어진 사회문제 지도를 바탕으로 사회적 기업의 활동과 사회문제 영역을 매치하고자 하였다. 사회적 기업이 어떠한 사회문제에 초점을 맞춰 활동하고 있는지 분석하는 것은 지금의 사회적 기업 활동에 대해 냉철히 진단하고 이들이 지속가능하도록 대안을 찾는 데 이바지할 수 있다. 마지막으로 사회적 기업의 역할과 활동을 변화시킴으로써 사회문제 해결사로서 사회적 가치를 창출하기 위한 방향을 제시하고자 했다. 사회적 기업이 효과적으로 사회문제를 해결하기 위해서는 단순히 개별 기업에 초점을 둔 전략보다는 이들이 본연의 역할을 다할 수 있도록 환경과 생태계를 조성하는 것이 필수적이기 때문이다.

많은 사람들이 현대 사회에서 희망을 찾기 어렵다고 말한다. 삶에 대한 불안감을 가지고, 이 시대를 살아가고 있는 것이다. 특히, 젊은 층이 느끼는 불안감이 크다는 점은 우리의 미래가 밝지 않음을 시사하는 것이며, 나아가 국가 전체로도 상당한 손실이 아닐 수 없다. 젊은 세대들이 지닌 잠재력과 창의력이 충분히 발휘되는 사회가 될 때, 지속가능한 미래를 꿈꿀 수 있고 사회 혁신도 가능해진다.

우리는 사회문제를 정확히 파악하여 사회적 가치를 높일 수 있는 사회구조와 시스템, 나아가 생태계가 마련되어야 한다고 생각한다. 그때그때 발생하는 문제들을 임시방편으로 해결하는 지금의 문제 해결 방식은 사회의 지속가능성을 떨어뜨릴 뿐이다. 미래에 발생할 사회문제들을 예측하고 예방하는, 그래서 국민 모두를 위험으로부터 안전하게 보호할 수 있는 시스템적 변화가 필요하다. 사회문제에 초점을 맞춘 우리의 논의가 이러한 변화를 이끌어 모두가 행복한 사회, 지속가능한 사회로 나아가기 위한 초석을 다질 수 있기를 바란다.

Part I

새로운 시각에서
사회적 가치에 접근하다

Chapter 01

지속가능발전의 시대: 新 사회문제의 등장

- 사회문제 영역(locus)의 변화: 경제 중심에서 사회, 환경과의 조화로
- 사회문제 대상(target)의 변화: 취약계층 중심에서 보편적 개인의 문제로
- 新 사회문제, 과연 무엇인가?

• • •

사회문제란 일반적으로 사회 구성원들에게 부정적인 영향을 미치는 객관적 상태 및 조건을 의미한다. 전 사회적으로 바람직하다고 여겨지는 규범적 상태와 개인의 실제 삶 간의 괴리가 있을 때 사회문제가 발생한다.[1, 2] 사회문제에는 객관적 상태와 개인의 주관적 인식의 개념이 혼재되어 있다. 예를 들어, 낮은 출생률, 높은 실업률과 범죄율 등이 객관적 상태의 사회문제라면, 개인이 소망하는 특정 가치가 온전히 실현되지 못함으로써 발생하는 불평등, 불행, 차별 등의 문제는 개인의 주관적 인식에 따른 사회문제인 것이다. 사람들마다 추구하는 가치와 목표가 모두 다르기 때문에 사회문제는 항상 발생할 수밖에 없다.[3]

일반적으로 사회 내에서 사회문제를 어떻게 정의하고, 인식하는가에 따라 그 내용과 양상이 달라진다.[4] 시대별로 강조되는, 그리고 모두가 중요하다고 생각하는 가치가 변화하게 되면 사회문제의 내용 또한 달라진다. 특정 시기의 사회문제는 그 시대의 보편적 규범과 밀접한 관련성을 지니기 때문이다.

1960년대의 사회문제와 2000년대 이후의 사회문제를 한번 생각해보자. 과거 1960년대의 가장 중요한 사회문제는 '경제적 빈곤'이었다. 경기변동이나 빈부격차와 같은 전통적인 경제적 문제들이 국민들의 삶을 위협할 정도로 심각했기 때문이다. 이 시기에 우리나라도 6.25 전쟁 이후 경제 재건이 국가적으로 큰 관심사였기에, 빈곤에서 탈피해 경제성장을 이룩하는 것이 당대의 가장 핵심적인 과제였다.

최근에는 과거와 다른 방향으로 사회문제가 재편되고 있다. 현대의 사회문제는 단순히 '빈곤'이나 '성장'만으로 표현되지 않는다. '경제적 빈곤' 그 자체보다는 '불행', '삶의 질 저하', '소외' 등 사회문제를 대변하는 키워드들이 크게 증가했기 때문이다. 사생활 침해나 환경오염, 테러나 사이버 범죄 등 과거에는 존재하지 않았던 사회문제가 등장한 것 또한 중요한 변화라 할 수 있다. 우리나라뿐 아니라 전 세계적으로 과거에는 주목하지 않던 새로운 영역들로 사회문제가 확대되고 있는 것이다.[5] 이렇듯, 1960년대의 사회문제와 2000년대의 사회문제는 엄연히 다른 모습을 보여준다.

사회가 발전하고 국민들의 의식 수준이 향상됨에 따라 경제 영역에만 국한되었던 사회문제는 점차 그 범위를 넓혀가고 있다. 민주화의 진전으로 개인의 위상이 격상됨에 따라 국가 전체적 관점보다 개개인의 주체성과 다양성을 고려하여 사회문제를 구조화(framing)하는 경향이 높아졌기 때문이다.[6] 사회문제 해결에 대한 국민들의 기대가 더욱 높아진 것이 사회문제가 점차 다양화되는 원인 중 하나라 볼 수 있다.

현실에서 우리는 각종 사회문제의 해결을 외치고 있지만, 정작 문제 자체가 무엇인지 파악하지 못하는 경우가 많다. 물론 개개인이 인식하는 문제의 중요성이나 영향력은 다를 수 있다. 그럼에도 누구나 심각하다고 느끼는 사회문제가 무엇인지 파악하고자 하는 노력은 언제나 필요하다. 사회문제의 해결은 우리가 무엇을 문제로 '정의'하는가에 따라 달라지는 것이니 말이다. 그렇다면 현 시점에서 우리가 직면한 중요한 사회문제는 과연 무엇인가? 단순히 모든 문제를 사회문제로 치부하거나 혹은 경제 불안이나 빈부격차와 같은 전통적인 문제에만 집중하기보다는, 좀 더 깊이 사회문제를 바라봐야 하지 않을까? 새로운 시각에서 사회문제에 접근하기 위해 국제사회와 국내 사회의 현실을 반영한 거시적, 미시적 접근을 통해 사회문제가 무엇인지, 그 특징은 어떠한지 구체적으로 살펴보도록 하자.

사회문제 영역(locus)의 변화

: 경제 중심에서 사회, 환경과의 조화로

우리는 현대 사회에서 나타나는 사회문제가 크게 두 가지 특징을 가지고 있음에 주목한다. 첫 번째 특징은 사회문제의 영역이 변화하고 있다는 점, 두 번째 특징은 사회문제의 대상 자체가 변화하고 있다는 점이다.

첫 번째 특징부터 살펴보자. 사회문제의 영역 및 범위가 과거에는 경제 영역을 중심으로 발생했던 반면, 이제는 사회, 환경 영역으로까지 확장되고 있다. 이는 사회문제가 보다 세분화되고 있다는 뜻이기도 하다. 이러한 변화는 전 세계의 발전 패러다임이 '지속가능발전'으로 전환된 것에서 기인하는 바가 크다. 사실, 초기에 발전(development)의 의미는 경제 성장에 집중되어 있었다. 발전이 중요하게 받아들여진 것도 제2차 세계 대전으로 많은 국가들이 경제적인 어려움에 처하면서부터이다. 이를 계기로, 1940년대 중반부터 대부분의 유럽 국가들은 경제 성장을 골자로 하는 국가 발전 계획을 세우고, 이를 실천하기 위해 다양한 전략 과제들을 형성하였다.

1960년대 들어서면서부터는 아프리카를 비롯한 개발도상국들까지 경제 성장과 산업화를 위한 국가 발전 계획들을 세우기 시작하였다. 하지만, 실질적으로 개발도상국 국민들의 삶은 전혀 나아지지 않았다. 그러면서, 국제사회는 경제 성장에서 균등하면서도 공평한 분배에 더 큰 관심을 가지게 되었다.[7] 그 바탕에는 국민들의 실질적인 삶이 개선될 수 있다는 믿음이 크게 작용하였다. 나아가 전 세계적으로 '발전'의 중심에 '인간'이 있는, 즉 '인간 중심의 발전'을 실현하는 것이 강조되기 시작하였다. 그에 따라 국민들이 건강한 삶, 풍요로운 삶을 살 수 있도록 환경을 조성해 주는 것이 국가의 주요한 역할이 되었다. 발전이라는 개념이 경제 중심에서 경제와 사회가 함께 융화되는 방향으로 진화되어 온 것이다.

근래 들어 인간의 삶에서 빼놓을 수 없는 환경적 측면이 추가적으로 고려되기 시작하였다. 환경파괴의 심각성과 함께 이의 해결을 위해 전 지구적 차원의 노력이 이행되어야 함을 깨닫게 되면서 1987년, 처음으로 UN 보고서에 경제, 사회, 환경이 포함된 지속가능발전이라는 용어가 사용되었다. 그 후, 1992년 UN 리우 환경 회의에서 각국들은 지속가능발전의 개념을 채택하였고, 2002년 요하네스버그 지속가능발전 세계정상회의에서 각국들로 하여금 지속가능발전 이행계획을 수립하도록 촉구하였다. 지속가능발전을 위한 경제, 사회, 환경의 균형적 조화를 전 세계가 추구하게 된 셈이다. 우리나라도 2005년 6월, '경제와 사회, 환경이 균형 있게 발전하는 선도국가'라는 비전을 선언하고, 1년여에 걸친 준비 끝에 범 정부 차원의 제1차 국가 지속가능발전 기본계획을 마련하였다. 이것이 국내 최초의 경제, 사회, 환경을 발전시키기 위한 통합계획이었다. 이후, 2011년, '2030년 지속가능발전 세계일류 선도국가 구현'이라는 비전으로 제2차 국가 지속가능발전 기본계획을 마련하였다. 2016년에는 '환경·사회·경제의 조화로운 발전'이라는 비전으로 제3차 국가 지속가능발전 기본계획(2016~2035년)이 수립되었다.

이상의 내용은 1962년부터 시작된 경제개발 5개년 계획의 변화 과정과도 유사하다. 1962년부터 1966년까지의 제1차 경제개발 5개년 계획에서는 기간산업을 육성하고, 사회간접자본을 충실히 하여 경제개발의 토대를 형성하는 것을 주요 목표로 하였다. 제3차 경제개발 5개년 계획까지만 하더라도 경제성장과 관련한 내용이 주를 이루고 있었다. 그러나 1977년부터 1981년까지의 제4차 경제개발 5개년 계획부터 점차 다양한 사회적 영역과의 조화를 추구하는 움직임이 나타나기 시작하였다. 자력성장 구조를 확립하고, 사회개발을 통하여 형평을 증진시키며, 능률을 향상시킬 것을 목표로 한 것이다. 제5차 계획부터는 명칭도 경제사회발전 5개년 계획으로 바뀌었고, '성장'을 뺀 안정, 능률, 균형을 핵심 기조로 삼았다. 이후 제6차 계획에서는 '능률과 형평을 토대로 한 경제선진화와 국민복지의 증진'을 목표로 함으로써 경제 성장을 넘어 균등한 발전, 국민 삶의 질 향상 등으로 발전 방향이 꾸준히 변화되어 왔음을 알 수 있다.

우리나라의 시대적 흐름을 보아도 발전의 개념이 경제, 사회, 환경을 모두 내포하는 방향으로 전환되고 있음을 살펴볼 수 있다. 물론 국가가 직접 나서서 만든 발전 계획, 그리고 현재의 지속가능발전계획 자체가 실제 경제, 사회, 환경 변화를 가져왔느냐에 대해서는 많은 의문과 비판이 제기되고 있는 것이 사실이다. 하지만 발전에 대한 시각(frame) 자체가 경제적인 측면을 넘어 사회, 환경적 측면까지 넓어지고 있음에는 이견이 없다. 사회문제들이 경제적인 차원을 넘어 다차원적으로, 그리고 폭발적으로 증가하고 있는 것이다.

사회문제의 다차원적 확대현상은 이제 전 세계로 하여금 물질적이고 경제적인 삶에서 벗어나 건강하고 풍요로운 삶, 그리고 안전한 삶을 추구하도록 변화시키고 있다. 경제, 사회, 환경을 함께 고려한 균형적 발전이 각국의 지속가능발전을 위한 길이자, 전 세계가 함께 살아남을 수 있는 방법이라는 점에 다수가 공감하게 된 것이다. 그에 따라 우리 모두의 삶을 증진시킬 수 있는 '인간' 중심의 균형적 발전을 취하는 것이 중요해지고 있다.

사회문제 대상(target)의 변화

: 취약계층 중심에서 보편적 개인의 문제로

현대 사회에서 발견되는 사회문제의 두 번째 특징은, 과거 취약계층에 국한되었던 사회문제들이 점차 일반 개인, 나아가 국민 전체에 이르기까지 상당 부분 보편화되고 있다는 사실이다.

가계부채 문제를 한번 생각해보자. 계속되는 집값 상승으로 인한 내 집 마련의 어려움은 이제 빈곤층 또는 취약계층의 문제에 국한되지 않고, 중산층에까지 확대되고 있다. 일자리 문제 또한 마찬가지이다. 교육수준이 낮은 저숙련 노동자들의 문제였던 고용 불안정 현상은 이제 20~30대 청년계층 전반의 문제로 확대·심화되고 있다. 대학을 졸업해도 마땅히 취업할 곳을 찾지 못하는 젊은이들이 점점 늘어나는 것이다.

연애, 결혼, 출산을 포기하는 청년층을 가리키는 '삼포세대'라는 신조어까지 등장하는 요즘의 현실을 보더라도, 사회문제의 대상이 과거 특정계층에게 집중되던 것에서 사회구성원 전체로 그 범위가 점차 넓어지고 있음을 확인할 수 있다. 치솟는 물가, 집값, 등록금, 취업난 등과 같은 사회·경제적 문제로 인해 혼자인 삶을 택하는 사람들이 늘어나면서 출산율 저하나 소통 단절, 심리적 불안정 등 또 다른, 그리고 더 복잡한 사회문제를 야기하기도 한다.

최근 하버드대 공공정책대학원 산하 정치연구소(IOP)가 미국 전역의 18~29세의 학생 및 일반인 3,183명을 대상으로 설문조사를 실시한 결과, 응답자의 51%가 '자본주의를 지지하지 않는다.'고 답했다. 흥미로운 점은 대다수의 응답자가 사회주의나 진보주의에 대해서도 부정적인 의견을 보였다는 것이다.[8] 자본주의에 대한 우리나라 국민들의 생각은 어떠한가. 사회적가치연구원(舊 사회적기업연구소)에서 일반 국민 1,000명을 대상으로 실시한 〈사회적 가치 서베이 2016〉 설문조사 결과에 의하면, 응답자의 60.5%가 '일부 문제가 있지만, 새로운 규제나 개선을 통해 해결될 수 있다.', 20.3%가 '심각한 문제가 있으며 다른 경제체제가 필요하다.'고 답하였다. 응답자의 17.9%만이 자본주의가 정상적으로 작동하고 있다고 답했을 뿐이고, 80% 이상은 현재의 자본주의 체제에 문제가 있다고 인지하고 있었다. 물론 이 같은 결과는 국가제도에 대한 불만 그 자체라고 볼 수도 있지만, 개개인의 불안정한 삶이 현재의 정치나 제도에 대한 불만으로까지 이어지는 것을 보여주는 결과로 풀이될 수도 있다.

이는 비단 특정 국가에서 나타나는 일부의 문제가 아니다. 한국의 삼포세대, 일본의 사토리 세대, 중국의 습노족, 미국·영국의 밀레니얼 세대, 호주의 Y 세대, 스페인의 니니 세대, 그리스의 500유로 세대 등의 용어는 현재, 불안한 삶을 살고 있는 전 세계 청년들의 상황을 대변한다.[1)] 특히, 최근 극심한 경제 위기를 겪은 스페인과 그리스의 경우, 청년 실업률이 48% 수준에 달하며, 청년층의 평균 임금이 스페인과 그리스 각각 1,000유로(한화 약 133만 원), 500유로에 그치고 있다. 영국은 치솟는 집값으로 인해 청년층 소득의 약 47% 가량이 월세에 사용되며, 런던 거주자의 경우 그 비율이 72%까지 상승한다고 한다.[9] 소수의 상위층을 제외한 대부분의 청년들이 미래를 꿈꾸지 못하는 삶을 살고 있는 것이다.

1) 삼포 세대: 연애, 결혼, 출산 세 가지를 포기한 세대를 일컫는 말
사토리 세대: 1980년대 후반부터 1990년대에 태어난 10~20대 중반 나이대로 돈벌이는 물론 출세에도 관심 없는 젊은이들을 이르는 말
습노족: 부모의 재물을 탕진하는 자식 세대를 아우르는 말
밀레니얼 세대: 1980년대 초반부터 2000년대 초반에 출생한 세대
Y 세대: 1982년부터 2000년 사이에 출생한 베이비붐 세대의 자녀 세대
니니 세대: 공부도 구직도 하지 않는 청년 세대
500유로 세대: 장기불황으로 인해 월 500유로(약 80만 원)의 임시직이나 아르바이트를 전전하는 세대

이러한 현상이 특정 연령층 혹은 특정 계층에서만 발견되는 것이 아니라는 점에서 그 심각성은 더욱 크다. 예컨대 신혼부부들에게는 '주거 마련', '보육'의 문제가, 중장년층에게는 '가계부채', '교육비'의 문제가, 노년층에게는 '노인 소외', '노인 부양 기피'의 문제가 나타나는 등 모든 계층과 세대에 걸쳐 사회문제가 팽배해지고 있다. 조금 과장해 말하자면, 일반 국민이라면 평생 동안 사회문제에서 벗어날 수 없는 것이다. 안전, 환경 등의 문제는 또 어떠한가? 이것이야말로 연령, 계층을 막론하고 누구에게나 닥칠 수 있는 '일상 속의 위험'에 해당한다. 최근 들어, 그 위험이 더 커지고 있다는 점에서 이를 도외시할 수 없다. 그만큼, 사회문제가 취약 계층만이 아니라, 일반 개인에게까지 확대되고, 보편화되고 있다.

新 사회문제, 과연 무엇인가?*

우리는 현대의 사회문제가 그 영역과 대상 두 가지 측면에서 과거와는 다른 양상을 보이고 있음을 확인하였다. 이에, 현대의 사회문제를 '新 사회문제'로 명명하고 연역적·귀납적 방법을 활용하여 이를 새롭게 정의·분류해 보고자 한다. 이의 과정이 선행될 때, 사회문제를 효과적으로 해결할 수 있는 청사진을 그려볼 수 있다.

그렇다면 구체적으로 新 사회문제란 과연 무엇이며, 이를 어떻게 분류해야 하는가. 사회문제의 세부적인 분류와 구체적 내용은 다음 장에서 밝히기로 하고, 이 장에서는 좀 더 거시적인 관점에서 新 사회문제가 무엇인지 짚어보기로 한다.

앞서 우리는 당대의 보편적 규범과 사회 구성원들의 삶이 괴리될 때, 사회문제가 발생한다고 하였다. 이를 현재의 상황에 적용해 보면, 新 사회문제가 무엇인지 가늠할 수 있다. '지속가능발전'이 강조되는 지금 경제, 사회, 환경 영역의 균형적 발전이 적절히 실현되지 않아 이상과 현실 간의 괴리가 클 때, 사회문제가 발생한다고 볼 수 있다. 따라서 지속가능발전을 실현하기 위해 필요한 경제, 사회, 환경적 요건들을 살펴봄으로써 현대 사회에서 중요하게 나타나는 사회문제들을 정리할 수 있다.

먼저, 경제 영역을 살펴보자. 앞서 설명하였듯이, 1970~1980년대만 하더라도 모든 국가들의 최우선 과제는 바로 경제 성장이었다. 하지만 경

* 장용석·조희진·황정윤·김보경·이영동(2017)의 「Social Innovation Monitor」 11호에 게재된 '한국 사회문제 지도' 연구 결과를 기반으로 발전된 논의를 재구성하였다.

제 성장에만 치우친 정책운영은 점차 부작용을 보이기 시작했다. 소득 양극화 현상에 의한 상대적 빈곤 증가가 그 대표적인 예이다.[10] 실제 91개 국가들을 대상으로 1988년과 1993년 두 시기의 지니계수를 계산한 결과, 1988년의 지니계수는 62.8, 1993년의 지니계수는 66으로 나타났다.[2)] 이는 1988년에 비해 1993년, 전 세계적으로 소득 불평등도가 더 커졌음을 의미한다. 특히 1988년 전 세계 소득 상위 10%에 해당하는 사람들의 소득과 하위 10%에 해당하는 사람들의 소득의 비율은 52:1이었으나, 1993년에는 64:1로 그 차이가 더 확대된 모습을 보였다. 전 세계 소득 상위 5%에 해당하는 사람들의 소득 대비 전 세계 소득 하위 5%에 해당하는 사람들의 소득을 비교하면 그 격차는 더 커진다. 전 세계 상위 5%와 하위 5%의 소득 비율은 1988년 78:1에서 1993년 114:1로 급증했다.[11] 좀 더 단적으로 이야기하면, 전 세계 인구 중 43%에 해당하는 20억 명이 버는 소득은 고작해야 미국 인구 중 소득 상위 10% 계층인 2500만 명이 벌어들이는 소득과 동일한 수준에 불과했다.[12] 불과 5년 사이에 전 세계적으로 경제적 불평등 현상이 크게 심화되었던 것이다. 개별 국가 내에서 나타나는 경제적 불평등의 심화는 선진국도 예외는 아니었다.

미국의 예를 한번 살펴보자. 1986년 미국의 지니계수는 37.7이었던 반면, 1994년에는 40.4, 2013년에는 41.1을 기록하였다. 1910년부터 2010년까지 미국의 상위 10%의 소득 점유율 또한 2000년대 후반 50%에 육박하는 높은 수치를 보였다. 스페인, 일본, 독일, 캐나다 등의 국가에서도 상위 10%의 소득 점유율이 30~50% 사이에 분포하고 있어, 사회구성원 간 소득 격차가 크다는 것을 확인할 수 있다.

그에 따라 국제사회는 전 세계적으로 확대되고 있는 빈부격차와 불평등을 해결하기 위해 각국 정부에 여러 가이드라인을 제시하게 되었다.[13] 사회 내에 만연한 경제적 불평등 현상은 저소득층으로 하여금 상대적 박탈

2) 지니계수는 소득 불평등의 정도를 측정하는 대표적인 지표로 100에 가까울수록 소득 불평등도가 심함을 의미한다.

감과 소외감을 느끼게 하고, 사회 구성원 간의 갈등과 분열을 야기한다. 소득이 권력(power)과 거의 동일시된다는 점을 고려하면, 이러한 소득 격차는 사회구성원 간 권력 불균형 문제를 발생시킬 수 있다. 부유한 사람들이 지닌 높은 권력을 바탕으로 가난한 사람들을 무시하거나 이들과 타협하지 않으려는 경향으로 인해 공동체로서의 연대감이 형성되지 못하고, 서로 간의 신뢰가 무너지는 현상은 구성원 간 연대와 사회자본의 약화를 초래한다.[14] 이는 사회 내 각종 증오범죄의 증가 등으로 이어질 있다는 점에서 안전의 문제로도 귀결된다.[15] 이렇듯, 경제적 불평등은 개인의 문제로 끝나지 않고 사회 불안을 야기하는 근본 원인이 되기에, 국가 전체의 지속가능성도 위협할 수 있다. 따라서 경제적 불평등 문제의 해결은 지속가능발전을 실현하는 데 꼭 필요한 요건에 해당한다.

다음으로 사회 영역을 한번 살펴보자. 과거 경제 성장 및 발전에 집중하던 시기에 개별 사회구성원은 '개인'이 아닌, '국민'으로서의 의미가 강했다. 국가 전체의 발전을 위해 국가 구성원으로서의 책임, 의무가 보다 강조된 것이다. 그렇기 때문에 '개인'으로서의 권리가 무시되는 측면이 많았다. 그러나 세계화의 진전으로 국가 간 경계가 희미해지고, 개별 사회구성원이 더 이상 '국민'이 아닌 '개인'으로서 인식되기 시작하면서 개인의 주체성과 권위는 격상되었다.[16] 이러한 내용은 여성, 가족, 장애인, 복지, 보건 등과 관련된 정부의 기능이 전 세계적으로 확장되는 현상을 통해서도 확인할 수 있다.[17] 인권의 향상이 사회 부문의 핵심 영역으로 자리함에 따라 사회적 약자에 대한 관심이 높아졌기 때문이다.[18]

개인으로서의 권리를 높이는 것에 대한 전 세계적인 관심이 확장되면서 나타난 또 하나의 현상은 삶의 질, 행복, 만족도와 같은 인지적·주관적 요소가 중요해지고 있다는 점이다. 특정 개인에게 가치(value) 향유자로서의 의미를 부여하여 자존감을 높이고, 인격체로서 존중하는 것이 필요해진 것이다.[19] 국제사회에서도 이러한 시대적 흐름을 반영하여 개인의 삶의 질, 행복, 만족도 등을 측정하고 비교할 수 있는 다양한 지수들을 개발하고 고안해내고 있다. 유엔개발계획(United Nations Development Programme, 이하 UNDP)의 인간개발지수(Human Development Index), UN의 세계행복보고서(World Happiness Report), 영국 신경제재단(New Economics Foundation)의 행복지수(Happy Planet Index), 영국 레가툼연구소의 번영지수(Legatum Prosperity Index), 미국 여론조사기관 갤럽과 헬스웨이스가 조사한 행복지수(Gallup-Healthways Well-Being Index) 등이 그것이다. 그만큼 '개인'에 대한 관심이 전 세계적으로 증대되고 있음을 잘 알 수 있다. 각 개인들의 주체성과 역능성(empowerment), 즉 이들의 실질적 권위가 높아졌다는 사실은 이들이 사회에서 소외되는 일이 없어야 함을 의미하기도 한다. 동등한 지위를 가진 개인 모두가 함께 어우러져 서로 연대하고, 포용해 나가는 공동체로서의 의미는 그 어느 때보다 강조되는 상황이다. 따라서 개인의 삶의 질, 행복, 더 나아가서는 공동체, 연대의 의미를 포괄하는 사회 영역은 '인간' 중심의 지속가능발전을 위해 없어서는 안 될 중요한 요건 중 하나이다.

마지막으로 환경 영역을 살펴보자. 다행스러운 점은 경제나 사회 영역에 비해 환경영역에서의 사회문제와 그 해결 과제는 비교적 분명하다는 사실이다. 1960년대까지만 하더라도 전 세계적으로 환경문제에 대한 관심은 적었고, 이 시기에 환경은 경제적 이득을 얻기 위해서라면 어느 정도 희생될 수 있는 존재로 인식되었다. 그러다 1970년대 초반 오존층 파괴에 대한 국제사회의 논의를 시작으로 1970년대 후반 기후변화에 대한 논의, 1980년대 중반 생물 다양성 감소에 대한 논의 등이 꾸준히 이어지면서 환경문제에 대한 국제적인 관심이 급격히 증가하기 시작하였다.[20] 1800년대까지 국제 환경단체가 전무했던 상태에서 1971년 그린피스를 시작으로 하여 현재 100개 이상의 국제 환경단체가 존재한다는 사실만으로도 환경문제에 대한 전 세계적인 관심이 높아졌음을 쉽게 확인할 수 있다.[21] 그러나 국제사회에서 환경문제가 보다 본격적으로 논의되기 시작한 것은 1992년 '환경과 개발에 관한 리우선언' 이후부터이다. 이를 기점으로 오존층 파괴를 비롯하여 기후변화, 대기오염, 자원고갈, 생태계 보호 등 환경파괴 문제 전반에 관한 심도 있는 논의가 진행되기 시작하였다. 환경파괴로 인해 많은 사람들의 삶이 위협받을 수 있다는 인식이 전 세계적으로 확산된 것이다.

환경문제에 대한 전 세계적인 관심이 급증하였음을 보여주는 대표적인 사례는 람사협약이다. 람사협약은 1971년 이란 람사에서 개최된 국제회의에서 채택된 협약으로서, 습지 보전을 통한 생태계 보존을 주요 목적으로 한다.[22] 1970년대에 이 협약을 체결한 국가는 21개에 불과했으나, 그 수가 점차 증가해 2018년 현재 전 세계 70% 이상인 169개국이 협약을 체결하였다.[23] 특히 유럽, 미국 등 선진국뿐 아니라 아프리카의 개발도상국들도 이 협약에 참여하고 있다는 사실은 환경문제에 대한 전 세계의 관심이 고조되고 있음을 시사한다.

환경문제에 관한 국제적인 관심은 전 세계 환경상태가 악화되면서 더욱 증가하고 있다. 단적인 예로 이산화탄소 배출량과 전 세계 산림 면적의 변화를 살펴볼 수 있다. 전 세계 1인당 이산화탄소 배출량은 시간이 경과하면서 늘어나지만, 이와 반대로 산림 면적은 지속적으로 감소하는 추세이다. 환경파괴는 곧 미래 세대가 삶을 영위해 갈 터전의 몰락을 의미한다. 이런 점에서 지속가능발전을 실현하기 위한 환경적 요건은 환경오염과 환경파괴를 줄여 생태계를 보존하는 것으로 요약될 수 있다.

이제 지속가능발전을 실현하기 위해 필요한 경제, 사회, 환경적 요건들을 정리해 보자. 먼저, 경제적으로는 절대적 빈곤의 상태에서 벗어나는 것과 함께 기회 혹은 결과적 불평등의 문제를 극복하여 상대적 박탈감을 해소하고, 계층적 지위의 이동이 자유로워야 한다. 사회적으로는 물리적, 심리적 위협으로부터 안전하게 보호받고, 공동체적 연대감을 바탕으로 포용해 주는 것에서 더 나아가 개개인의 삶의 질을 높여 행복, 만족감을 느낄 수 있도록 해야 한다. 환경적으로는 기후 변화 및 각종 오염의 문제를 극복하고 생태계 보존 등을 실천하여 미래 세대들에게도 지속가능한 삶의 터전을 제공하는 것이 필요하다.[24]

이상의 내용들은 新 사회문제의 큰 틀이 된다고 볼 수 있다. 경제적 혜택이 누구에게나 공평하게 분배되는가? 모든 사람들이 동등한 권리를 가지는가? 개인의 삶의 질이 향상되고 있는가? 생태계가 계속 유지될 수 있는가? 생물 다양성이 보호될 수 있는가? 등의 질문이 그 기반을 이룬다. 지속가능발전 시대로 접어들면서 이제 비용 대비 편익만을 생각하는 경제적 사고만으로는 모든 것을 판단할 수 없는 세상이 되고 있다. 이런 점에서 우리는 현대의 新 사회문제를 곧 '경제적 불평등, 사회적 위험, 환경파괴'로 정의하고자 한다. 경제, 사회, 환경 속에 배태되어 있는 '인간(human)'이 중심이 되는 시대로 진화함에 따라, 지속가능발전의 문제에 초점을 두고 新 사회문제를 바라보아야 하는 것이다.[25]

Chapter 02

사회적 가치의 재구성: 새로운 사회문제 분류가 필요하다

- 사회문제와 관련한 주요 이슈들
- 빅데이터 분석을 통해 바라본 사회문제
- 세부 영역별 사회문제의 도출

사회문제와 관련한 주요 이슈들

지금까지 살펴본 것처럼 새로운 현대의 사회문제는 과거와 그 속성을 전혀 달리한다. 때문에 과거에 중요시 여겨지던 전통적인 사회문제에만 집중하기보다는, 좀 더 넓은 범위에서, 더 깊이 사회문제를 바라보는 시각이 요구된다. 이는 곧 사회문제에 대한 기존의 접근에서 벗어나 새로운 시각과 접근을 통해 사회문제를 구분·분류하고, 이를 재구성하는 작업이 필요함을 의미하는 것이기도 하다. 그렇다면 우리는 사회문제를 어떻게 구분하고 분류할 수 있을까.

앞서 우리는 '지속가능발전'이라는 흐름 속에서 경제적 불평등, 사회적 위험, 환경파괴의 문제가 현대 사회에서 나타나는 중요한 新 사회문제임을 확인하였다. 그러나 여기서 우리가 제시한 거시적 차원에서의 사회문제 틀이 실제 현실적으로도 타당성을 지니는가에 대한 질문이 제기될 수 있다. 그리고 이러한 거시적 차원의 사회문제가 타당성을 지닌다 하더라도, 이것이 세부적으로 또 어떻게 분류될 수 있는지, 그에 해당하는 구체적인 사회문제들은 무엇인지를 규명할 필요가 있다. 그에 대한 답을 찾기 위해 우리는 국내뿐 아니라 국제사회에서 나타나는 사회문제와 관련한 논의와 흐름을 함께 살펴보고, 주요 이슈들을 확인하는 것이 필요하다고 판단하였다. 우리가 제시한 新 사회문제가 실제 국제사회에서도 보편적인 사회문제로서 받아들여지는지를 파악하는 것은 상당히 중요한 작업이다. 국제사회에서 중시되는 가치 및 규범은 국내 사회로 빠르게 전파되어 그와 관련된 각종 정책 및 제도를 확산시키기 때문이다.[1] 다시 말해, 지속가능발전이 전 세계에서 당연시 여겨지는 일종의 지침과 원리로 자리 잡게 되면 그에 대한 개별 국가의 실천노력이 수반될 수밖에 없고, 이는 곧 사회문제가 무엇인지에 대한 사람들의 인식에도 영향을 미치게 된다. 때문에 세부적인 사회문제 분류를 제시하기 이전에, 글로벌 차원에서 사회문제의 타당성을 검토하는 것은 필요한 작업이다.

나아가 우리는 국내 사회에서 중요하게 인식되고 다루어지는 사회적 이슈들도 포괄적으로 살펴보고자 한다. 사회문제가 무엇인가라는 논의에 있어 국제사회 담론의 중요성만큼이나, 우리 사회가 지니는 특수성 역시 고려되어야 할 부분이다. 국제사회 및 국내 사회에서의 논의를 종합적으로 검토해야만 우리의 현실에 맞는 적실성 있는 사회문제의 도출이 가능하다. 이러한 작업은 정권별 국정과제와 각종 정책 보고서, 국가 지원 각종 R&D 사업의 흐름, 미래예측에 대한 담론, 그리고 학계에서의 논의들을 종합적으로 파악함으로써 이루어졌다. 사회문제와 관련한 다양하고도 주요한 이슈들을 본격적으로 살펴보기로 하자.

국제기구의 가이드라인과 지표들

국내 사회의 이슈들을 살펴보기에 앞서 국제사회의 사회문제 관련 이슈들을 파악하고 우리가 앞서 제시한 사회문제의 틀이 타당한지를 살펴보고자 한다. UN, OECD, EU 등과 같은 국제기구들은 국제사회에서 논의되는 주요한 문제들을 설정하고 이를 실현하기 위한 협력을 도모한다. 이렇게 형성된 규범이나 표준 등은 강제적이거나 구속적이기보다는 가이드라인이나 권고 등 비구속적 수단을 통해 이루어지는 것이 보통이다. 지속가능발전 역시 비구속적 수단을 중심으로, 다양한 국제기구들이 국가 경쟁력을 높이고 변화하는 미래 사회에 대비하기 위한 각종 가이드라인과 지표들을 제공하고 있다. 우리는 이러한 가이드라인과 지표의 내용을 구체적으로 살펴봄으로써 앞서 도출한 경제적 불평등, 사회적 위험, 환경파괴의 문제가 新 사회문제의 대분류로서 적합한지 확인하고자 한다.

UN에서 발표한 지속가능발전목표(Sustainable Development Goals, 이하 SDGs)의 내용을 살펴보자. SDGs는 2015년까지 달성해야 할 개발 협력 목표인 새천년개발목표(Millennium Development Goals, 이하 MDGs)를 잇는 새로운 글로벌 목표로서, 인권 존중, 평등 보장, 지속가능성을 그 핵심 원칙으로 한다. 사실 MDGs는 주로 '개발도상국의 빈곤 퇴치'를 주요 목적으로 삼고 있었기 때문에 사회, 문화, 환경 등의 다양한 내용을 담은 종합적인 발전상을 제시하지 못하는 한계가 있었다. 특히 저개발국가의 소득수준 개선에 치중한 나머지, 그 과정에서 나타나는 불평등 문제와 환경문제 등 중요한 사회적 이슈들을 간과한 측면이 크고, 소득개선이라는 목표를 달성할 책임을 개발도상국들에게 부과한다는 점에서 여러 한계점을 안고 있었다.

이러한 MDGs의 한계를 극복할 새로운 대안으로 2015년 UN은 SDGs를 새롭게 제시하였다. SDGs는 MDGs에서 제시한 절대 빈곤 퇴치의 목표를 이어가면서도 전 세계적으로 심화되고 있는 경제적 양극화 문제, 그로 인한 불평등 현상 심화, 개인의 삶의 질 저하, 지구 환경파괴 등 지속가능발전을 저해하는 요인들을 개발도상국뿐 아니라 모든 국가들이 함께 협력하여 극복하는 것을 주요 내용으로 한다. 세부적으로는 총 17개의 목표가 제시되었다. 대체적으로 이 목표들은 지속가능발전을 위협하는 경제적 불평등, 사회적 위험, 환경파괴의 문제들을 해결하기 위한 내용들로 구성되어 있다. 지속가능한 경제 성장, 완전 고용, 평생 교육, 평등, 건강, 웰빙, 안전, 자원 보호, 기후 변화 대응 등의 키워드가 등장한 것이 이를 잘 뒷받침한다.

국제사회의 동향을 살펴볼 수 있는 또 다른 중요한 척도로는 OECD의 지표들을 꼽을 수 있다. OECD에서는 매해 OECD 소속 국가들의 경제·사회적 상태를 보고하는 'OECD Factbook'과 2001년부터 격년으로 발간되기 시작한 'OECD Society at a Glance', 그리고 삶의 질을 나타내는 지표로서

[표 2.1] SDGs의 17대 목표

1. 모든 빈곤을 근절한다.
2. 기아를 근절하고, 식품 안전과 영양 상태를 개선하며, 지속가능한 농업을 촉진한다.
3. 모든 사람들의 건강과 웰빙을 보장한다.
4. 모든 사람들에게 포용적이고 평등한 교육을 보장하고 평생 학습의 기회를 높인다.
5. 성 평등을 실현하고, 모든 여성의 역량을 강화시킨다.
6. 모든 사람들이 물을 마실 수 있도록 하수처리시설을 지속적으로 관리한다.
7. 모든 사람들에게 적정한 가격으로 지속가능한 에너지를 제공한다.
8. 지속가능한 경제성장 및 완전 고용을 실현하고, 모든 사람들에게 양질의 일자리를 제공한다.
9. 지속가능한 사회기반시설을 건설하여 산업화와 혁신을 촉진시킨다.
10. 국가 내, 그리고 국가 간 불평등을 완화한다.
11. 포용적이고, 안전한, 그리고 지속가능한 도시 및 거주지를 조성한다.
12. 지속가능한 소비와 생산을 보장한다.
13. 기후 변화와 그 파급력을 고려하여 긴급히 대처한다.
14. 지속가능발전을 위해 해양 자원을 보호한다.
15. 생태계를 보호하고, 산림을 지속적으로 관리하며, 사막화와 생물다양성의 손실을 막는다.
16. 지속가능발전을 위해 평화적이고 포용적인 사회를 건설하고 모두가 접근 가능한 사법 제도, 효과적이고 책임 있는, 그리고 모두를 포용하는 제도를 구축한다.
17. 지속가능발전을 위해 글로벌 파트너십을 강화한다.

출처: UN 홈페이지(http://www.un.org/).

2011년부터 발표되기 시작한 'OECD Better Life Index'들을 출간하고 있다. 우리는 新 사회문제 분류를 위해 이들을 종합적으로 살펴보고, 어떠한 내용들이 중심적으로 서술되고 등장하는지 파악하였다.

OECD Factbook의 측정항목을 살펴보면 세계화, 과학기술, 정부의 세 항목을 제외한 생산성, 가계 소득 및 부, 가격, 노동은 경제 불평등으로, 인구 및 이민, 보건은 사회적 위험으로, 에너지 및 수송, 환경은 환경파괴로 재구성하는 것이 가능하다. 마찬가지로 'OECD Society at a Glance'의 세부 항목 역시, 자활 항목(Self-sufficiency)은 경제적 불평등과 관련된 내용으로, 형평성, 보건, 사회통합은 사회적 위험과 관련된 내용에 해당함을 확인할 수 있다.

OECD Better Life Index 또한 이와 크게 다르지 않다. OECD Better Life

[표 2.2] OECD 주요 보고서의 세부 항목

구분	세부 항목
OECD Factbook	인구 및 이민, 생산성, 가계 소득 및 부, 세계화, 가격, 에너지 및 수송, 노동, 과학기술, 환경, 정부, 보건
OECD Society at a Glance	일반, 자활, 형평성, 보건, 사회 통합
OECD Better Life Index	주거, 소득, 고용, 공동체, 교육, 환경, 시민 참여, 건강, 삶의 만족도, 안전

출처: OECD. 2014. OECD Society at a Glance.
OECD. 2014. OECD Factbook.
OECD. 2015. How's Life? 2015 Measuring Well-being.

Index의 항목들을 보면, 지속가능발전을 위협하는 경제적 불평등, 사회적 위험, 환경파괴가 중요한 사회문제가 될 수 있음을 유추할 수 있다. 주거, 소득, 고용, 교육의 항목은 경제적 불평등의 문제로, 공동체, 시민 참여, 건강, 삶의 만족도, 안전, 일－가정 양립의 항목은 사회적 위험의 문제로, 환경 항목은 환경파괴의 문제로 재구성해 볼 수 있는 것이다.

EU 역시, EU 회원국들의 현황을 계량적 지표들로 제시한 Eurostat Yearbook을 통해 1990년대부터 사회적 배제, 사회통합, 기회 균등 등 사회 발전과 관련된 지표들을 개발하기 시작하였다. 이후 1990년대 말부터는 개인의 삶의 질(individual quality of life) 및 사회의 질(societal quality) 수준을 측정, 비교하는 것까지 그 범위를 확대하였다. 사회의 질은 크게 사회통합(social cohesion)과 지속가능성(sustainability)으로 나뉘어 측정되는데 각 개념별 목표를 살펴보면 큰 틀에서 우리가 제시하는 사회문제의 분류체계와 무관하지 않음을 알 수 있다. 개인의 삶의 질과 사회통합 및 지속가능성을 포함한 사회의 질을 측정하고 있다는 것 자체가 지속가능발전이 강조되면서 나타난 변화이기 때문이다. 여기에는 기회 불평등의 감소, 객관적 삶의 조건 향상에 따른 경제적 불평등의 문제, 주관적 웰빙의 증진, 사회적 배제 감소, 사회적 연계 및 사회적 자본 강화에 따른 사회적 위험의 문제, 자연 자원 보존에 따른 환경파괴의 문제를 완화하려는 노력이 포함된다고 볼 수 있다.

EU는 또한, 1984년 이래 30년 간 추진해 오던 세계 최대 R&D 프로그램인 FP(Framework Programme)를 2014년부터 2020년까지 진행되는 8차 사업부터 'Horizon 2020'으로 명칭을 바꿔 사회문제 해결에 과학기술을 활용하고 있다. 이는 '과학기술의 탁월성 확보', '산업 리더십 창출 및 경쟁력 제고', '사회 현안 해결'이라는 3대 목표를 실현하기 위해 2014년부터 2020년까지 총 800억 유로를 투자하는 대규모 R&D 프로그램에 해당한다. 이 중 유럽의 6가지 주요 사회 현안 해결[1)]에 투입하는 돈은 359억 유로로, 가장 많은 비중을 차지하고 있다.[2] 특히 이 6가지 현안에 대한 세부 전략 중에서는 질병 예방을 통한 보건 및 개인의 웰빙을 증진시키는 데 가장 많은 80억 유로를 배정하였다. 이 외에도 환경문제, 에너지 고갈 문제 등 환경파괴 문제를 해결하기 위한 과학기술 개발에도 총력을 기울이고 있음을 알 수 있다. 'Horizon 2020'은 IT 기술 발달로 인해 인터넷 상에서 빈번하게 나타나는 인권 침해 문제 등을 해결하여 사이버 공간에서의 포용, 통합을 실천하고 안전한 사회를 구축할 계획도 가지고 있다. 특히, 건강 증진을 통한 웰빙, 기후변화 등에 대규모 R&D 투자를 결정했다는 것은 사회 및 환경문제에 대한 위기의식을 유럽 전체가 공유하고 있음을 의미한다. 이와 같이 국제사회는 지속가능발전을 위해 웰빙, 안전 등을 강조함으로써 사회적 위험을 개선하고 자원고갈, 기후 변화 등에 의한 환경파괴 문제를 해결하려는 노력을 지속하고 있음을 확인할 수 있다.

이렇듯, UN은 지속가능발전에 필요한 SDGs라는 글로벌 목표를 제시하고 OECD와 EU는 각국의 지속가능발전 정도 및 후생 수준을 측정할 수 있는 다양한 지수, 지표들을 개발하고 지속가능발전을 위협하는 사회문제들을 해결하기 위한 과학기술에 투자함으로써 전 세계 국가들로 하여금 지

1) 주요 현안 6가지는 ① 보건, 인구지리적 변화 및 웰빙 ② 식품 안전, 지속가능 농업, 해양 연구 및 바이오 경제 ③ 안전하고 청결하며 효율적인 에너지 ④ 친환경 스마트 통합교통 ⑤ 기후 변화, 자원 효율성 및 원자재 ⑥ 포용적이고 혁신적이며 안전한 사회로 구성되어 있다.

속가능발전을 실천하도록 하고 있다. 그 외에 IMF, IMD, WEF 등 다양한 국제기구에서도 유사한 움직임이 활발히 나타나고 있다. 여러 국제기구에서 나타나는 담론과 지표들은 우리가 제시했던 新 사회문제, 즉 지속가능발전을 위협하는 경제적 불평등, 사회적 위험, 환경파괴의 문제와 직결되어 있다. 이렇듯 국제사회에서 제시되는 다양한 사회 이슈들과 미래상을 통해 우리가 연역적으로 유추해 낸 경제적 불평등, 사회적 위험, 환경파괴가 우리 사회의 지속가능성을 위협할 중요한 사회문제가 될 수 있음을 확인할 수 있었다.

역대 정권별 국정과제

지금까지 국제기구의 가이드라인과 지표 등 국제사회에서 제기하는 다양한 이슈들을 살펴봄으로써 우리가 제시한 新 사회문제의 틀이 타당성을 지니고 있음을 발견하였다. 그렇다면 국내 사회에서 중요하게 인식되고 다루어지는 사회적 이슈들은 과연 무엇이 있을까. 우리는 먼저 정권별 국정과제의 내용들을 살펴보는 작업을 실시하고자 한다. 국정과제에는 대통령이 어떠한 철학을 가지고 미래를 설계하고 있는지, 국가를 어떻게 운영해 나갈지 등의 정보가 담겨있다. 즉, 당대에 중요하게 여겨지는 핵심 가치 및 규범들이 구체화된 전략으로 표현되는 것이다.[3] 때문에 시대별로, 정권별로 강조하는 국정과제의 내용은 다르게 나타난다. 이는 시대별로 우리 사회가 어떠한 문제를 심각하게 겪고 있는지, 각 정권별로 이를 어떻게 인식하고 대응해 나가고 있는지 파악할 수 있다는 뜻이기도 하다. 이에 우리는 비교적 최근 시점인 이명박, 박근혜, 문재인 정부의 국정과제를 검토해 보았다. 이는 국내 사회에서 나타나는 주요한 사회적 이슈들이 국제사회에서 최근 들어 강조하고 있는 '지속가능발전'과 그 궤를 같이 하는지, 그리고 우리가 제시한 新 사회문제의 거시적 틀과 그 방향이 같은지 살펴보기 위함이다.

[표 2.3] 역대 정권별 국정과제를 통해 본 사회적 가치

<table>
<tr><th colspan="2">이명박 정부</th><th colspan="2">박근혜 정부</th><th colspan="2">문재인 정부</th></tr>
<tr><th>국정 지표</th><th>주요 과제</th><th>국정 목표</th><th>주요 과제</th><th>목표</th><th>전략</th></tr>
<tr><td>활기찬 시장 경제</td><td>• 투자환경 인프라 개선
• 제로베이스 규제개혁
• 신성장 동력 확보
• 서비스산업 선진화
• 일자리 창출</td><td>일자리 중심의 창조 경제</td><td>• 창조경제 생태계 조성
• 일자리 창출을 위한 성장동력 강화
• 중소기업의 창조경제 주역화
• 창의와 혁신을 통한 과학기술 발전
• 원칙이 바로선 시장경제 질서 확립
• 성장을 뒷받침하는 경제운영</td><td>더불어 잘사는 경제</td><td>• 소득 주도 성장, 일자리 경제
• 활력이 넘치는 공정경제
• 서민과 중산층을 위한 민생경제
• 과학기술 발전, 4차 산업 혁명
• 중소벤처 창업과 혁신 성장</td></tr>
<tr><td>능동적 복지</td><td>• 평생복지 기반 마련
• 예방·맞춤·통합형 복지
• 시장기능을 활용한 서민 생활 안정
• 사회적 위험으로부터 안전한 사회</td><td>맞춤형 고용 복지</td><td>• 생애주기별 맞춤형 복지 제공
• 자립을 지원하는 복지체계 구축
• 서민생활 및 고용안정 지원
• 저출산 극복과 여성 경제활동 확대</td><td rowspan="3">내 삶을 책임지는 국가</td><td rowspan="3">• 포용적 복지국가
• 국가가 책임지는 보육과 교육
• 국민안전과 생명
• 성평등, 차별 없는 공정 사회
• 자유와 창의의 문화국가</td></tr>
<tr><td rowspan="2">인재 대국</td><td rowspan="2">• 수요자 중심의 교육경쟁력 강화
• 핵심인재 양성과 과학한국 건설
• 평생학습의 생활화</td><td>창의 교육과 문화가 있는 삶</td><td>• 꿈과 끼를 키우는 교육
• 전문인재 양성 및 평생학습 체제 구축
• 나를 찾는 문화, 모두가 누리는 문화 구현</td></tr>
<tr><td>안전과 통합의 사회</td><td>• 범죄로부터 안전한 사회 구현
• 재난·재해 예방 및 체계적 관리
• 쾌적하고 지속가능한 환경 조성
• 통합과 화합의 공동체 구현
• 지역균형 발전과 지방분권 촉진</td></tr>
<tr><td rowspan="2">섬기는 정부</td><td rowspan="2">• 예산절감과 공공기관 혁신
• 국민편의 원스톱 서비스
• 창조적 광역발전과 실질적 지방분권
• 법과 원칙이 준수되는 신뢰사회 구현</td><td rowspan="3">행복한 통일 시대의 기반 구축</td><td rowspan="3">• 튼튼한 안보와 지속가능한 평화 실현
• 행복한 통일로 가는 새로운 한반도 구현
• 국민과 함께 하는 신뢰외교 전개</td><td>국민이 주인인 정부</td><td>• 국민주권 실현
• 소통으로 통합
• 투명하고 유능한 정부
• 권력기관의 민주적 개혁</td></tr>
<tr><td>고르게 발전하는 지역</td><td>• 풀뿌리 민주주의
• 골고루 잘사는 균형발전
• 사람이 돌아오는 농산어촌</td></tr>
<tr><td>글로벌 코리아</td><td>• 새로운 평화구조 창출
• 실용적 통상외교·능동적 개방
• 세계로 나가는 선진안보
• 친환경 경제·에너지 구조
• 아름다운 삶과 창의문화</td><td>통화와 번영의 한반도</td><td>• 강한 안보와 책임국방
• 남북 화해협력과 한반도 비핵화
• 국제협력을 주도하는 외교</td></tr>
</table>

이명박, 박근혜, 문재인 정부의 주요 국정과제를 구체적으로 살펴보자. 상위 범주[국정목표(지표)]의 내용을 살펴보면, 크게 경제, 사회 부문의 문제들을 시정하기 위한 것들로 구성되어 있음을 알 수 있다. 세부 주요 과제를 살펴보면, 이명박 정권에서 처음으로 환경을 고려한 경제, 에너지 구조를 구상하고 있어 이 시기에 환경문제가 중요하게 부각되었음을 알 수 있다. 사실, 이명박 정권의 핵심 국정 아젠다 중 하나가 '저탄소 녹색성장'이었을 정도로 환경에 대한 정부의 관심은 어느 때보다 높았다. 이는 2009년, '녹색성장 5개년 계획'을 통해 5년간 107조 원을 투입하고, 그중 기후변화 대응과 에너지 자립을 위한 정책에 56조 원의 예산을 배정하겠다고 발표한 것만 보아도 알 수 있다.[4] 이명박 정권에서는 환경뿐 아니라, 안전, 문화, 아름다운 삶, 평생복지 등도 강조하고 있었다. '안전'의 키워드 역시, 이 시기에 처음 등장한 후, 박근혜 정권으로까지 이어진 것으로 보아 '안전' 문제도 경시할 수 없는 중요한 사회문제로 자리 잡았음을 유추해 볼 수 있다.

이명박 정권에서는 통합적 관점에서 '국민'의 생활을 증진시키는 것보다 '개인'의 삶의 질을 향상시키는 것에 더 초점을 맞추었으며, 이러한 경향은 박근혜 정부 들어서도 지속되었다. '꿈과 끼를 키우는 교육', '생애주기별 맞춤형 복지 제공', '나를 찾는 문화, 모두가 누리는 문화 구현' 등이 그 예이다. 문재인 정부에서는 '성평등, 차별 없는 공정사회', '자유와 창의의 문화국가' 등을 주요 국정과제로 설정함으로써 개인의 삶의 질을 높이기 위한 노력을 더욱 강화하였다. 또한 이명박 정권 때는 '복지'의 문제를 해결함에 있어서 '시장'의 원리를 활용하는 등의 융합적 경향을 보였다. 박근혜 정권에 들어서는 '사회'의 영역이 훨씬 세분화되고 다각화되는 경향을 보였다. '안전'을 보다 강조함으로써 '삶의 질 향상', '통합'을 넘어 사회 구조 변화에 따른 '저출산' 등 미래의 문제와 함께 광범위한 사회적 위험을 줄이는 형태로 변화한 것이다. 문재인 정부는 한걸음 더 나아가 '포용적 복지국가', '국가가 책임지는 보육과 교육' 등 사회적 위험과 불확실성을 해결하는 방향으로 정책을 설계했음을 확인할 수 있다.

2000년대 이전인, 과거 정권들과 비교해 보아도 단순히 경제 발전만이 아니라, 소득 분배 등에 의한 불평등 완화, 삶의 질 개선, 환경 등 다른 영역들과 결합시켜 국정과제들을 설정하고 있음을 알 수 있다.[5] 특히, 경제 발전이 최우선 과제였던 박정희 정권 때와 비교해 보면, 현대의 국정 철학이나 운영 방향은 꽤 큰 차이를 보인다. 그만큼, 개개인의 인간다운 삶을 보장할 수 있는 방향으로, 통합을 통해 어느 누구도 사회적 관계에서 배제되지 않도록, 개개인 모두가 삶의 동력을 잃지 않도록 국정 방향이 재편되고 있는 것이다.[6] 또한, 미래 세대들까지 고려하여 이들이 안전하고, 평안한 삶을 영위할 수 있도록 환경문제도 강조하고 있다. 이렇듯 우리나라의 국정 목표도 국제사회에서 강조하는 '지속가능발전'이라는 큰 그림 아래, 경제 불평등, 사회적 위험, 환경파괴와 같은 문제를 줄이는 방향으로 설정되고 있음을 확인할 수 있다.

R&D 투자 흐름과 미래 트렌드 예측

양극화, 저출산·고령화, 기후변화 등과 같은 사회문제가 심각해짐에 따라 이제는 과학기술정책이나 연구개발 사업도 기술개발과 사회문제 해결을 결합하는 형태로 확대되고 있다. 최근, 네덜란드나 독일, 영국 등의 주요 선진국에서 사회 후생을 높일 수 있는 혁신 활동에 초점을 맞춰 사회, 환경문제들을 분석하고, 이에 대응하기 위한 '사회 책임 연구·혁신(Responsible Research and Innovation, RRI)'을 선제적으로 실현하고 있다.[7] 이에 우리나라에서도 과학기술정보통신부(舊 국가과학기술위원회)를 중심으로 사회문제 해결형 연구개발 프로그램들을 계획하고 있다. [표 2.4]와 같이 최근 연구개발 프로그램의 경향은 기존의 경제 발전이나 성장 중심의 경향에서 벗어나 그 목적과 특징을 달리함을 확인할 수 있다.

특히 이들 프로그램은 사회문제 해결을 위한 기술개발을 강조한다는 점

[표 2.4] 사회문제 해결형 R&D의 정의 및 사회문제

대분류	세부분류	주요 사회문제
인구구조 및 생활양식 변화	건강	**정신질환**, **지적장애**, 만성질환, 희귀난치성질환, 중독, 퇴행성뇌신경질환
	환경	**산업폐기물**, **미세먼지**, 생활폐기물, 실내공기오염, 수질오염, 환경호르몬
	문화여가	문화 소외, 문화·여가 공간 미비
사회구조의 급변과 생태계 문제 심화	생활안전	**화이트칼라범죄**, **사생활침해**, **가상증표(통화) 부작용**, 성범죄, 먹거리안전, 사이버범죄, 가정안전사고
	재난재해	**지진**, **소방안전**, 기상재해, 화학사고, 감염병, 방사능오염
	에너지	전력수급, 에너지빈곤
	주거교통	불량·노후주택, 교통혼잡, 교통안전
초연결사회·자아중심사회 도래	가족	**저출산**, 노인 소외·자살, 가정폭력
	교육	교육격차, 학교폭력
	사회통합	**노동의 차별**, 의료격차, 정보격차, 취약계층 생활불편

출처: KISTEP. 2018. 제2차 과학기술 기반 국민생활(사회) 문제해결 종합계획(2018~2022) 주요 내용.
주: 볼드체는 신규 사회문제를 표시한 것임.

을 하나의 특징으로 꼽을 수 있다. 이전부터 기술과 삶의 질 개선을 연계시키려는 움직임이 있긴 했지만 미흡한 측면이 없지 않았다.[8] 그러나 정부는 2013년 이후 '과학기술기반 국민생활(사회)문제 해결 종합계획'을 마련함으로써 과학기술을 보다 적극적으로 활용하여 국민들로 하여금 건강한 삶, 안전한 삶, 편안한 삶을 영위하도록 사회문제 해결을 실천하고 있다. 이는 국민들의 삶의 질을 저해하는 현안이나 미래 이슈들을 선정하여 이의 주요 원인을 밝히고 그 문제들을 해결해 나감으로써 과학기술의 사회적 역할을 제고했다는 점에서 의미를 찾을 수 있다.

여기에서의 핵심은 어떠한 사회문제를 주요 아젠다로 선정하는가에 있다. 정부는 10대 분야의 40개 주요 사회문제를 선정함에 있어 '인구구조 및 생활양식 변화', '사회구조의 급변과 생태계 문제 심화', '초연결사회 및 자아중심사회 도래'라는 3대 영역의 30대 주요 생활환경 변화를 고려하여 사회문제를 선정하였다. [표 2.4]의 주요 사회문제와 [그림 2.1]의 30대 주

[그림 2.1] 3대 영역별 30대 주요 환경 변화

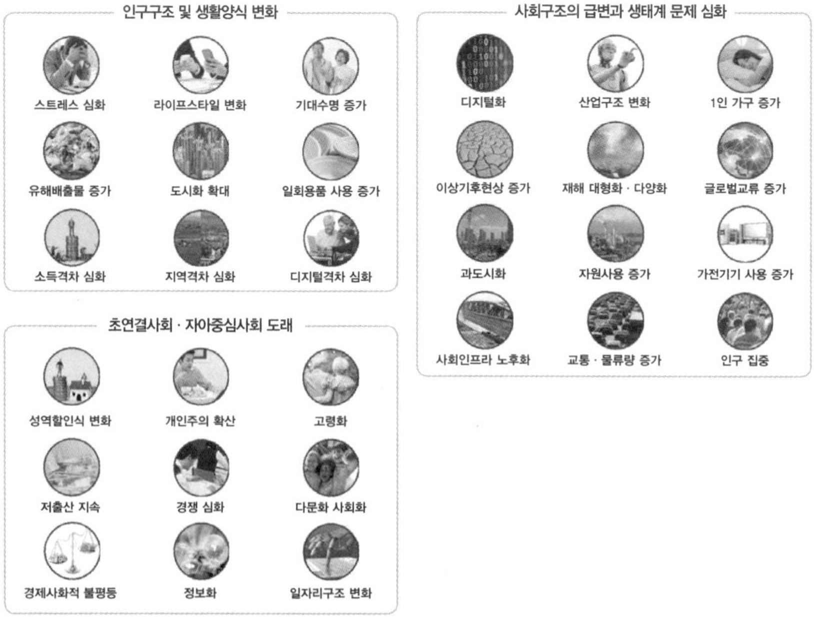

출처: KISTEP. 2018. 제2차 과학기술 기반 국민생활(사회) 문제해결 종합계획(2018~2022) 주요 내용.

요 환경 변화의 내용을 살펴보면 상당히 흥미로운 점이 발견된다. 국민들의 행복을 가장 크게 저해하는 문제들은 주로 일상생활을 위협하는 내용들이었다.

미세먼지, 사생활침해, 소방안전, 저출산 등의 주요 사회문제와 스트레스 심화, 일회용품 사용 증가, 고령화, 다문화 사회화 등의 주요 환경 변화 내용이 그러하다. 이는 국민들의 관심이 경제적인 문제를 떠나 안정되고 평안한 삶을 사는 것으로 변화하고 있음을 반증하는 것이자, 정부가 설정한 주요 사회문제가 우리가 제시한 큰 틀의 사회문제 대분류 영역과도 일맥상통함을 보여주는 것이다. 물론, R&D로 경제 문제를 해결하기에 한계가 있기 때문에 이와 관련된 문제가 적게 포함되어 있기는 하다. 그럼에도 개인의 안전을 위협하는 생활밀착형 문제나 환경문제가 개인의 삶의 질을 크게 저해할 수 있다는 점은 이제 사회문제에 대한 일반의 인식이 달라지고 있다는 점을 잘 보여주는 결과이다.

미래사회 트렌드를 예측한 보고서들 또한 유사한 경향성을 보인다. 모든 것이 불확실한 현재의 상황에서 미래사회의 변화를 예측하여 미래에 어떠한 사회문제들이 심각해질지 미리 파악하는 것은 중요한 작업이다. 단순히 미래를 예측하는 것을 넘어 미래에 관심을 갖고, 미래의 변화에 철저히 대비함으로써 향후 발생할 사회문제에 대해 선제적으로 대응능력을 키울 수 있기 때문이다.[9] 따라서 우리는 미래 변화를 예측한 다양한 연구들을 살펴보고 현재의 사회문제뿐 아니라 미래에 나타나게 될 주요한 이슈들을 모두 고려하여 사회문제를 새롭게 구성해야 할 필요성이 있다고 본다.

먼저 지금으로부터 30~40년 이후에 발생할 변화를 예측한 유의선 외(2010)[10]의 연구를 통해 우리는 몇 가지 미래의 메가트렌드를 발견하였다. 이 연구가 제시한 첫 번째 메가트렌드는 인구 구조 변화이다. 지구촌 인구가 1959년 30억 명에서 40년 후인 1999년에는 60억 명으로 급증, 이후부터 인구 증가속도가 감소할 것으로 예상하였다. 특히, 선진국의 고령화 및 인구 감소 현상이 두드러져 사회 시스템의 지속가능성이 무너질 수 있다고 보았다.

두 번째 메가트렌드는 기후변화를 비롯한 환경문제의 심화이다. 현 상태가 지속되면, 지구 기온이 2100년까지 1.1~6.4℃ 증가하여 모든 빙하가 사라지고, 생물의 절반이 멸종 위험에 처할 것이라고 전망하였다. 기후변화가 특히, 사회 안전망이 취약한 개도국에 큰 피해를 입힐 가능성이 커 기후변화의 '환경정의(environmental justice)' 문제도 제기되고 있다. 기후변화는 선진국보다 최빈국에게 더 큰 피해를 줄 것으로 예측되기 때문이다. 물 부족 또한 환경문제에 있어 빼놓을 수 없는 부분이다.

세 번째 메가트렌드는 에너지 고갈이다. 전 세계 에너지 수요는 지속적으로 증가하는 반면, 석유 생산정점이 짧게는 2015년에서 길게는 2060

년까지로 예상되어 에너지 수급이 매우 불안정할 것으로 전망된다. 이에 유의선 외(2010)의 연구는 이상의 메가트렌드에 의해 급부상하게 될 생존·안전, 빈곤 및 경제적 격차, 인간소외, 사회적 갈등과 같은 문제들을 해결하기 위해 '그린 휴머니즘 사회'로 전환해야 한다고 주장한다. '그린 휴머니즘 사회'란 인구의 적정 수준 유지, 절대 빈곤 극복, 빈부 격차 해소, 갈등 해소 및 폭력 저지, 지속가능경제의 구가, 지구생태계 보전, 사람 사이의 연대, 문화 다양성 개화로 개인의 삶의 질 향상은 물론, 경제, 사회, 환경의 지속가능성을 높이는 사회를 의미한다. 이는 국제사회에서 추구하는 지속가능발전과 연결되며, 크게는 경제적 불평등, 사회적 위험, 환경파괴의 문제를 극복하는 것과 연계된다고 볼 수 있다.

미래 연구가 중요해지면서, 이제는 정부 차원에서도 미래 사회의 변화를 예측하는 움직임을 보이고 있다. 미래창조과학부가 2014년 학계, 연구계 등 전문가와 대학생들을 대상으로 설문조사를 실시한 결과에 따르면 사회구조 변화를 고려하면서 경제적 불평등을 줄이고, 국민들의 안전을 위협하는 각종 문제들을 해결해야 하며, 기후변화 및 에너지 고갈 등의 환경문제를 개선하는 것이 미래 사회의 주요 이슈가 됨을 확인할 수 있다.[11] 미래사회 트렌드를 예측한 이상의 연구들은 공통적으로 '지속가능발전'이라는 큰 목표 하에, 경제적 불평등, 사회적 위험, 환경파괴의 문제들을 극복해야 함을 알려준다. 국제사회에서 강조하는 바와 같이 국내에서도 '지속가능발전'을 위협하는 '경제', '사회', '환경' 문제들을 개선하기 위한 노력이 필요한 상황인 것이다. 특히, '삶의 질' 향상과 '안전', '연대' 등 '인간' 중심의 사회 발전이 보다 중요해지고 있다.

학계에서 논의하는 사회문제의 양상

우리는 국내에서 나타나는 다양한 사회적 이슈 담론들 중, 관련 학술적 논의에도 관심을 기울여야 한다고 판단하였다. 연구논문은 특정 시기, 가장 화두가 되는 내용들을 담고 있으며 사회적 담론 및 보편적 규범을 양산하는 주요 매개체에 해당된다는 점에서 그 중요성이 크기 때문이다. 우리는 연구논문의 키워드 분석을 통해 시기별 주제 변화를 확인함으로써 전문가들 사이에서 어떠한 사회문제가 중요하게 인식되는지 파악하고자 하였다. 이를 위해 2010년부터 2015년까지 한국사회학 저널에 게재된 총 300편의 연구논문 키워드를 분석해 보았다. 한국사회학 저널은 다른 저널에 비해 사회문제와 관련된 다양한 주제들을 포괄적으로 담고 있어 분석의 대상이 되기에 적절하다.

분석 결과, 2010년부터 2015년까지 총 300편의 논문 중 사회문제와 관련된 논문은 약 34%에 해당하는 101편인 것으로 나타났다. 특히, 삶의 질 및 웰빙, 우울·감정·자살 등과 같이 개인의 삶과 심리 상태와 관련된 문제들이 중점적으로 논의되고 있었다. 노인 관련 문제, 이주·다문화 등과 관련된 문제들도 상당히 많이 연구되었으며, 그 외에도 여성 및 성차별, 가족, 공동체 등의 문제들 또한 다뤄지고 있었다. 전반적으로 집단보다는 개인 중심으로 사회문제 단위가 옮겨가고 있음을 확인할 수 있다.

이상의 경향성은 저널에 게재된 사회문제 관련 논문 키워드에서 더 명확히 드러난다. 먼저, 시간이 경과할수록 사회문제와 관련된 연구의 양은 계속 증가하고 있다. 1990년대 후반에는 매해 평균 6편의 사회문제 관련 논문이 게재된 반면, 2010년 이후부터는 매년 평균 16.8편의 사회문제 관련 논문이 게재되었기 때문이다.

이전에 비해 사회문제의 내용도 큰 차이를 보이고 있었다. 1998년부터 2000년까지 사회문제와 관련한 논문 키워드는 대개 계급, 기회 불평등 등과 관련된 불평등 문제와 노인 부양 및 복지와 관련된 문제로 한정되어 있었다. 그러나 2010년부터 2015년까지 게재된 논문 키워드들은 삶의 질이나 웰빙, 개인의 심리나 감정에 초점을 맞춘 문제들이나, 다문화, 소통, 공동체와 같은 포용의 문제 등을 다양하게 담고 있었다. 이는 사회가 복잡해지고, 사회 구성원들의 의식 수준이 높아지면서, 쉽게 해결할 수 없는

[표 2.5] 한국사회학 저널의 연도별 사회문제와 관련된 논문 키워드

연도	사회문제와 관련한 논문 키워드	
1998 (6)	• 성과 계급이동 • 계층구조 • 가족	• 외국인 취업자 • 신뢰 • 계급이동
1999 (4)	• 계급 • 세대차이	• 노동 • 환경
2000 (8)	• 농촌노인(2) • 노인부양 • 교육 기회의 불평등 • 도서 지역의 활성화	• 주관적 계층 의식 • 노숙자 • 노인복지
2010 (11)	• 고령층의 모바일 격차 • 청소년 인터넷 문제 • 노인 우울 • 자살 • 여성 임금불평등	• 건강불평등 • 사회경제적 박탈과 건강 • 어린이-청소년 행복지수 • 남녀임금격차 • 비정규직 • 북한이탈주민
2011 (13)	• 결혼 이주 • 노인 돌봄 • 성별 임금격차 • 출산 • 웰빙 • 시민참여	• 노동시장 불평등 • 경제불평등 • 북한이탈주민 • 청년 주거 문제 • 실업급여 • 퇴직과 재취업 • 탈북 정착자
2012 (16)	• 빈곤 • 노동시장의 성차별 • 삶의 질 • 행복감, 사회자본, 여가 • 여성 노인 • 사회통합 • 노인 • 문화	• 노숙 • 일, 가족 • 환경 • 노인차별 • 여성 취업 • 감정노동 • 노동과 우울 • 고용형태와 대인갈등 및 심리적 안녕
2013 (18)	• 문화 계층 및 계급 • 일과 가정 균형 • 다문화 사회 • 이주 결혼 여성 • 노년기 소득불평등(2) • 온라인 연결망 불평등 • 웰빙 • 노인 가족 돌봄	• 가족주의, 가족 • 문화자본 • 결혼이주여성의 삶의 만족도 • 건강 • 노동시장 계층 • 복지지출 • 북한이탈주민 • 사회불평등 • 수질개선
2014 (19)	• 건강 • Inequality • 사회적 자본과 부모 노후 준비 • 비정규 근로자와 노조 • 삶의 만족 • 정보격차 • 노동조합 임금정책 • 정규직-비정규직 • 수퍼우먼의 비애	• 기업 내 성차별 • 노동시장의 이중구조 • 가족 • 다문화 가족 청소년, 자살 • 가족화와 개인화 • 적극적 노동시장정책 • 기업의 인권책임 • 성매매(2) • 결혼이민여성과 이혼, 다문화 정책
2015 (24)	• 성매매(2) • 이주민문제 • 노인의 고통 • 가족(모-자녀 간 관계만족도) • 근대화와 개인의 삶 • 불평등(4) • 청년층 취업선호도와 노동시장 진입 • 여성고용 • 마을공동체 만들기 • 인구구조 변화	• 삶의 질 • 가구빈곤 • 감정노동 • 노인의 삶의 만족도 • 네트워크 사회 • 통일 • 소통 • 사회적경제와 지역발전(혁신, 호혜, 협력의 원리) • social welfare(2)

주: ( )의 숫자는 각 연도별 사회문제 관련 논문 편수.

사회문제가 증대되고 있음을 시사한다. 연구논문과 같은 학술적 논의에서도 사회문제의 양상이 변화하고 있음을 확인할 수 있다.

지금까지 국정 과제나 각종 연구 정책 보고서, 그리고 학계 논의들은 국내에서나 국제사회에서 제시하는 이슈들과 상당히 닮아 있다. 즉, 경제발전을 넘어 불평등의 문제, 삶의 질과 만족, 그리고 행복감과 통합, 공동체 문제가 중요한 이슈들로 지적되는 것을 알 수 있다. 또한 미래 세대들까지 안정된 삶을 영위할 수 있도록, 국제적으로 분쟁을 야기할 수 있는 환경파괴의 문제도 중요한 이슈가 되고 있음을 발견하였다. 이처럼, '지속가능발전'은 거스를 수 없는 보편적 규범이 되어 가고 있음을 확인할 수 있다.

빅데이터 분석을 통해 바라본 사회문제

전 세계적으로 '지속가능발전'이 하나의 중요한 국가 운영 패러다임으로 자리 잡으면서 경제, 사회, 환경의 조화로운 발전이 요구되고 있다.[12] 이를 사회문제와 연결시켜 보면, 경제 불평등의 문제, 사회적 위험의 문제, 환경파괴의 문제로 압축된다. 앞서 우리는 국제사회에서 제시하는 다양한 지표들, 그리고 국내의 다양한 연구들을 살펴봄으로써 경제 불평등의 문제, 사회적 위험의 문제, 환경파괴의 문제를 해결해야 하는 상황에 직면해 있음을 연역적으로 확인하였다.

그러나 이러한 사실로부터 더 구체적인 사회문제들, 즉 경제 불평등, 사회적 위험, 환경파괴의 하위 수준에 해당하는 세부 사회문제들을 이끌어낼 필요가 있다. 지금까지 살펴본 국제사회와 국내의 담론들은 큰 틀에서 사회문제의 변화와 흐름에 대한 중요한 시각을 제공하지만, 실제 세부적인 사회문제를 파악하기 위해서는 좀 더 현실적이고 귀납적인 방법에 의거한 추론이 요구된다. 이를 통해 우리가 도출해 낸 사회문제 분류체계의 정합성과 타당성도 기할 수 있다.

우리는 그 작업의 일환으로 조선일보 〈더나은미래〉, 그리고 서울대학교 기술지주회사자회사인 ㈜STH.I.S(책임연구자 김수욱 교수)와 협력하여 주요 언론 기사와 SNS에서 나타나는 사회이슈 키워드들을 데이터화하여 빅데이터 분석을 시도하였다. 빅데이터 분석 결과를 통해 도출한 사회문제들은 현재 우리 사회를 강타하고 있는 중요한 사회문제들에 해당한다. 이를 바탕으로 앞에서 연역적으로 도출한 사회문제의 대분류 체계가 적합한지, 국제사회에서 정의하는 사회문제와 유사한지 등을 확인할 수 있다. 구체적으로는 주요 언론 기사 분석을 통해 언론에서 중요하게 구조화(framing)하고 있는 사회문제 이슈들을 발굴하고, SNS 분석을 보완하는 작업을 거쳤다. 언론기사와 SNS를 종합적으로 분석한 이유는 언론에서 구조화하는 사회이슈들은 그것이 생산되는 과정에서 정치적으로 일부 편향된(biased) 시각이 반영될 가능성이 존재하기 때문이다.[13, 14, 15] 일반 국민들의 인식이 반영된 SNS의 내용을 함께 분석함으로써 이러한 편향성을 교정하였다.

먼저, 주요 언론 기사 분석 결과를 살펴보자. 언론 기사에는 특정 시기, 우리 사회에서 가장 중요하게 회자되는 사건 및 이슈들이 헤드라인으로 제공되므로, 당대에 가장 화두가 되었던 주요 사회문제들을 파악할 수 있다. 우리는 2012년 1월부터 2014년 12월까지 주요 일간지인 조선일보, 매일경제, 한겨레 종합면 중 1~4면에 실린 키워드들을 분석하였다. 언론기사에서 나타난 편향을 SNS의 내용으로 보완했던 것처럼, 일간지의 선정 과정에 있어서도 다양성을 높임으로써 어느 한 쪽에 치우친 관점을 지양하고자 했다. 언론 기사가 지니는 중요한 특징 중의 하나가 특정 사안을 구조화하여 대중들로 하여금 그에 대한 이미지를 고착시키는 것이므로,[16] 서로 다른 정치적 성향을 지닌 조선일보, 매일경제, 한겨레를 선정하여 정치적 편향의 문제를 최소화하려 했다.

분석 과정을 보다 구체적으로 살펴보자. 우선, 1차 분석을 위해 기사 본문에 제시된 단어들을 중심으로 가장 많이 언급된 441개의 메인 키워드를 선정하였다. 그 후, 신문 기사 제목으로 언급된 적이 있는 330개의 단어를 추출하여 빈도수 분석을 실시하고, 보다 구체적인 내용을 파악하기 위해 연관어 분석을 실시하였다. 이를 기반으로 29개 분야, 68개 키워드를 가진 100대 이슈를 선정하였다. 그중 총 언급 수, 기사 수, 검색어 지수의 3가지 기준에 따라 중요하게 언급된 키워드 순위를 도출하였다. 이를 바탕으로 청년 일자리, 부동산(주택) 대책, 가계부채(빚, 대출), 비정규직, 탈북자(통일), 정보유출, 안전, 보육, 학교폭력, 아동 성범죄, 게임중독, 온실가스(규제), 에너지(원자력) 등 총 13개의 사회문제 키워드를 도출하였다.

2012년부터 2014년까지 가장 많이 언급된 사회문제 키워드는 약 44%의 비중을 보이는 안전이었다. 특히, 2014년 4월, 세월호 침몰 사건의 영향으로 사건 직후인 5월에, 안전 관련 키워드가 321번으로 가장 많이 언급되었다. 2012년에 비해 2014년 안전 키워드의 빈도수가 2배 이상 급증했다는 점은 안전 관련 문제가 특정 사건을 계기로 세간의 관심이 집중되는 사회문제 중 하나라는 점을 잘 보여준다. 그 다음으로 많이 언급된 사회문제 키워드는 약 19%의 비중을 보이는 가계부채이다. 특히 가계부채의 키워드는 가계 재정 악화나 주택시장 관련 기사들에서 많이 언급되고 있다.

[표 2.6] 연도별 13대 사회문제 키워드 언론 기사 빈도 분석 결과

순위	사회문제 키워드	2012년	2013년	2014년	합계	
					건수	비중(%)
1	안전	794	1,320	1,788	3,902	43.65
2	가계부채	795	468	474	1,737	19.43
3	에너지(원자력)	245	345	195	785	8.78
4	비정규직	222	171	234	627	7.01
5	탈북자	196	149	132	477	5.34
6	보육	184	167	113	464	5.19
7	청년 일자리	126	96	72	294	3.29
8	부동산 대책	33	111	59	203	2.27
9	학교폭력	136	29	12	177	1.98
10	정보유출	16	4	59	79	0.88
11	온실가스	15	23	30	68	0.76
12	게임중독	15	31	20	66	0.74
13	아동 성범죄	31	22	8	61	0.68
계		2,808	2,936	3,196	8,940	100

비정규직, 탈북자는 비교적 연도별로 큰 차이를 보이지 않으며, 보육과 관련해서는 2012년 가장 많이 언급된 것으로 나타났다. 생각건대 2012년

2월 한나라당에서 모든 가구에 23만 원의 양육수당을 지급한다는 복지공약과 관련된 내용의 기사들이 급증하면서 발생한 결과로 풀이된다. 2013년 9월에는 무상보육에 따른 복지재원 마련과, 2014년 11월에는 누리과정 재원 마련과 관련된 기사들이 많았다.

청년 일자리와 관련한 문제는 2012년에 주로 많이 제기되었으며, 부동산과 관련한 문제는 2013년 4월, 4·1 부동산 종합 대책이 마련되면서 많이 언급되었다. 학교폭력의 경우, 2012년 교우들의 집단 괴롭힘으로 자살한 사건 등이 발생하면서 이 시기에 학교폭력에 관한 언급이 가장 많이 이루어졌다. 정보유출의 경우는 비교적 최근에 해당하는 2014년 1월, 신용카드 3사의 개인정보 유출 사건이 발생하면서 이의 언급이 많이 이루어졌다. 온실가스 관련 기사는 2014년 9월, 뉴욕에서 열리는 기후정상회의와 2015년부터 시작되는 탄소배출권 거래와 관련하여 비교적 최근에 많이 언급된 것으로 나타났다.

다음으로 2014년 7월부터 2015년 6월까지 게시된 트위터, 다음아고라, 네이버블로그, 다음블로그, 조선닷컴토론마당, 한겨레 커뮤니티 등 총 6개의 SNS 내용을 분석하였다. 이는 언론 기사의 편향된 시각을 보완하고, 사회문제에 대한 실제 국민들의 인식 수준을 살펴보기 위함이다. 또한 언론 기사의 분석 기간은 2012년 1월부터 2014년 12월까지의 기간이었던 반면, SNS의 내용분석은 2015년 6월까지로 그 기간적 범위를 확장하여, 비교적 최근의 상황까지 반영하고자 하였다. SNS 분석은 언론 기사 분석에서 도출한 13개의 키워드를 중심으로 살펴보았는데, 흥미로운 점은 언론 기사 분석에서의 결과와는 일정 부분 차이를 보인다는 사실이다.

언론 기사와 마찬가지로, SNS에서 가장 많이 언급된 키워드는 안전이었으나 그 비중이 76.9%로 압도적으로 높았다. SNS 상에서는 언론 기사와는 달리, 부동산, 청년 일자리, 비정규직, 보육과 같은 문제가 상위권을 차지하고 있는데, 이는 일상생활과 밀접한 문제에 많은 국민들이 관심을 보이는 것으로 풀이할 수 있다. 또한, 순위로만 보면, 국민들은 언론 기사보다

[표 2.7] 반기별 13대 사회문제 키워드 SNS 빈도 분석 결과

순위	사회문제 키워드	2014년 하반기	2015년 상반기	합계	
				건수	비중(%)
1	안전	2,908,320	759,740	3,668,060	76.9
2	부동산 대책	345,580	311,494	657,074	13.8
3	청년 일자리	57,971	82,764	140,735	2.9
4	비정규직	39,208	67,788	106,996	2.2
5	보육	44,448	47,394	91,842	1.9
6	탈북자	23,035	9,818	32,853	0.7
7	학교폭력	11,890	16,133	28,023	0.6
8	가계부채	10,683	11,288	21,971	0.5
9	온실가스	4,488	5,152	9,640	0.20
10	정보유출	3,644	3,104	6,748	0.14
11	게임중독	2,657	3,167	5,824	0.13
12	아동 성범죄	181	288	469	0.02
13	에너지(원자력)	129	167	296	0.01
계		3,452,234	1,318,297	4,770,531	100

학교폭력과 온실가스에 각각 좀 더 많은 관심을 가지고 있는 것으로 나타난다. 물론, 비중 자체는 언론 기사보다 낮게 나타났다.

국민들이 사회문제에 대해 어떠한 인식을 가지고 있는지, 언론 기사와의 시각 차이를 더욱 분명하게 파악하는 방법 중 하나는 언론 기사와 SNS 상에 나타나는 사회문제 주요 키워드의 연관어들을 비교 분석하는 것이다. 이러한 연관어들은 특히 '가계부채', '보육', '게임중독'의 세 가지 키워드에서 그 차이가 가장 뚜렷이 나타났다.

먼저, 가계부채의 경우, 언론 기사에서는 대출, 금융, 경제, 주택, 부채, 부담 등의 단어와 언급된 반면, SNS에서는 탕감, 회생, 파산, 대출 등의 단어와 언급된 것으로 나타났다. 언론 기사에서는 주로 정책적 측면에서 가계부채를 언급한 반면, SNS에서는 대출자의 입장에서 빚을 탕감하는 것에 관심을 보였다. SNS에서는 갈등, 불안 등의 단어들이 함께 언급되어 가계부채로 인한 또 다른 사회문제가 발생할 가능성을 확인할 수 있었다.

[그림 2.2] 가계부채 연관어 분석 결과

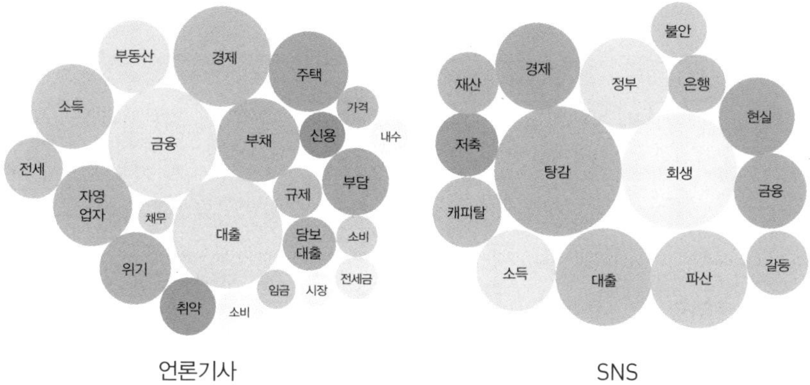

주: 조선일보 더나은미래 2015년 9월 8일자 "빅데이터로 본 사회문제"의 기사에 실린 인포그래픽스를 수정·보완한 것임.

보육의 경우, 언론 기사에서는 예산, 무상, 지원, 누리과정, 정부 등의 단어와 함께 많이 언급되었다. 반면, SNS에서는 물가, 서민, 세금, 공급, 소득 등의 단어가 많이 언급되었다. 언론에서는 주로 보육을 정치적인 이슈로 바라보았다면, SNS에서는 비용의 측면에서 바라본 것이다.

[그림 2.3] 보육 연관어 분석 결과

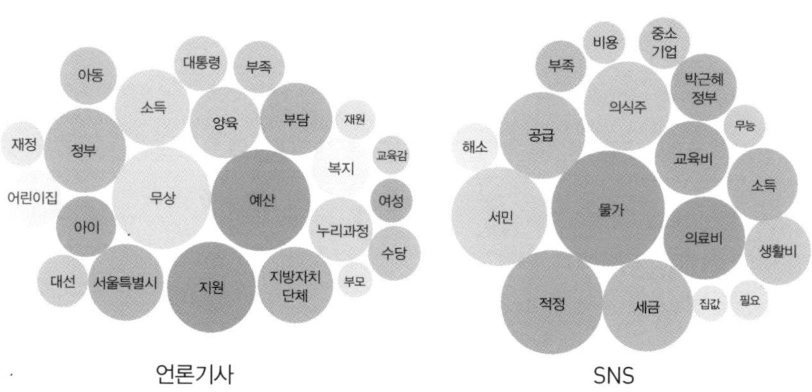

주: 조선일보 더나은미래 2015년 9월 8일자 "빅데이터로 본 사회문제"의 기사에 실린 인포그래픽스를 수정·보완한 것임.

[그림 2.4] 게임중독 연관어 분석 결과

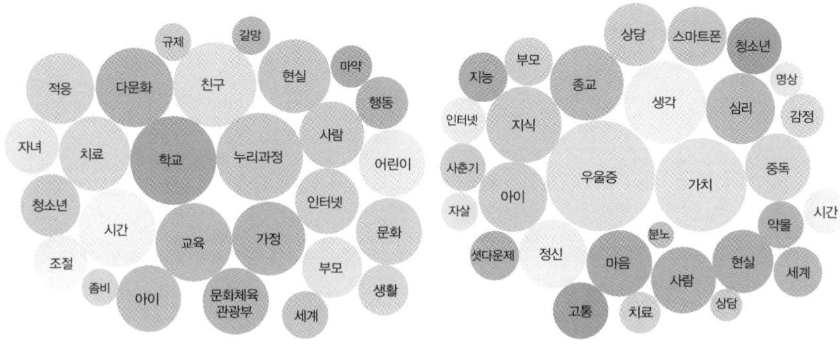

언론기사 SNS

주: 조선일보 더나은미래 2015년 9월 8일자 "빅데이터로 본 사회문제"의 기사에 실린 인포그래픽스를 수정·보완한 것임.

마지막으로 게임중독의 경우, 언론 기사에서는 학교, 누리과정, 친구, 다문화, 문화체육관광부, 교육 등의 단어와 언급되었으며, SNS 상에서는 우울증, 가치, 심리, 중독, 생각, 상담 등의 단어와 언급되었다. 게임중독의 경우는 예외적으로 SNS 상에서 더 다양한 단어들과 연계되어 있었으며, 특히, 개인의 정서적 문제와 직접적인 관련이 있음을 유추해 볼 수 있다.

종합해볼 때, 빅데이터 분석을 통해 추출한 사회문제 키워드들이 앞에서 연역적으로 도출해 낸 경제적 불평등, 사회적 위험, 환경파괴의 문제와 일맥상통함을 확인할 수 있었다. 경제, 사회 영역에 비해 환경 영역의 문제들이 상대적으로 적지만, 경제, 사회 이슈가 주로 언급되는 언론 기사의 종합면을 분석하였다는 사실을 상기해 보면, 충분히 이해할 수 있는 대목이다. 그럼에도 불구하고, 온실가스나 에너지 문제가 종합면에 거론되었다는 것은 환경문제가 점차 중요한 사회적 이슈로 부각되었음을 반증한다.

[표 2.8] 빅데이터 분석을 통한 영역별 사회문제 키워드

영역	사회문제 키워드
경제적 불평등	청년 일자리, 부동산(주택) 대책, 가계부채(빚, 대출), 비정규직
사회적 위험	탈북자(통일), 정보유출, 안전, 보육, 학교폭력, 아동 성범죄, 게임중독
환경파괴	온실가스(규제), 에너지(원자력)

이와 같이 빅데이터 분석으로 도출한 사회문제 키워드를 통해 현대 사회에서 중요한 사회문제의 세부 내용들을 보다 구체적으로 확인할 수 있었다. 빅데이터 분석은 경제적 불평등, 사회적 위험, 환경파괴의 큰 영역 내에서 포함되어야 할 세부 문제들에 대한 시사점을 제시하고 있다. 무엇보다, 국정 과제나 R&D 투자 방향을 통해 살펴본 바와 같이, 안전의 문제가 가장 큰 이슈라는 것을 확인할 수 있다. 경제 문제도 이제 취약 계층만의 문제가 아니라 일반 중산층에게 이르기까지 그 범위가 확대되고 있다. 전통적인 복지의 차원을 넘어 더 다양한 사회문제들이 나타나고 있는 것이다.

이러한 일련의 사실들은 어느 누구도 사회문제의 위협에서 안전하지 않음을 의미하기도 한다. 취약계층만이 아니라, 훨씬 더 많은 사람들에게까지 사회문제가 만연한 것이다. 가계부채나 게임중독의 SNS 연관어 분석에서도 또한 살펴볼 수 있듯 개인의 심리적 문제는 또 다른 사회문제로 연결될 가능성이 크다는 점에서, 우리는 변화된 사회문제에 대한 다차원적인 고려가 필요하다고 본다. 이는 국제사회에서 강조하는 '인간' 중심의 지속가능발전과 궤를 같이 한다. 개개인이 경제적으로 안정적인 삶을 살고, 삶 속에서 행복을 느끼며, 사회에서 누구 하나 소외되지 않고, 깨끗한 환경에서 살아갈 수 있는 것이 사회적으로 중요한 이슈가 된 것이다.

세부 영역별 사회문제의 도출*

우리는 지금까지 연역적, 귀납적 접근을 아우르는 다각적인 분석을 통해 경제적 불평등, 사회적 위험, 환경파괴라는 사회문제의 대분류 영역을 도출하였다. 또한 앞서 살펴본 국제사회와 국내 이슈들, 그리고 각종 연구 및 빅데이터 분석 결과들을 토대로 보다 세분화된 중분류별 사회문제를 도출하였다.

먼저, 대분류 수준에서의 '경제적 불평등'에 속하는 사회문제로 소득 및 주거 불안, 노동 불안정, 그리고 교육 불평등 세 가지를 제시한다. 우리는 현대 사회에서 나타나는 대부분의 사회문제들이 경제적 수준과 관련성이 높다는 것에는 공감하지만, 그것이 절대적인 기준이라고는 생각지 않는다. 절대적인 경제적 조건 외에도 불평등의 문제가 중요한 것이다. 예컨대 객관적으로 자신의 소득이 높다 하더라도 상대방과 비교하였을 때, 다른 사람보다 소득이 낮다고 느끼게 되면, '불평등'하다고 표현한다. 여기서 불평등이란 모든 사람들에게 자원이 고르게 분배되어 있지 않은 상태로서, '성장' 중심의 시장 자본주의가 가지는 대표적인 문제라 할 수 있다. 여기에는 불균등과 불공평의 의미가 모두 포함되어 있다. 평등이라는 개념에는 정당한 권리, 받을 만한 자격, 공정성 등의 다양한 차원들이 공존하기 때문이다.[17]

요즈음, 흔히 거론되는 수저 계급론을 생각해 보자. 부모의 재산 정도

* 장용석·조희진·황정윤·김보경·이영동(2017)의 「Social Innovation Monitor」 11호에 게재된 '한국 사회문제 지도' 연구 결과를 기반으로 발전된 논의를 재구성하였다.

에 따라 등급이 매겨지는 현실이 얼마나 참담한가. 부모의 재산에 의해 교육의 기회나 노동시장으로의 진입 확률이 좌우됨에 따라 계층 이동의 가능성도 현저히 줄어들고 있다. '개천에서 용 난다.'는 말은 이제 옛말이 되었다. 사실, 경제적 불평등의 문제는 기회 균등의 부재에서 비롯된다고도 볼 수 있다. 능력만 있으면, 사회경제적으로 더 높은 지위를 얻고, 더 풍족한 삶을 살 수 있는 기회가 보장되어야 하는데, 현실은 그렇지 못한 것이다.[18] 기존에는 교육을 통해 보다 더 나은 삶을 살 수 있는 기회가 주어졌지만, 이제는 교육 자체도 하나의 상품이 되고 있다. 경제적으로 부유한 사람들일수록 더 좋은 교육을 받게 되어 그들의 지위가 견고해지는 반면, 경제적으로 어려운 사람들은 교육을 받을 기회 자체가 줄어 보다 높은 계층으로의 진입이 어려워지고 있는 것이다.[19] 이렇듯, 불평등의 문제는 계급 구조에서 기인하는 바가 크다.

Wright(1997)[20]는 이러한 계급 구조와 경제적 불평등을 야기하는 세 가지 요인으로 '소유계급과 비소유계급을 구분하는 재산, 지배의 역할과 권위, 학력 및 전문적 지식'을 들었다. 이의 저변에는 노동의 개념이 깔려 있다. 생산수단의 소유 여부에 따라 고용자와 피고용자로 나뉘는데, 피고용자들의 경우, 조직 내에서 임금으로 표현되는 권위와 보유한 기술 및 학력에 따라 계급과 경제적 불평등도가 결정되기 때문이다.[21] 이와 같이 경제적 불평등의 문제는 과거처럼 단순히 소득이 낮은 것에서 기인하는 것만은 아니다.[22] Sen(1992)[23]이 주장했듯이, 불평등 구조는 소득 그 자체만이 아니라, 교육, 주거, 노동 등 여러 차원들과 연계되면서 고착화된다.

국제사회 및 국내 사회의 담론, 그리고 빅데이터 분석 결과에서도 살펴보면, 이러한 경제적 불평등의 문제가 소득 및 주거 불안의 문제, 노동 불안정의 문제, 교육 불평등의 문제로 귀결되는 것을 확인할 수 있다. UN의 SDGs에서는 지속가능한 소비 및 생산, 주거지 보장, 평등 교육, 완전 고용 및 양질의 일자리 제공 등을 강조하고 있다. OECD Better Life Index에서도 어떤 국가들에서 개인들의 삶이 더 나은지 분석하기 위해 소득, 주거의 영역을 측정하기도 한다. 빅데이터 분석 결과를 통해 보아도 신문 기사에 가계부채, 비정규직, 청년 일자리, 부동산 대책 등의 키워드가 빈번하게 언급되었다.

2000년대를 기준으로 볼 때 박근혜 정부 들어 처음으로 국정 과제가 아닌 국정 목표에 '일자리'와 '교육'의 단어를 포함시키기도 하였다. 우리 사회의 계급 구조를 고착시키는 소득 및 주거 불안, 노동, 교육 문제가 심화되고 있음을 반영한 것이다. 이렇듯 경제 영역에서의 사회문제는 소득 및 주거 불안, 노동 불안정, 그리고 교육 불평등이라는 세 가지 차원의 범주로 대표될 수 있다.

두 번째 '사회적 위험' 영역은 크게 삶의 질 저하, 사회구조 변화, 사회통합 저해, 안전 위협이라는 네 가지 범주를 세부 사회문제로 제시할 수 있다. 과거에는 빈곤, 질병, 실업 등 근대 자본주의가 야기한 사회적 위험에 대응하기 위해 개인의 최저 생활을 보장시켜 줄 수 있는 전통적 복지에 초점을 맞추었다.[24] 하지만, 산업사회에서 탈산업사회로 진화하면서 여성의 노동시장 참여, 독신 및 이혼, 저출산, 고령화, 다문화 가정 등이 증가함에 따라 새로운 종류의 사회적 위험들이 나타나고 있다. 과거, 사회적 위험을 빈곤, 전쟁, 천재지변에 따른 물리적, 물질적 위험이라고 보았다면, 현재의 사회적 위험은 이를 넘어 보다 다양한 의미로 확대되고 있다. 특히, 저출산·고령화 현상, 외국인 이민자 및 1인 가구 증가 등의 사회구조 변화는 각종 사회적 위험을 야기한다. 즉, 사회구조의 변화가 사회적 위험을 촉발한 원인이 되는 것이다.

이러한 현대의 사회적 위험은 일상생활에서 발현되면서도 개인의 삶의 질을 위협할 수 있는 신체적, 정신적, 물질적, 구조적 위험을 모두 포괄한다. 현대 사회에서 나타나는 가장 큰 특징은 바로 개인의 삶의 질이 국가의 경쟁력을 좌우하는 중요한 척도가 되어 가고 있다는 점이다. 개인의 삶의 질은 객관적, 주관적 요소가 모두 포함된 총체적 개념이다. 각 개인의 신체적·심리적 건강, 추구하는 가치, 삶의 만족도, 사회활동, 여가, 대인

관계 등이 삶의 질에 영향을 미친다.[25, 26] 개개인의 삶의 질이 충족되고 삶에 대해 행복감을 느낄 때, 사회 구성원들 간의 신뢰도 두터워져 공동의 목표를 향할 수 있기 때문이다.

삶의 질 문제는 곧 사회통합의 문제로도 직결된다.[27] 일반적으로 사회통합을 촉진시키기 위해서는 사회자본(social capital)이 필요하다. 사회자본은 도덕적 의무감에 의한 호혜성과 신뢰에 기반한 정서적 연결망, 유대 관계에 의한 사회적 연결망으로 구성된다. 공동체로서의 연대감이 중요한 것이다. 이에 더해, 사회자본도 자본인 만큼, 특정한 목적을 달성할 수 있도록 생산적이어야 한다는 효과성의 개념도 포함하고 있다.[28] 특히, 개인들의 비판 의식, 시민 의식이 성숙함에 따라 정부에 대한 기대 수준도 상당히 높아지고 있다. 정부가 이를 충족시키지 못할 경우, 정부에 대한 국민들의 신뢰가 낮아져 정부 역량이나 성과가 저해될 수 있고, 궁극적으로는 공동의 목표를 향한 노력이 반감되는 결과를 낳게 된다.[29] 그렇기에 사회통합에 있어 정부의 역할도 상당히 중요하다.

최근 들어 우리들의 일상생활을 위협하는, 과거와는 다른 양상의 안전 문제들 또한 증가하고 있다는 점에도 주목할 필요가 있다. Beck(1998)[30]은 과학기술 및 정보통신기술의 발달로 많은 위험이 사라진 만큼이나 그에 따른 부작용도 있음을 역설하였는데, 근래에 큰 문제가 되고 있는 개인 정보 유출 문제나 해킹, 보이스피싱 등에 의한 각종 사이버 범죄가 대표적인 예이다. 그 외에도 식품 안전 문제, 각종 재난 사고, 원인을 알 수 없는 전염병 및 신종 질환, 불특정 다수를 겨냥하는 흉악 범죄 등의 증가는 불안한 우리 사회의 단면을 잘 보여준다. 이는 '일상 밖의 사건'이 아니라 '일상 속의 사건'에 해당하며, '나와 가족의 일'이 될 수 있다는 점에서 위험성이 더 크다.[31]

앞서 제시한 국제사회 및 국내 사회의 다양한 연구 결과들, 신문 기사 빅데이터 분석 결과를 살펴보아도, 사회적 위험은 크게 개인의 삶의 질과 관련된 문제, 공동체 등 사회적 연대와 관련된 문제, 미래에 대두될 사회구조 변화, 안전 문제 등으로 압축된다. 특히, 지속가능발전으로 패러다임이 전환되면서 개인의 삶의 질, 공동체적 연대, 행복감 등이 강조되고 있다는 점을 생각하면, 이들에 대한 위협은 곧 사회적인 위험으로의 노출로 표현할 수 있다. 이명박 정권에서 '안전'을 국정 과제로, 박근혜 정권에서 '안전'과 '통합'을 국정 목표로 내세우고 있다는 점, 그리고 노무현 정권에서는 농어촌을 발전시키기 위한 국정과제를 내세우고 있으며, 박근혜 정권에서도 저출산 문제를 개선하기 위한 국정과제를 내세우고 있다는 점 등은 삶의 질에서부터 사회통합, 안전, 그리고 미래 사회 구조의 변화에 이르는 네 가지 범주가 사회적 위험으로 대표될 수 있음을 반영하는 것이다. 빅데이터 분석 결과에서도 정보유출, 안전, 아동 성범죄, 학교폭력 등과 같이 안전과 관련한 키워드가 신문 기사에 많이 언급된 것으로 나타났다. 보육, 게임중독, 탈북자의 키워드도 도출되었는데 이는 삶의 질, 사회통합의 문제와 연계된다고 볼 수 있다.

우리가 제시하는 '환경파괴' 영역에 속하는 세부 사회문제는 환경오염, 자원고갈, 자연재해이다. 과거 제2차 세계 대전 이후, 발전(development)의 개념은 주로 경제 성장에 국한되어 사용되어 왔다. 국민소득을 늘리고, 산업화를 통해 자본을 형성하는 것이 발전의 주된 목적이었던 것이다. 그러나 1960년대부터는 '발전'의 개념이 점차 확대되어 다양한 사회적 측면을 포괄하는 방향으로 분화되었다. 발전의 개념에 성장과 변화의 의미가 함께 담겨야 한다는 것이다. 여기에서 변화란, 경제적인 것뿐 아니라, 사회·문화적인 것, 그리고 양적인 것뿐 아니라, 질적인 것까지를 포함한다. 개인의 삶의 질을 향상시키는 방향으로 발전의 개념이 진화한 것이다.[32] 이때부터 개인의 삶의 질에 영향을 미치는 환경도 중요해지기 시작하였다. 최근 들어 지속가능발전이 강조됨에 따라 환경문제는 이제 우리 삶에서 빼놓을 수 없는 중요한 사회문제가 되었다.

대표적인 예로서, UNDP에서 1994년에 발간한 Human Development Report의 주제는 '지속가능한 인간 발전'이었다. 그 주요 내용은 빈곤 감소, 생산적 고용, 사회 통합, 그리고 환경 재건이었다.[33] 모든 사람들이 건강하고, 풍요로운 삶을 살아가는 데 있어 환경의 영향을 무시할 수 없게 된 것이다.[34] 지속가능발전의 핵심은 인간과 그를 둘러싼 환경에 있기에 인간과 환경의 조화로운 균형 발전이 중요한 문제로 부각되고 있다.[35]

하지만, 현재 우리의 환경은 어떠한가? 기후 변화, 온실가스 증가, 자원고갈, 태풍, 지진 등과 관련한 뉴스를 자주 접할 것이다. 니클라스 루만(Niklas Luhmann)이 "인간이 자연 고유의 생존조건을 파괴시켜 인류 파멸의 길로 갈 수도 있다."고 경고했듯,[36, 37] 그동안 우리가 무심코 했던 행위들이 축적되어 환경파괴를 촉진시키고 있다. 환경파괴는 한 지역에만 국한된 문제가 아니라, 전 세계적인 문제라는 점을 고려해야 한다. 환경을 파괴한 당사국뿐 아니라 그와 아무 관련성이 없는 제3국으로까지 그 피해가 확대되기 때문이다. 이에, 환경문제의 해결을 위해서는 개별 국가 차원의 노력을 넘어 전 세계적인 협력이 필요하다는 인식이 보편화되고 있다.

미래 사회를 예측한 각종 보고서들을 보면, 우리가 처한 다양한 사회문제 중 환경문제가 가장 심각하게 고려되고 있는 것을 알 수 있다. 지금 당장 문제가 되는 것은 아니지만, 미래를 생각하면, 가장 큰 위험을 안겨다 줄 수 있는, 어쩌면, 지구 멸망으로 이어질 수 있는 문제이기 때문에 환경문제를 빼놓을 수 없는 것이다. 이러한 보고서들에서 가장 많이 언급되는 환경문제는 기후변화를 포함한 환경오염의 문제, 자원고갈의 문제, 자연재해의 문제이다.

MDGs와 SDGs를 비교하더라도 환경문제의 중요성이 더 커졌음을 확인할 수 있다. MDGs에서는 '지속가능한 환경'이라는 큰 차원의 목표를 제시했을 뿐이지만, SDGs에서는 환경의 문제를 보다 구체적으로 세분화하여 환경의 다양한 차원들을 보전하기 위한 목표들을 세우고 있다. 국내의 상황도 들여다보면, 이명박 정권에서는 '친환경 경제·에너지 구조'를 '글로벌 코리아'를 실현하기 위한 국정과제로, 박근혜 정권에서는 '쾌적하고 지속가능한 환경 조성'을 '안전과 통합의 사회'를 실현하기 위한 국정과제로 제시하는 등 환경문제와 관련한 여러 정책적 노력이 확대되고 있다. 국정 아젠다로 환경을 거론할 만큼 환경문제가 심각해졌으며, 지속가능발전의 핵심이 환경이라는 사실에 공감하는 움직임을 보이고 있는 것이다.

신문 기사 빅데이터 분석 결과에서도 온실가스, 에너지와 같은 환경문제가 많이 언급된 것으로 나타났다. 물론 환경문제는 사회 영역에 해당하는 만큼 다양하게 거론되지는 않았다. 환경문제는 그 피해를 체감하기까지 상당한 시간이 소요되므로 경제, 사회 영역에 비해 덜 심각하다고 느끼는 경향이 크다. 그럼에도 불구하고 온실가스, 에너지와 같은 문제가 주요 헤드라인에 언급되었다는 점은 주목할 만하다. 환경파괴의 문제를 개선하기 위해서는 환경오염을 줄이고, 다양한 에너지 자원을 개발하여 자원고갈의 문제를 해소하고, 자연재해에 미리 대비할 수 있는 태세를 갖춰야 한다는 점에서, 이 세 가지 범주가 환경파괴 영역의 세부 사회문제로 대표될 수 있음을 알 수 있다.

지금까지 살펴본 경제, 사회, 환경 영역별 세부 사회문제는 [표 2.9]와와 같이 도출할 수 있다. 경제적 불평등 문제는 소득 및 주거 불안, 노동 불안정, 교육 불평등의 문제로, 사회적 위험의 문제는 삶의 질 저하, 사회구조 변화, 사회통합 저해, 안전 위협의 문제로, 환경파괴의 문제는 환경오염, 자원고갈, 자연재해의 문제로 정리될 수 있다. 이는 국제사회 및 국내 사회에서 강조되는 거시적인 담론과 언론 기사 빅데이터 분석 결과를 종합하여 도출한 것이다. 지금까지의 사회문제 도출 과정은 국제사회 및 국내 사회에서 강조하는 모든 사회적 이슈들과 문제들을 총망라하여 재구성했다는 점에서 기존의 사회문제에 대한 접근과 차별화된다.

우리가 새롭게 재구성한 사회문제의 틀이 현대 사회에서 발생하고 있는 심각한 사회문제들, 그리고 미래 우리의 삶을 위협할 사회문제들을 한눈에 파악할 수 있는 종합지표로서 활용될 수 있을 것이라 생각한다. 그리고 이를 통해 향후 정부 정책을 기획하고, 사회적 기업의 사업 영역을 발굴하는 데 중요한 이정표 역할을 할 수 있다고 믿는다.

[표 2.9] 영역별 사회문제의 분류

대분류	중분류	세부 사회문제 예시
경제적 불평등	소득 및 주거 불안	가계부채(가계 빚) 증가, 정부 재정 적자 확대, 경기 침체 지속, 경제적 취약계층 증가, 불안한 연금 재정, 저축은행 및 시중은행 부실, 소득 양극화 심화, 전셋값 폭등, 내 집 마련의 어려움(부동산 시장 불안정)
	노동 불안정	비정규직 증가, 청년 일자리 부족, 최저 임금 문제, 취업난 확대, 노사갈등 심화, 인재확보 경쟁 심화, 어려운 재취업, 남녀 임금 격차 확대, 높은 근로 시간, 정규직 대상 정리해고 증가
	교육 불평등	공교육 붕괴와 사교육 의존 현상 심화, 학벌지상주의, 일관성 없는 정부의 교육정책, 비싼 대학 등록금 문제 및 교육비 부담, 기초학문 기피, 지역 간 교육 격차 심화, 조기 유학 등 교육 수혜 격차 심화
사회적 위험	삶의 질 저하	노인 우울증 증가 및 노인 소외 문제, 정서 불안 및 자살 증가, 심각한 게임중독, 성인병·난치병·서구형 질환 등의 질병 증가, 감정노동의 심각화, 일-가정 불균형 심화, 복지 수요의 빠른 증가에 비해 부족한 복지 서비스, 기대수명 연장에 따른 의료비 부담 증가, 보육 시설 부족과 질 낮은 보육의 문제, 문화 생활 및 여가 활동 격차 심화
	사회구조 변화	출산율 저하, 고령화 심화, 도시인구 증가 및 탈농 현상 확대, 독신자 및 1인 가구 증가, 이혼율 증가 등 가족 해체, 외국인 결혼 이민자 증가
	사회통합 저해	다문화 가정 및 외국인에 대한 편견과 차별, 탈북자 차별 및 처우 문제, 정부에 대한 낮은 신뢰, 만연한 특권과 편법, 투명하지 못 한 정부 운영, 여성·장애인 등 사회적 약자에 대한 차별, 세대·이념·지역 갈등 등 사회 갈등 심화
	안전 위협	먹거리 불안 증대, 전염병 및 신종 질환 확산, 대형 재난사고 발생, 북한 미사일 및 핵문제 등 국가 안보 문제, 개인정보 유출 문제 증가, 보이스피싱·해킹 등 사이버범죄 증가, 몰카 촬영 등 사생활 침해 증가, 아동과 여성 대상 성범죄 증가, 학교폭력, 묻지마 범죄 등 흉악 범죄 증가
환경 파괴	환경 오염	온실가스 증가, 대기 오염, 수질 오염, 토지 오염, 생물 다양성 감소 등 생태계 파괴, 생활폐기물 증가, 환경호르몬 노출, 원자력 발전에 따른 방사능 오염, 화학물질 유출 사고
	자원 고갈	지나친 원자력 발전 의존, 석유·가스 등 지하자원 감소, 물 부족, 전력수급 불안정, 식량 부족, 대체 에너지 개발 기술 부족
	자연 재해	지진과 쓰나미, 홍수, 싱크홀(땅 꺼짐 현상), 가뭄, 화산 폭발, 산사태, 태풍, 폭설 및 폭우, 폭염 및 한파, 대형 산불

다음 장에서는 우리가 제시한 영역별 사회문제들의 심각성이 실제 어느 정도 수준인지, 그리고 다른 나라와 비교하였을 때 우리나라의 위치가 어떠한지 판별하는 작업을 거칠 것이다. 우리 사회가 직면한 개별 사회문제

의 심각성을 확인하는 것은 향후 사회적 가치 창출을 위해 영역별로 어떠한 정책적 노력이 필요한지에 대한 방향을 제시한다는 점에서 중요하다. 또한 Part Ⅱ에서 분석할 사회적 기업의 사회문제 해결 현황을 위한 기초작업으로서 의미가 있다.

Chapter 03

사회문제 해결, 지금 이대로 충분한가?

- 경제 영역: 경제적 불평등
- 사회 영역: 사회적 위험
- 환경 영역: 환경파괴

• • •

사회문제 해결사로서의 사회적 기업에 대해 이야기하기 전에 필요한 것은 우리 사회가 직면한 사회문제가 무엇인지, 그리고 그것이 얼마나 심각한지에 대해 진단하는 것이다. 지금까지 우리는 新 사회문제에 대해 정의하고 사회문제를 둘러싼 이슈들을 살펴보는 한편, 경제, 사회, 환경 영역별로 사회문제의 틀을 재구성하였다. 그렇지만 이것만큼 중요한, 아니 어찌 보면 이보다 더 중요한 것은 바로 우리의 현실을 파악하는 것이다. 이는 새로운 사회문제 해결 주체로서 등장한 사회적 기업의 역할이 중요하다는 사실을 뒷받침하는 근거이기도 하다.

이제 우리는 영역별 사회문제의 틀을 바탕으로 우리 사회가 처한 사회문제의 심각성에 대해 살펴보고, 그 심각성에 대해 이해하고자 한다. 아무 생각 없이 무턱대고 세운 새해의 다짐이 계획대로 실현되기를 바라는 사람은 아무도 없을 것이다. 마찬가지로 현실을 고려하지 않은 전략은 아무 쓸모가 없다. 이런 점에서 볼 때, 사회문제 영역을 다각도로 살펴보고 사회문제가 어느 정도로 심각한지, 그리고 국제사회에서 우리의 위치가 어디쯤인지 가늠하고자 하는 시도는 중요한 의미를 갖는다. 우리나라가 직면한 다양한 사회문제 영역을 다른 국가와 비교함으로써 사회문제에 대한 이해를 높일 수 있다. 사회문제는 그 일반성과 특수성, 객관성과 주관성을 모두 고려할 때 제대로 된 대안을 모색할 수 있다는 점에서 이러한 시도는 필수적이다.[1] 그렇다면 우리의 현재 위치는 어디이며, 과연 우리는 어디로 나아가야 하는가?

본 장에서는 앞서 언급된 사회문제의 대분류와 중분류를 중심으로 우리 사회가 직면한 사회문제의 심각성을 살펴보는 한편, 다른 국가와의 비교를 통해 우리 사회의 위상을 종합적으로 진단한다. 특히 여기에서는 앞서 10가지로 분류한 중분류 사회문제 내에서 한국의 위상이 유독 낮거나 심각하다고 판단되는 문제들에 주목한다.

이를 위해 우리는 국내, 그리고 국제사회에서 발간한 언론 기사와 보고서, 각종 지표 등 가능한 한 많은 자료들을 활용하였다.[1)] 다양한 출처의 정보들을 활용하는 것은 우리가 처한 현실에 대한 객관성과 명확성을 높이는 데 기여할 수 있다.

1) OECD Economic Outlook, OECD Better Life Index, OECD Factbook, World Value Survey, UNESCO Institute for Statistics, World Bank Worldwide Governance Indicators, World Bank World Development Indicators 등이 우리가 중심적으로 살펴본 국제지표들이다.

경제 영역

: 경제적 불평등

소득 및 주거 불안

흔히 '사회문제'를 떠올릴 때, 많은 사람들은 경제 영역의 문제들에 집중하곤 한다. 경제 영역의 사회문제는 가난과 같은 소득 불안정부터 실업난이나 저임금 같은 노동문제에 이르기까지 그 종류도 다양하다. 이는 경제적 불평등으로부터 비롯한 사회문제들이 우리 삶에 미치는 영향이나 여파가 크기 때문일 것이다. 그렇다면 우리의 경제적 불평등 수준은 과연 어떠할까. 다른 나라와 비교해 보았을 때, 그 심각성은 정말 우려할 만한 수준일까.

먼저, 소득 측면을 한번 살펴보자. 2010년 이후 우리나라의 빈곤율은 0.15로 나타났는데, 이는 전체 연령대에서 빈곤선 이하를 차지하는 구성원의 비중이 15%에 달한다는 의미이다. 이 수치는 전체 OECD 34개국 중 상위 8위에 해당할 정도로 높다.[2]

가계부채가 점점 확대되고 있는 것 또한 소득 및 주거 불안 영역에서의 중요한 사회문제이다. 개인 가처분소득 대비 가계부채 비율 추이는 2004년 100.8%에서 2012년 127.7%, 2015년 144.2%로 꾸준히 높아지고 있다. 2015년을 기준으로 보면, 개인 가처분소득 대비 가계부채 비율 수치가 의미하는 것은 가계부채가 소득의 약 1.5배라는 의미이다. 통계청과 한국은행, 금융감독원의 '2015년 가계금융 복지조사'에 의하면, 가계의 대출 원리금을 갚는 데 가처분소득의 25% 가량이 쓰이고 있으며, 대출을 받은 가

[그림 3.1] OECD 34개국 빈곤율(2010년 이후) (단위: %)

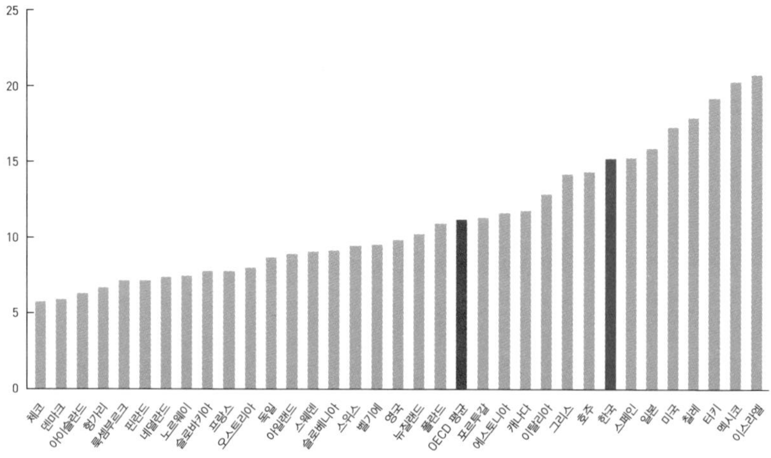

출처: OECD. 2014. OECD Factbook.

구의 70%가 원리금 상환을 부담스러워 하는 것으로 나타났다.[3]

이런 상황에서 신문 기사 빅데이터 분석 결과, 안전(45%) 다음으로 시급히 해결해야 할 사회문제로 가계부채(20%)가 꼽혔다는 점은 그리 놀라운 일은 아니다. 일반 국민 1,000명을 대상으로 실시한 〈사회적 가치 서베이 2016〉 설문 조사 결과에서도 소득 및 주거 불안 영역에서 가장 심각한 사회문제가 가계부채(가계 빚) 증가(35%), 경기침체 지속(27.6%), 정부 재정 적자 확대(9.6%) 순인 것으로 나타났다.

주거문제 또한 심각한 상황이다. 조선일보 더나은미래에서 '소득 및 주거 불안'을 야기하는 가장 시급하고 중대한 문제에 대해 관련 전문가 12명의 의견을 조사한 결과, '부동산 시장 불안정(내 집 마련의 어려움)', '소득 양극화 심화(빈부 격차)' 순으로 문제의 심각성이 큰 것으로 나타났다. 서울 주택의 평균 전셋값이 2011년 6월 2억 4902만 원에서 2016년 3월 4억 244만 원으로 5년 사이에 2억 원 가까이 올랐음에도, 전국 2인 이상 가구당 월 소득은 2011년 384만 원에서 2015년 437만 원으로 약 13% 증가하는 데 그쳤다.[4] 이는 대부분의 가정에서 빚을 내지 않고서는 주거비를 부담하기 어렵다는 사실을 짐작케 한다.

이 외에도 우리나라는 고령자 빈곤율이 49.6%에 해당할 정도로 OECD 회원국 중 노인이 가장 빈곤한 나라에 속한다. 이는 국민연금의 재정이 악화되고 있는 것에서 기인하는 바가 크다. 그만큼 우리나라 국민들의 노후는 상당히 불안한 상황이다.[5] 불안한 연금 재정으로 경제적 측면에서 국민들의 미래가 안정적으로 보장되지 못하는 점 등도 '소득 및 주거 불안'의 주요 사회문제로 지적될 수 있다.

현재 두드러지고 있는 소득 및 주거 불안 문제는 이제 더 이상 빈곤층이나 취약 계층의 문제가 아니라는 점에서 더욱 심각하다. 일부 상류층을 제외한 대부분의 중산층들도 가계부채에 허덕이고 있으며, 턱없이 높은 주택 가격으로 내 집 마련이 점점 어려워지고 있다. 그만큼, 계층 이동의 가능성이 더욱 낮아지고 있는 것이다. 과거처럼 소득 및 주거의 상태가 낮은 것 자체가 문제가 아니라, 지금보다 더 높은 계층으로의 이동이 어렵다는 점은 더 심각한 문제에 해당한다.

흥미로운 사실은 우리나라의 2012년 소득 불평등을 나타내는 지니계수(Gini index)[2)]가 0.307로 전체 OECD 31개국[3)] 중 19위에 그치고 있다는 점이다.[6] 북유럽 복지국가들인 덴마크나 핀란드, 스웨덴 등의 국가는 우리나라보다 높은 소득수준에도 불구하고 지니계수가 0.25~0.28 정도에 불과하다. 물론 OECD 전체 국가의 평균 지니계수가 0.315라는 것을 감안하면 수치상으로는 그다지 나쁘지 않은 수준이며, 빈곤율이나 가계부채 등에서 나타나는 문제의 심각성보다는 훨씬 경미한 수준이다.

2) 지니계수는 소득분배의 불평등도를 나타내는 수치로서, 소득이 어느 정도 균등하게 분배되어 있는가를 평가하는 데 주로 이용된다. 0부터 1까지의 값을 갖는 지니계수는 숫자가 커질수록 사회 내 소득분포가 더욱 불평등한 상태이며 부익부 빈익빈 현상이 크게 나타남을 의미한다. 일반적으로 지니계수가 0.4를 넘으면 소득 불평등이 매우 심각한 상태로 볼 수 있다.

3) 일본, 칠레, 캐나다의 경우 결측값으로 인해 제외하였다.

그렇지만 국민들이 느끼는 실질적인 소득 불평등 수준은 훨씬 큰 것으로 나타난다. 세계가치관조사(world values survey)에 따르면 우리나라의 20대는 부의 평등에 대한 인식이 상대적으로 낮았다.[7] '부는 모든 사람에게 충분할 만큼 커질 수 있다(Wealth can grow so there's enough for everyone).'라는 항목에 긍정적으로 응답한 비율은 전체의 22.1%에 불과했다. 이는 다 같이 잘 살 수 있다는 인식보다 다른 사람의 희생을 통해서만 부유해질 수 있다는 인식이 팽배하다는 것을 보여준다. 부의 평등이 제대로 구현되지 않으면 열심히 일하려는 의지나 동기가 낮아지고, 이는 다시 경제적 빈곤을 더욱 심화시킬 수 있다는 점에서 걱정스런 결과가 아닐 수 없다.

아이러니한 것은 미국과 중국의 경우 소득 불평등을 나타내는 지니계수가 각각 0.39와 0.46에 달하지만, 국민들의 인식은 우리나라만큼 부정적이지 않다는 사실이다.[8] 두 국가의 20대들이 세계가치관조사의 '부의 평등에 대한 인식'에 대해 긍정적으로 응답한 비율은 각각 27.8%와 38.9%로 우리에 비해 훨씬 높은 수치를 기록했다. 특히 미국의 경우 지니계수뿐 아니라 빈곤율도 0.17로 우리보다 더 심각한 상황이라는 것을 고려하면, 이는 우리 사회구성원들이 소득 및 주거와 관련한 사회문제를 실질적으로는 더 크게 느끼고 있음을 의미하는 것이다. 우리나라의 국민들은 객관적 소득 불평등 상태보다, 오히려 주관적으로 체감하는 소득 불평등을 더 심각하게 느끼는 것이다. 경제적 불평등을 둘러싸고 주관적 인식이 악화되고 있는 징후는 다른 곳에서도 발견된다. 〈사회적 가치 서베이 2016〉의 내용을 살펴보면, '경제발전을 통해 발생한 이익이 공정하게 배분되었다고 생각하는지'에 대해 국민 1,000명 중 77.2%가 그렇지 않다고 응답하였다.

객관적인 불평등 상태에 비해 왜 사람들은 더 불평등하다고 느끼는 것일까. 생각건대 소득 불평등이 고용, 교육 등 다양한 영역에 미치는 파급효과가 크기 때문일 것이다. 특히, 우리나라의 경우에는 남들과 비교하는 심리, 남들에게 잘 보여야 한다는 압박감이 큰 편인데, 이 때문에 소득 불평등에 따른 좌절감이나 상대적 박탈감을 더 느끼고 있다고 해석할 수 있다. 이는 발전 동력을 상실시키고, 자살이나 범죄 등과 같은 또 다른 사회문제를 증가시킬 수 있다는 점에서 더 심각한 문제라 볼 수 있다.[9]

노동 불안정

그렇다면 노동 영역의 상황은 어떨까? 최근 들어 우리 사회 전반에 비정규직 차별과 취업난 확대, 최저 임금 문제 등이 심화되고 있는 상황이다. 노동 불안정이 심각하다는 사실은 20~30대 젊은층들의 취업이 점점 어려워지고 있는 현 실태를 반영한 헬조선(지옥을 의미하는 'hell'과 '조선'의 합성어)의 신조어가 생긴 것만 보아도 실감할 수 있다. 2015년 9월 기준, 우리나라의 실업률은 3.2%였지만, 15~29세의 청년실업률은 7.9%로 나타나 일반 실업률에 비해 청년실업률이 2배 이상 높음을 알 수 있다. 또한, 일반 고용률은 60.9%인 반면, 15~29세의 청년고용률은 41.7%에 불과한 것으로 나타났다. 〈사회적 가치 서베이 2016〉 설문조사 결과에서도 노동 불안정 영역에서 가장 심각한 문제가 청년 일자리 부족(40.1%), 비정규직 증가(29.9%), 최저임금 문제(10.9%) 순인 것으로 나타났다.

취업문이 좁아진 현 사태와 함께 부각되고 있는 문제 중 하나가 정규직보다는 비정규직, 기간제 일자리 등이 증가하고 있다는 사실이다. 우리나라의 임시직 근로자[4)] 비중은 2014년 기준으로 전체 근로자 수의 21.65%에 달하는 것으로 나타나는데, 이는 OECD 회원국과 비회원국을 포함한 전체 39개국 중 6번째로 높다. 특히 2011년 기준으로 1년 미만의 단기근속자 비율이 35.5%로 OECD 국가 중 가장 높았다. 반면 10년 이상 장기근속자 비율은 18.1%를 기록하여 OECD 국가 중 가장 낮은 것으로 나타났다.[10]

4) 전체 임금근로자 중 계약기간이 제한된 노동자들을 의미하며, 근로계약기간이 정해지지 않은 무기노동자(permanent worker)와 구분된다.

[그림 3.2] 임시직 근로자 비중(2014년) (단위: %)

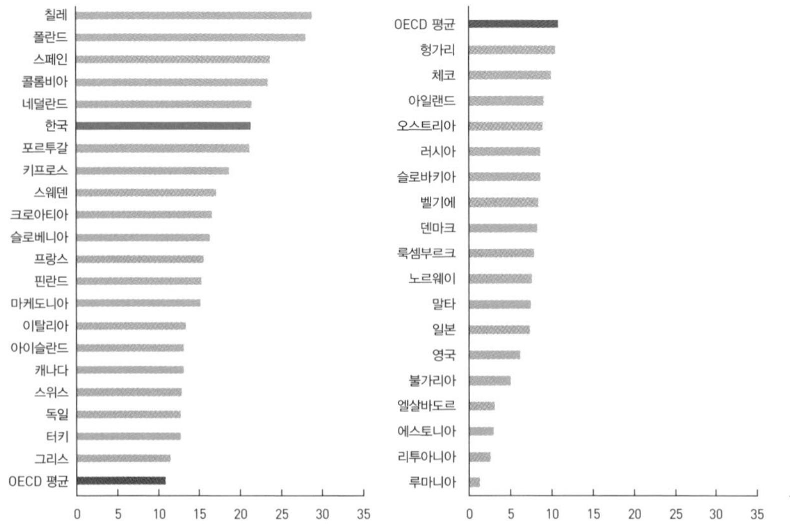

출처: OECD. 2015. OECD Economic Outlook.

청년 일자리를 늘리기 위해 임금피크제를 의무화하는 정부의 노동 시장 개혁 방침이 노동시장을 더욱 불안하게 만든다는 비판도 제기되고 있다. 박근혜 정부 때, 임금피크제를 실시하여 줄어든 비용만큼 청년 일자리를 늘리는 기업들에게 2년 동안 인센티브를 지원하는 방안을 도입하였다. 하지만 정규직의 일반해고 요건을 완화하는 정책도 함께 추진하면서 기업들로 하여금 정규직을 해고시키고 비정규직의 고용을 늘릴 유인을 제공한다는 비판을 받았다.

우리나라의 고용이 매우 불안정함은 국가 비교 결과를 통해서도 확인할 수 있다. OECD가 발표하는 개별, 집단해고에 대한 고용보호지수(strictness of employment protection legislation)를 살펴보자. 이는 2013년 OECD 회원국들의 고용보호입법, 단체협약, 판례 등을 종합적으로 조사하는 지표로서, 해당 사회의 법체계가 집단해고의 위험으로부터 근로자들을 얼마나 보호

해줄 수 있는지를 반영한다.[5)] 이 수치가 높을수록 노동시장이 더 경직적이라고 평가받기도 하지만, 근로자 입장에서는 좀 더 안정적인 일자리를 보장받을 수 있다는 측면에서 중요한 의미를 지닌다. OECD 회원국들의 집단해고 고용보호 수준의 평균이 2.9인 것에 반해, 우리나라는 이보다 낮은 2.17을 기록하고 있다. 이는 OECD 회원국 및 비회원국을 포함한 전체 36개국 중 33위로 최하위권에 해당한다. 다른 나라와 비교해 볼 때, 집단해고로부터 보호받을 수 있는 안전망이 전혀 마련되어 있지 않은 셈이다.

청년층의 노동 시장 진입도 문제지만, 40~50대의 재취업 문제도 심각하다. 전경련중소기업협력센터에서 구직회원 중 재취업에 성공한 1,724명을 대상으로 설문조사를 실시한 결과, 37.9%가 낯선 분야로, 그중 상당수가 단순노무직으로의 재취업이 이루어진 것으로 나타났다. 사무직 경력자의 경우에는 4명 중 1명의 비율로 생산현장직 등 전혀 다른 직무로 재취업하고 있음도 밝혀졌다.[11] 이는 전문성과 경력을 살릴 수 있는 재취업이 어려움을 시사한다. 재취업에 성공한 사람들도 50대가 대부분이라 은퇴 후, 정작 일할 필요성이 큰 60대들에게는 재취업의 기회가 부족함도 알 수 있다. 이는 노인들의 삶을 불안하게 만든다는 점에서 중요한 사회문제에 해당한다.

남녀 임금격차의 문제도 심각한 것은 마찬가지이다. 2012년 기준으로 우리나라의 남녀 임금격차[6)]는 36.3%를 기록하였는데, 이는 OECD 26개국 중 최고치에 해당한다.[12] 이는 OECD 회원국 평균인 15%대보다 두 배 이상 높은 수치이며, 뉴질랜드, 노르웨이, 벨기에, 그리스 등의 국가

5) OECD의 고용보호 지수는 각국의 법률에 나타나는 고용보호의 엄격성(strictness)을 비교하기 위해 사용자가 근로자를 고용 또는 해고할 때 치러야 하는 부담을 측정하는 방식으로 설계되었다.

6) 여기서 의미하는 남녀 임금격차는 남성 임금 중윗값과 여성 임금 중윗값의 차이를 남성 임금 중윗값으로 나눈 수치를 의미한다. 따라서 이 수치는 정규직 또는 자영업에 종사하는 남성 임금에 대한 여성의 상대적인 임금 격차를 나타내며, 우리나라의 경우 남성 임금이 100만 원일 때 여성은 이보다 36.3% 적은 63만 3천 원을 받는다는 의미로 해석할 수 있다.

가 모두 6%대를 기록한 것과는 매우 대조적이다. 특히 우리나라는 일본의 26.5%보다도 훨씬 높은 수치를 나타내고 있다. 일-가정 양립과 여성들의 경제활동 참여를 강조하는 사회분위기와는 사뭇 다른 상황인 것이다.

그럼에도 정부는 여전히 일자리 수 늘리기에만 집중하고 있어 현재의 불안정한 노동시장과 일자리의 질을 개선하기 위해 더 많은 노력이 요구된다. 특히, 정규직과 비정규직 간의 임금, 근로시간, 남녀 간 노동조건 등의 차이가 점점 심해지고 있는 상황에서, 일자리 수 늘리기에만 집중하는 정책은 노동시장을 더욱 불안하게 만들 뿐이다.

교육 불평등

다음으로 교육 영역의 사회문제를 한번 짚어보자. 과거, 교육은 부의 되물림 현상을 타개할 수 있는 대표적인 방법 중 하나였다. 명문 대학을 졸업하면 좋은 직장에 취직할 수 있고, 높은 소득을 바탕으로 가난한 집안을 일으킴으로써 빈곤층에서 중산층으로, 중산층에서 상류층으로의 계층 이동이 가능하였다. 희소한 자원과 좁은 영토로 인해 국가발전의 주요 원동력을 교육에서 찾은 것이다. 그러나 이제 교육부문에서도 경제적 불평등의 징후는 곳곳에서 발견된다. 경제적 지위가 교육의 기회를 결정하는 주요 요인이 되었기 때문이다. 반값등록금이 우리 사회에 이슈가 되었던 것 또한 '대학교육'이 우리 사회구성원 누구나 누려야 할 보편적인 것으로 인식되는 반면, 과다한 교육비로 인해 구성원 간 불평등과 부담의 문제가 꾸준히 제기되었기 때문이다. 그렇다면 교육 영역 사회문제의 현주소는 어떨까.

먼저, GDP 대비 공교육비 중 민간부담률을 살펴보자. 여기서 민간부담률이란 교육비 중 재단 전입금과 수업료 등 정부가 아닌 민간이 부담하는 금액을 가리킨다.[13] 최근 들어 크게 이슈가 되었던 대학교육, 즉 3차 교육(tertiary education)을 중심으로 한번 살펴보자. 2011년 우리나라의 3차 교육

기관 공교육비 지출은 GDP 대비 2.6%인데, OECD 평균이 1.6%라는 것을 감안하면 꽤 높은 수치이다.

흥미로운 점은 공공부문, 즉 정부가 부담하는 비중은 0.7%밖에 되지 않는다는 사실이다. 그렇다면 나머지 1.9%는 누가 부담할까? 당연한 말이겠지만, 민간이 부담한다. 심지어 민간이 부담하는 1.9%는 OECD 28개 국가들을 통틀어 가장 높은 수치에 해당한다.[14] OECD 국가들은 평균적으로 GDP의 1.6%를 3차 교육에 지출하는데, 이 중 정부 부담은 1.1%, 민간 부담은 0.5%이다. 우리와 완전히 반대의 상황인 것이다. 고등교육이 아닌 1차, 2차 교육에서도 상황은 유사하다. 우리나라의 경우 다른 국가들에 비해 정부 부담은 적고, 민간 부담은 최고 4배 가까이 많다.

[표 3.1] GDP 대비 공교육비 부담률(2011년) (단위: %)

	1차 교육			2차 교육			3차 교육			총 공교육비 지출		
	공공	민간	소계	공공	민간	소계	공공	민간	소계	공공	민간	소계
OECD 평균	0.51	0.08	0.6	3.6	0.3	3.9	1.1	0.5	1.6	5.3	0.9	6.1
한국	0.16	0.13	0.29	3.4	0.8	4.1	0.7	1.9	2.6	4.9	2.8	7.6

출처: OECD. 2014. OECD Education at a Glance.

2011년 기준 우리나라의 교육비 부담에 있어 공공 부문의 재원은 62.8%, 민간 부문의 재원은 나머지인 37.2%이다. 가구 교육비 부담 정도도 OECD 국가 중 최하위권인데, 문제는 이 37.2%를 이루는 재원 중 10.9%만이 재단 등으로부터 온 민간 지출이고, 나머지 26.3%는 바로 가구 부담이라는 점이다. 이는 전체 OECD 국가 중 최하위권인데, 우리나라보다 가구 부담률이 높은 유일한 국가는 칠레뿐이다.

실제, 〈사회적 가치 서베이 2016〉에서 국민 1,000명에게 교육 불평등과 관련하여 어떠한 문제가 가장 심각한지 조사한 결과, 공교육 붕괴와 사교육 의존 현상 심화(30.6%), 일관성 없는 정부의 교육 정책(24.2%), 여전한 학벌지상주의(17.9%), 비싼 대학 등록금 문제 및 교육비 부담(17.9%) 순으

[그림 3.3] 가구 교육비 부담 비율 (단위: %)

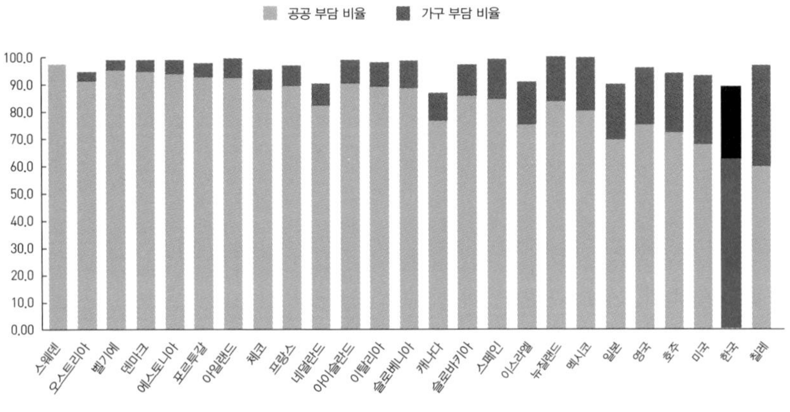

출처: OECD. 2014. OECD Education at a Glance.

로 나타났다. 문제는 소득 양극화와 마찬가지로 교육비에도 양극화 현상이 크게 벌어지고 있다는 점이다. 2007년 100만 원 미만 가구와 600만 원 이상 가구의 교육비 지출률은 약 2배 차이에 불과했으나, 2015년에는 약 5배까지 확대된 것을 확인할 수 있다([표 3.2] 참조).

특히, 학벌지상주의가 팽배해지면서 좋은 대학을 가기 위한 사교육 열풍도 더욱 거세지고 있다. 사교육을 많이 받을수록 좋은 대학에 갈 확률이 높아지므로, 비싼 사교육비를 감당할 수 있는 가정환경에서 자란 학생들이 성공할 가능성도 더욱 커지고 있다. 논술과 같이 고등학교에서 체계적인 교육 방침이 없는 대학 입시 전형 요소들이 늘어나면서 사교육을 많이 받은 학생들이 입시경쟁에서 유리한 상황이 되었다. 대학이 지위경쟁의 장으로 변모하고 있는 것이다.[15] 이러한 요인들이 총체적으로 영향을 미쳐, 계층적 상향이동에 대한 비관론도 증대되고 있다. 한국보건사회연구원에서 2015년, 4,052가구를 조사한 결과, 자신의 세대에서 열심히 노력하면 사회경제적 지위가 높아질 수 있다고 답한 비율은 2009년 37.6%에서 2011년 32.3%, 2013년 31.2%로 조금씩 감소하다 2015년 22.8%로 급감

[표 3.2] 가구당 소득수준별 교육비 지출률 (단위: %)

구분	2007년	2008년	2009년	2010년	2011년	2012년	2013년	2014년	2015년
전체	11.9	12.8	13.5	13.0	12.3	11.7	11.4	11.2	11.1
100만 원 미만	5.4	5.5	6.8	6.1	5.8	4.8	4.8	3.8	2.8
100~200만 원 미만	10.0	9.6	9.1	8.0	7.3	6.5	5.8	5.0	6.1
200~300만 원 미만	12.0	12.3	12.0	10.5	10.7	8.7	9.1	8.7	7.4
300~400만 원 미만	12.5	13.6	14.3	13.2	12.2	11.7	10.7	10.4	9.9
400~500만 원 미만	12.9	13.5	14.4	14.8	13.3	12.4	12.6	11.6	11.1
500~600만 원 미만	13.2	14.6	16.1	15.1	12.7	14.0	13.1	12.1	12.6
600만 원 이상	12.4	14.2	15.3	15.0	14.8	13.6	13.0	13.3	13.4

출처: 통계청·교육부. 2015. 초·중·고 사교육비조사.

한 것으로 나타났다. 자식세대의 계층 상승 가능성에 대해서도 긍정적으로 답한 비율은 2009년 48.3%에서 2011년 41.4%, 2013년 39.6%를 기록하다 2015년 30.1%를 보이면서 큰 폭으로 줄어들었다.[16]

이렇듯, 교육을 통하여 자신의 삶의 질을 증진시킬 수 있는 생애 기회(life chances)가 점차 감소하고 있다. Putnam(2016)[17]이 지적한 것처럼, 현 세대에서의 소득 분배가 다음 세대에서의 기회 분배에 영향을 미치는 등 경제적 수준에 따라 양질의 교육을 받을 수 있는 기회가 결정되는 실질적 차별이 이루어지는 것이다. 자본주의 사회에서 자신의 능력에 따라 계층 및 지위를 상승시킬 수 있어야 하지만, 실질적으로는 계급의 이동 및 지위 상승에 상당한 제약이 있다고 볼 수밖에 없다.[18] 학교 교육이 계층 이동을 촉진시키는 것이 아니라, 오히려 현재의 지위를 유지, 존속시키는 역할을 한다는 점에서 말이다.[19]

또한, 높은 소득이 보장된 전문직으로의 취업이 가능한 학과로만 학생들이 몰리고, 취업이 어려운 기초학문, 즉, 이학, 공학, 인문학 등의 학과로는 입학을 꺼리는 학과 간의 양극화 현상도 심화되고 있다. 이처럼, 교육 수준이 대학과 직장, 그리고 미래의 소득을 결정하는 구조로 고착화되고 있지만, 그 교육 수준이 부모의 사회, 경제적 지위에서 비롯된다는 점에서 교육 문제가 경제적 불평등을 설명하는 중요한 요인 중 하나임을 알 수 있다.

사회 영역
: 사회적 위험

삶의 질 저하

사회문제가 객관적 상태와 주관적 요소라는 양면을 지닌 것처럼, 사회 구성원들이 영위하는 일상 또한 외형적이고 물질적인 것, 그리고 내면적이고 심리적인 것으로 구분될 수 있다. 앞서 경제 영역에서의 사회문제를 살펴보았다. 소득이나 노동, 교육과 같은 각종 경제적 불평등은 훨씬 외형적이고 물질적인 측면에서의 위험이다. 물론 경제 영역에서의 이슈가 우리 삶에 미치는 파급효과는 크다. 하지만 객관적인 경제조건이 충족되고도 가치 있는 삶, 즉 심리적 안정감을, 행복감을 누리지 못한다면 어떨까? 경제적 문제만큼이나 '사회' 영역의 문제가 중요한 것은 바로 이때문이다. 이제 사회 영역으로 한번 눈을 돌려보자.

'삶의 질'과 관련한 사회 영역은 상당히 많은 이슈를 포괄한다. 앞서 영역별 사회문제 분류에서도 살펴보았듯, 복지, 보건, 문화, 의료 등 가장 넓은 스펙트럼의 사회문제들을 포괄하는 영역이 바로 '삶의 질' 영역이다. 국제사회에서는 물론, 미래사회를 예측하는 국내 연구 및 정권별 국정 과제들을 살펴보면, 개인의 삶의 질을 점차 강조하고 있음을 확인할 수 있었다. 경제적으로 빈곤의 상태를 벗어나는 것에서 더 나아가 개개인의 삶의 질 자체가 높아져 보다 행복한 삶을 영위해 나가는 것이 점차 중요해지고 있는 것이다. 사회 구성원 모두가 물질적으로 풍요로운 삶뿐만 아니라, 심리적으로 행복하고, 만족스러운 삶을 살도록 하는 것이 지속가능한 발전의 핵심이자 추진 동력이라 할 수 있기 때문이다. 모든 사람들이 심리적으로 행복해야 일할 동기도 높아져 국가의 경제 발전에도 기여할 수 있다.

이 중에서도 2010년 이후 우리 사회에서 가장 뜨거운 논쟁과 담론의 대상이 되었던 것 중 하나는 아마 복지 관련 이슈일 것이다. 모든 사람이 최저 수준의 안전망을 보장받길 원하고, 그에 따른 사회구성원들의 수요가 점차 증가하면서 복지 분야 지출이 증가하는 추세임에도 선진국과 비교했을 때 여전히 낮은 수준이라는 비판도 크다.

2014년 기준, 우리나라의 사회복지지출비율[7]은 GDP 대비 10.4% 수준이다. OECD 평균이 21.6%라는 것을 감안하면, 절반에도 미치지 못하는 수치이다. 당연히 다른 국가에 비해서도 현저히 낮은 수준이며, 이스라엘, 에스토니아, 폴란드 등 공공의료비 지출 규모가 비슷한 OECD 국가군과 비교해 보아도, 우리나라의 지출비율은 상당히 낮은 수준이다.[20] '저부담 저복지'로 대표되는 낮은 복지수준이 국민들의 삶의 질과 만족도에 좋지 않은 영향을 미칠 것이라는 사실을 어렵지 않게 예상할 수 있다.

실제로, 우리나라 국민들의 삶의 만족도는 다른 OECD 회원국에 비해 낮은 수준이다. OECD Better Life Index(2015)에 의하면, OECD 회원국 국민의 삶의 만족도는 전체 10점 만점 중 평균 6.6점으로 나타난 반면, 우리

[표 3.3] GDP 대비 사회복지지출비율(2014년)

30% 이상	25~30%	20~25%	OECD 평균 21.6%	15~20%	15% 미만
프랑스, 핀란드, 벨기에, 덴마크	이탈리아, 오스트리아, 스웨덴, 스페인, 독일, 포르투갈	그리스, 슬로베니아, 룩셈부르크, 헝가리, 노르웨이, 영국, 아일랜드, 체코, 폴란드		스위스, 미국, 호주, 캐나다, 슬로바키아, 아이슬란드, 에스토니아	한국

출처: OECD. 2015. OECD Society at a Glance.

7) 정부가 출연하는 6세까지의 아동 교육 지원비는 포함되지만, 취학 아동의 교육 지원비는 포함되지 않는다. 그러나 모든 연령의 교육 지원비 포함, 사회 복지비 지출에 따른 세금 공제 혜택 등도 복지비의 일부로 계산된다.

나라 국민들의 삶의 만족도는 그보다 낮은 5.5점이다.[21] 미국이나 멕시코 등은 우리나라보다 소득 불평등 정도가 훨씬 심각함에도, 삶의 만족도가 높게 나타나고 있다.[22] 이는 우리 사회가 경제적인 조건에 비해 상대적으로 질이 낮음을 단적으로 드러내는 것이다.

특히, 고졸 이하의 학력 수준을 지닌 사람들의 삶의 만족도는 5.0에 그치는데, 이는 OECD 회원국 중 최하위권에 속하는 것이다. 이러한 결과는 교육 수준이 낮은 구성원들을 포용하는 문화가 조성되지 않은 우리의 현실을 반영하는 것이라 유추할 수 있다. 교육 수준에 따른 불평등의 결과가 경제적 조건을 넘어 사회적 안전에 이르기까지 다각적으로 나타난다는 것은 향후 사회의 갈등과 분열을 초래할 수 있다는 점에서 진지하게 고민해야 할 대목이다.

삶에 대한 주관적 만족감의 저하는 자살이라는 극단적인 행위를 유발할 수 있다. 2013년을 기준으로 OECD 34개국의 자살률은 평균 12.0%이다.[8)] 반면 우리나라의 자살률은 두 배가 넘는 29.1%이다.[23] 우리나라를 제외한 나머지 국가들 중 자살률이 20%가 넘는 국가는 단 하나도 없다. 이는 사회구성원들이 삶에 대한 우울감이나 불안을 느끼고 있음을 직·간접적으로 반영하는 결과이다.

주관적 만족감과 더불어 주관적 건강 의식도 눈여겨 볼만하다. UN의 SDGs에서 강조하듯, 신체적으로 건강한 삶을 사는 것은 삶의 질을 끌어올릴 수 있는 중요한 요소이다. 세계보건기구가 건강에 대해 "신체적, 심리적, 사회적 안녕 상태"로 정의한 내용을 보더라도 건강과 삶의 질은 밀접한 관련을 가짐을 알 수 있다.[24] 의료기술의 발달로 인해 현대인의 기대수명은 크게 증가하였으나 그 이면에 각종 보건 문제도 등장하는 상황에서 우리 국민이 느끼는 주관적인 건강상태는 어느 정도일까. OECD에서 회원국들을 대상으로 "당신의 건강상태는 대체로 어떻습니까?"라고 질

8) 몇몇 국가의 경우 2013년 자료가 아닌 이전 자료(2010년, 2011년, 2012년)가 포함되었고, 아이슬란드의 경우 2007~2009년의 3년 치 평균 데이터가 활용되었다.

[그림 3.4] OECD 34개국 자살률(2013년 기준) (단위: %)

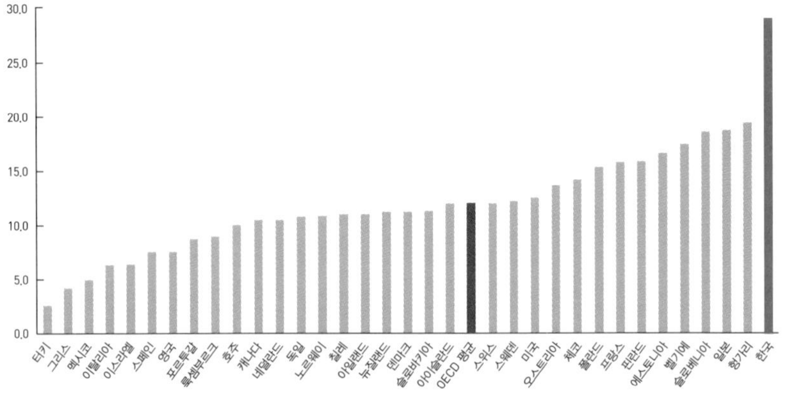

출처: OECD. 2015. OECD Health Statistics.

문한 결과, '좋음 이상(good or very)'이라고 응답한 비율의 OECD 평균은 69%였으나, 우리나라는 그 절반인 35%에 불과하여 최하위를 기록하였다.

우리나라 국민들의 삶의 질이 이처럼 낮게 나타나는 이유는 과연 무엇일까? 물론 여기서 정답을 찾는 것은 어렵지만, 어느 정도 유추는 가능하다. OECD는 2015년 회원국 국민들의 사회관계망(quality of social network)을 조사하였다. "당신은 어려울 때 당신을 도울 수 있는 믿을 만한 친척이나 친구가 있습니까?"라는 질문에 대해 그렇다고 대답한 한국인은 72%였다. 언뜻 보기에는 상당히 높은 수치인 것으로 보인다. 그렇지만 다른 OECD 국가들은 평균적으로 88%의 사람들이 긍정적인 답변을 내놓고 있어, 비교국인 36개국 중 우리나라가 최하위를 차지하였다.[25]

통계청이 지난해 12월 발표한 '한국의 사회동향 2015'에서도 '외로운 한국인'의 모습은 확연히 드러난다.[26] 15세 이상 인구의 56.8%는 여가 시간을 혼자서 보내는 것으로 나타났는데, 이는 지난 2007년 44.1%에서 12%p 이상 증가한 것이다. 마음을 터놓거나 의지할 상대가 부재하다는 사실은 사회구성원 간의 인간관계가 점차 도구적이고, 형식적으로 변화하고 있음을 반영하는 것이다. 전통적으로 공동체 문화를 강조해왔던 것과는 달리, 사회적 포용 수준이 낮게 나타나는 이상의 현상은 참으로 모순적이다. 사회 관계망의 붕괴는 개인의 삶의 질을 위협하고, 나아가 잠재적인 갈등요인을 내포한다는 점에서 걱정하지 않을 수 없다.

사회구조 변화

급격한 사회구조 변화 역시, 미래사회를 위협하는 중요한 사회문제 중 하나이다. 가장 심각한 문제를 야기할 사회구조 변화로 저출산·고령화 현상을 들 수 있다. OECD(2013)에 따르면 우리나라의 2013년 65세 이상 노인인구 대비 20~64세 생산가능인구를 의미하는 노인부양비는 5.42로 나타났다.[9)] 즉, 생산가능인구 5.42명이 노인 1명을 부양하는 것이다. 다행히 이는 OECD 34개국의 평균인 3.83보다 훨씬 나은 수준이다.[27]

[그림 3.5] 노인부양비 및 합계출산율

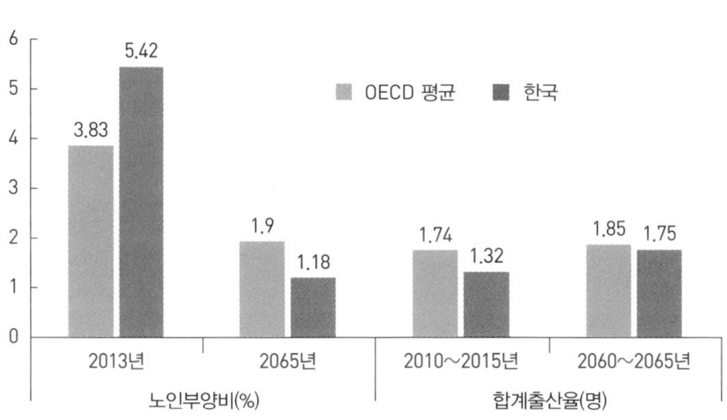

9) 여기서의 노인부양비는 일반적으로 사용되는 '생산가능인구 대비 노인인구 비중'이 아니라 반대로 '노인인구 대비 생산가능 인구'를 의미한다. 따라서 노인부양비가 낮을수록 고령화의 문제가 더 심각함을 의미한다.

그렇지만 낙관하기는 아직 이르다. 시간이 지남에 따라 우리나라의 노인부양비는 가파르게 감소하는 것으로 추산되는데, 2030년 기준 2.5명, 2050년에는 1.4명, 나아가 2065년에는 1.18로 나타난다. 2065년이 되면 20세~65세 생산가능인구 1.18명이 노인 1명을 부양해야 하는 것이다. 이 수치대로라면 2065년이 되면 OECD 전체 회원국에서 노인인구 대비 생산가능인구가 가장 적은 국가로 전락하고 만다.

합계출산율[10)]의 하락은 생산가능인구를 감소시키는 주된 원인이다. 2010~2015년 기간 동안 우리나라의 합계출산율은 1.32이다.[28] 여성 1명이 평균 1.32명의 자녀를 출산한다는 것이다. 우리나라의 합계출산율은 OECD 국가의 평균인 1.74보다 훨씬 낮은 수치로 최하위를 차지하고 있다. 흔히 우리가 고령화 사회라고 부르는 일본보다도 더 낮은 수치이다. 현재 추세대로라면, 이 상황은 2065년에도 지속될 예정이다.

'가족'의 개념이 해체되고 있다는 점 또한 중요한 사회문제로 부각되고 있다. 1960년대 이후 경제개발 시대에는 누구나 결혼하고, 자녀를 낳아 이들을 열심히 교육시켜 경제, 사회 발전에 이바지함은 물론, 그에 대한 충분한 보상도 받아 왔다. 산업화와 경제성장으로 본인의 삶뿐 아니라 자녀의 삶도 성공가능성이 높았기에, 가족을 꾸리는 것은 당연시되었다. 하지만, 현대 사회는 어떠한가? 앞에서도 말했듯이, 교육을 통해 자녀들의 경제, 사회적 지위를 향상시키는 것이 점점 어려워지고 있다. 이로 인한 부모-자녀 간 갈등 및 스트레스도 극에 달한 상황이다.[29] 결혼하여 자녀를 낳을 경우, 자녀들에게 미래의 사회적 위험을 그대로 겪게 할 수 있다는 걱정과 불안 때문에 가족 만들기를 회피하는 경향이 증가하고 있다. 또한, 개인의 가치가 격상되면서 '결혼', '가족'이라는 제도에 구속되지 않고, 자신만의 삶을 즐기려는 사람들도 많아짐에 따라 독신자, 1인 가구도 증가하고 있다. 이는 저출산 문제와 맞물려 사회적 위험을 가중시킬 수 있다.

10) 출산 가능한 여성의 나이인 15세부터 49세까지를 기준으로, 한 여성이 평생 동안 낳을 것으로 예상되는 평균 출생아 수를 의미한다.

또 다른 문제로 탈농현상에 의한 농가인구 감소를 들 수 있다. 2000년부터 2014년까지 전국 농가는 19.2%, 농가인구는 31.7%까지 감소한 것으로 나타났다. 이에 전국 농촌 지역의 고령화 현상도 심각해지고 있다. 전국 농가의 고령층 인구 비율이 2000년 21.7%에서 2014년 39.1%로 상승하였을 정도이니 말이다. 2012년 기준, 전체 인구의 고령화율이 11.8%인 것과 비교하면 농촌 지역의 고령화율이 더 심각함을 알 수 있다. 더 큰 문제는 도시근로자 가구소득 대비 농가소득이 1980년 96.0%에서 2012년 57.6%로 급감하였다는 사실이다. 특히, 70세 이상 고령 농가의 소득이 동일한 연령대의 도시가구 소득의 절반에도 미치지 못하고 있다.[30] 그만큼 도농 간 격차가 심화되고 있어 지역의 경쟁력을 높이고, 지역 농민들의 소득을 보전할 수 있는 대책이 필요한 상황이다.

사회구조의 변화는 또 다른 사회문제들을 양산한다는 점에서 중요하다. 먼저, 고령화와 출산율 저하는 인구의 감소를 의미한다. 인구가 국가 경쟁력이라는 말도 있듯, 낮은 출산율은 인구감소로 인한 노동력 감소를 야기한다. 노동력의 감소는 생산과 소비의 감소로 이어지므로 출산율 저하의 문제는 장기적으로 경제성장을 어렵게 만든다. 이는 경제, 사회 영역의 다양한 사회문제들을 촉발하기도 한다. 출산 - 경제성장 - 소득 - 고용이 상승하는 상황에서는 자살률이 낮아지는 반면에, 이혼 - 실업 - 고령화가 상승하는 상황에서는 자살률이 높아진다는 결과는 출산율 저하와 고령화가 단순한 노동력 감소뿐 아니라 여러 사회문제를 촉발할 수 있음을 보여준다.[31]

둘째, 사회구조의 변화는 세대 갈등을 높이는 잠재적 위험이 있다. 우리나라와 같이 인구구조의 변화가 급격히 진행되는 국가에서는 더욱 그러하다. 빠른 고령화로 인해 젊은 세대와 노인 세대 간에 갈등의 골이 깊어지는 것이다. 이러한 경향은 다양한 곳에서 관찰된다. 제6차 세계가치관조사(2010~2014년)에 의하면, 부모의 생활비를 주로 제공하는 사람이 장남이라는 응답 비율은 1998년 27%에서 2014년 10.1%로 감소한 반면, 부모 스스로 해결한다는 응답 비율은 41.6%에서 50.2%로 증가하였다. 반면 증세를 통해 모든 노인의 기초생활을 보장해야 하는지에 대한 질문에서는 60대가 44.6%, 50대가 35.8%의 찬성률을 보인 반면, 20대와 30대는 반대가 각각 34.6%, 37.1%로 우세하게 나타났다. 젊은 세대들의 노인 부양 의지가 낮아지는 것이다.[32] 이러한 변화는 노인에 대한 인식과도 관련된다. 제6차 세계가치관조사에 따르면 "노인, 요즘 별로 존경받지 못한다."는 질문에 동의하는 비율이 우리나라의 경우 81.8%로 나타나 조사대상국 51개국 중 2위를 차지했다(1위는 루마니아로 85.3%). 51개국 평균이 58.9%이므로, 엄청난 차이를 보이는 셈이다. 노인 계층에 대한 부양의지의 감소와 노인에 대한 존경심 약화는 향후 세대 갈등을 촉발할 위험을 내포한다.

사회통합 저해

사회통합이란 "국민들의 집합적 정서로서의 결집력 또는 귀속감"을 의미한다.[33] "각자 개성이 다른 구성원들 모두가 하나의 인격체로 존중받음으로써 차별받지 아니하고, 공동체로서의 결속감을 다져 함께 비전을 공유해 나가는 긍정적인 관계"가 바로 사회통합이다.[34] 아이러니한 점은 우리나라에서 공동체의 개념이 전통적으로 강조되어 왔음에도 사회통합 수준은 낮은 편에 속한다는 것이다.

사회통합의 대표적 구성요소 중 하나로 신뢰를 꼽을 수 있다. 제6차 세계가치관조사에 따르면 "일반적으로 대부분의 사람들은 신뢰할 수 있다고 보십니까, 아니면 사람들을 대할 때 매우 조심해야 한다고 보십니까?"라는 질문에 대해 "대부분의 사람들을 신뢰할 수 있다."고 응답한 비율은 우리나라의 경우 30% 수준이었다. 이는 OECD 32개국 중 20위에 해당하는데, OECD 국가들의 응답자들은 평균적으로 42%의 사람들이 대부분의 사람들을 신뢰할 수 있다고 대답하였다. 물론 순위 상으로 보기에 하위권은 아니지만, 노르웨이나 네덜란드의 경우 동일한 질문의 응답비율이 각각

91%, 82%에 달한다는 점에서 우리나라의 신뢰수준은 낮은 편이라 볼 수 있다. 이러한 내용은 2015년 우리나라의 사회갈등 수준이 OECD 24개국 중 5위를 차지한 사실에서도 잘 드러난다.[35]

정부에 대한 신뢰는 대인 신뢰보다도 훨씬 낮다. 2012년 기준으로 정부(national government)에 대한 신뢰도(confidence)를 묻는 질문에 "어느 정도 신뢰한다."라고 응답한 비율이 OECD 국가들은 평균 42.6%에 달하는 반면, 우리나라는 24.8%에 지나지 않았다. 대인 신뢰와 기관 신뢰를 동일 선상에서 비교할 수는 없지만, 이 둘 모두 낮게 나타난다는 점은 깊이 고민해야 할 대목이다. 이는 어쩌면 우리 사회의 각박한 모습을 그대로 보여주고 있는지도 모른다.

2015년 여성가족부가 19~74세 성인 4,000명을 대상으로 실시한 설문조사 결과에서도 성인의 다문화 수용성 지수는 100점 만점에 53.95점에 그치는 것으로 나타났다. 이러한 결과는 OECD Society at a Glance(2014)의 '당신이 거주하는 지역은 이민자들이 살기 좋은 곳입니까?'라는 질문에 대해 우리나라가 OECD 31개국 평균인 58%보다 훨씬 낮은 40% 정도만이

[그림 3.6] 다문화 수용성 관련 주요 결과 (단위: %)

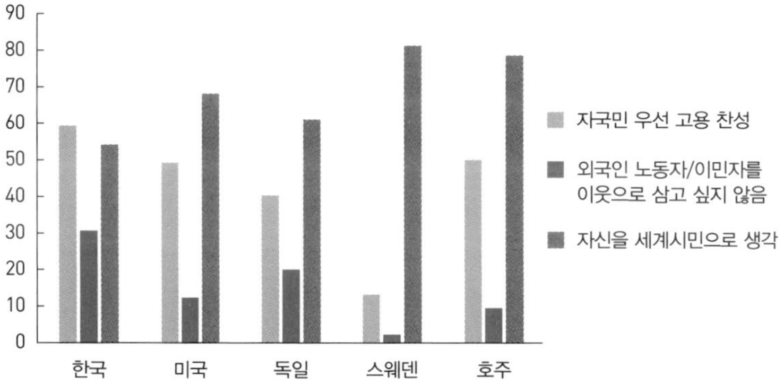

출처: 여성가족부. 2015. 2015년 국민 다문화수용성 조사.

동의한 것과도 연결된다.

또한, 2010~2014년 59개국이 참여한 6차 세계가치관조사(World Values Survey)에 따르면, '외국인 노동자와 이민자를 이웃으로 삼고 싶지 않다.'에 동의한 비율이 우리나라는 31.8%를 차지하여 미국 13.7%, 호주 10.6%, 스웨덴 3.5%보다 적게는 2배, 많게는 10배 이상 높은 것으로 나타났다. '일자리가 귀할 때 자국민을 고용해야 한다.'에 동의하는 비율도 60.4%로 미국 50.5%, 독일 41.5%, 호주 51%보다 10%p 이상 높게 나타났다. 타 인종에 대한 수용성 항목에 있어서도 하위권에 해당하는 51위를 차지하였다.[36] 반면, 자신을 세계시민으로 생각하는 비율은 우리나라는 55.3%로, 호주 79.5%, 미국 69.1%, 스웨덴 82%에 비해 한참 낮았다.

이러한 인식이 고착화되면 내가 아닌 다른 사람들에 대한 경계심, 편견과 고정관념을 갖게 될 수밖에 없다. 외국인 주민 수와 비중이 지속적으로 증가하는 현재 추세에서 이들을 포용하지 못하는 우리 사회의 문화는 외국인들과의 갈등을 야기할 수 있다. 또한, 이들이 제대로 적응하지 못해 또 다른 사회문제를 초래할 수 있다는 점에서 신뢰와 관용, 연대가 뒷받침되지 않는 '낮은 사회통합'은 중요한 사회문제로 인지되어야 한다.

한편, 우리나라의 남북분단이라는 특수한 상황도 사회통합을 저해하는 요인으로도 작용하는데, 대표적인 것이 바로 탈북자들에 대한 차별 및 처우 문제이다. 남북하나재단에서 2014년 실시한 북한이탈주민 실태 조사에 의하면, 남한생활에 대해 불만족하는 이유로 응답의 54.7%가 경제적 어려움을 꼽았고, 그 뒤를 이어 41.9%가 탈북자들에 대한 각종 편견 및 차별을 지목했다. 우리나라에 대한 탈북자들의 부정적 인식은 곧 남북문제와 연결된다는 점에서 주의 깊게 살펴야 한다.

공정하고 투명하지 못한 정부 운영도 사회통합을 저해하는 요인 중 하나이다. 2008년부터 2014년까지의 공공기관 청렴도를 살펴보면, 2008년 8.2점에서 2009년 8.51점으로 상승했다가 2010년 8.44점, 2011년 8.43점, 2012년과 2013년 7.86점, 2014년 7.78점으로 점점 하락하는 경향을 보인다. 또한, 2014년 국민권익위원회에서 일반 국민 1,400명을 대상으로 조사한 바에 따르면, 공무원들이 부패하다고 인식한 비율도 69.4%로 2012년 42.4%보다 2년 사이에 27%p 증가한 것으로 나타났다.[37] 이러한 경향이 계속될 경우, 정부에 대한 신뢰가 낮아져 정책에 대한 국민들의 저항을 감당할 수 없게 된다. 이는 정책 역량의 저하로 이어질 수 있기에 공동의 목표를 향한 발전적 관계를 형성하기 어려워진다.

안전 위협

다음으로 최근 들어, 그 심각성이 더욱 커지고 있는 안전 위협의 문제에 대해 살펴보자. 조선일보 더나은미래의 신문 기사 빅데이터 분석 결과, 안전(45%) 문제가 가장 심각하고 시급히 해결되어야 할 사회문제로 나타났다는 점에서 그 심각성은 매우 높은 수준이라고 짐작할 수 있다.

국민안전처 조사 결과에 따르면, 최근 5년간 한국에서 발생한 인적재난[11)]은 145만 8169건에 달하는 것으로 나타났다. 시계열적으로 살펴보면, 2005년 25만 6992건이었던 것에 비해 2013년 29만 4707건으로 약 4만 건가량 증가하였으며, 인명 피해도 1만 명 이상 늘어난 것으로 나타났다.[38] 또한, 정보통신 기술의 발전에 따라 생활은 편리해졌지만, 예기치 않은 사회문제들도 발생하고 있다. 사이버 범죄가 증가하고 있는가 하면, 개인정보 침해 문제도 꾸준히 제기되고 있다. 조선일보 더나은미래에서 안전 관련 전문가들을 대상으로 향후 심각해질 수 있는 안전 위협 사회문제에 대해 조사한 결과, 전문가의 대부분이 사이버 범죄를 꼽아 정보통신기술 발전의 명암이 엇갈리고 있음을 알 수 있다.[39] 특히, 앞서 살펴본 미래창조과학부의 조사 결과에 따르면, 사이버 범죄는 개인 행복을 가장 크게 저해하는 문제로 꼽히기도 했다. 2000년대의 연도별 사이버 범죄 발생 건수 추이를

11) 여기에서 인적 재난은 국민의 생명, 신체 및 재산과 국가에 피해를 주거나 줄 수 있는 것으로서 화재, 붕괴, 폭발, 교통사고 등에 의한 사고가 포함된다.

[그림 3.7] 인적 재난 발생 현황 (단위: 건수)

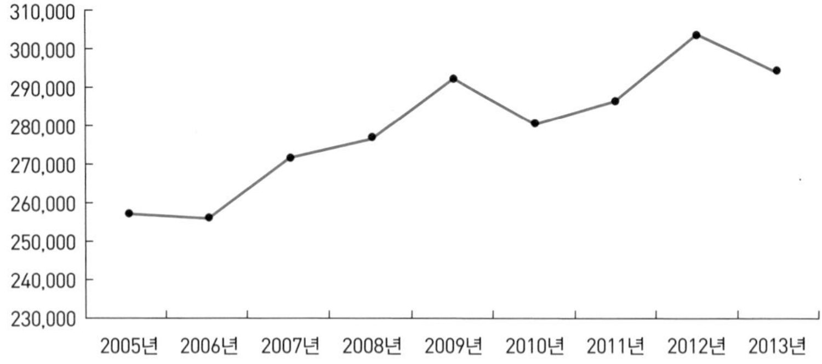

출처: e-나라지표. 국민안전처. 재난연감.

살펴보면, 2001년 33,289건에 불과하였던 것이 2008년 136,819건으로 4배 가량 증가했고, 2013년 155,366건, 2014년 110,109건을 차지하였다는 점에서 개인의 삶을 위협할 수 있는 심각성이 큼을 알 수 있다.

〈사회적 가치 서베이 2016〉 설문조사 결과에 의하면, 안전을 위협하는 가장 심각한 사회문제로 개인정보 유출 문제 증가(16.9%), 대형재난사고 발생(15.8%), 새로운 전염병과 질환 확산(15.4%)이 선택되었다. 실제, 2001년부터 2015년까지 개인정보 침해 건수를 살펴보면, 2001년 11,164건에 불과하였던 것이 2010년 54,832건으로 10년 사이에 약 5배 정도 증가했고, 2011년에는 2010년에 비해 2배 이상 증가한 수치인 122,215건을 기록하였다. 그 이후 2013년 177,736건, 2014년 158,900건, 2015년 152,151건으로 감소 추세이긴 하지만, 여전히 개인 정보 침해 문제는 심각함을 알 수 있다.

이 외에도 치료약이 특별히 없는 메르스, 지카 바이러스 등과 같은 신종 전염병 및 질환이 국민들을 불안에 떨게 만드는 대표적인 안전 문제에 해당한다. 불특정 다수를 대상으로 하는 흉악 범죄의 증가 등도 국민 안전을 위협하는 주요 사회문제로 떠오르고 있다. 사회적 위험의 문제는 개인의 일상생활을 위협받고, 삶의 질이 저하되는 것에서부터 사회구조적인 변화 및 공동체적 연대가 저해되는 것까지 광범위하게 나타난다.

재미있는 사실은 다른 국가와 비교해 보았을 때, 우리나라의 안전 위협 수준은 그리 나쁘지 않다는 것이다. 2012년 OECD 회원국을 대상으로 주관적 안전감, 즉 "밤중에 혼자 걷는 것이 안전한지"를 묻는 질문에 대해 평균 72%가 그렇다고 응답하였다. 우리나라는 이보다 약간 낮은 69%만이 그렇다고 응답하였으므로, OECD 평균보다 조금 낮은 셈이다. 국내에서는 나날이 안전에 대한 위협이 높아지는 와중에, 국제사회에서는 그다지 나쁜 성적을 기록하지 않는 이 상황은 어떻게 풀이할 수 있을까. 아마도 전 세계적으로 안전에 대한 위협이 지속적으로 증가하기 때문이 아닐까 싶다. 과거에 비해 안전의 위협이 전 세계에서, 그리고 동시다발적으로 높아지고 있는 것이다. 빅데이터 분석에서 안전문제가 가장 심각하고 시급히 해결되어야 할 사회문제로 나타났다는 점은 이러한 내용과 그 맥을 같이 하는 것일지도 모른다. 언제, 그리고 어디서나 우리에게 안전의 위협이 존재한다는 것은 그만큼 가장 심각하고, 또 가장 시급히 해결해야 할 문제일 테니 말이다.

환경 영역

: 환경파괴

환경오염

이번에는 환경파괴 영역으로 넘어가 환경오염 문제에 대해 자세히 살펴보자. 환경파괴 문제 중에서는 특히 기후변화를 포함하여 대기오염, 수질오염, 토양오염 등과 같은 환경오염 문제가 가장 심각한 편이다. 2016년 1월, 스위스 다보스에서 개최된 세계경제포럼(WEF)에서 '기후 변화 대응 실패'가 현 시대의 가장 심각한 위협으로 선정된 것을 보면, 그 위험성이 얼마나 큰지 실감할 수 있다.

기후 변화를 야기하는 우리나라 온실가스 배출량을 살펴보면, 1990년대에 비해 2000년대에 배출량이 더 많음을 알 수 있다. 특히, 1997년 교토에서 개최된 기후변화협약 이후, 1998년 온실가스 배출량이 대폭 감소했다가 그 이후 다시 증가하는 경향을 보인다([그림 3.8] 참조). 1998년 온실가스 배출량이 감소한 이유는 우리나라가 이 시기에 경제 위기도 있었고, 온실가스 감축에 대한 국제적 분위기가 조성되었기 때문이 아닐까 사료된다.

그러나 1998년 이후 우리나라의 온실가스 배출량은 줄지 않았고, 특히 2010년에 전년 대비 9.9%의 가장 큰 증가율을 기록하였다. 우리나라는 미국, 일본, 독일 다음으로 OECD 국가 중 가장 많은 이산화탄소를 배출하는데, 이는 환경오염 문제가 상당히 심각한 수준에 이르렀음을 보여주는 것이다([그림 3.9] 참조).

현재의 지구 온도는 산업혁명 시기보다 0.85℃ 높은 상태이다. 지

[그림 3.8] 우리나라 온실가스 배출량(1990~2012년) (단위: 백만 톤 CO_2)

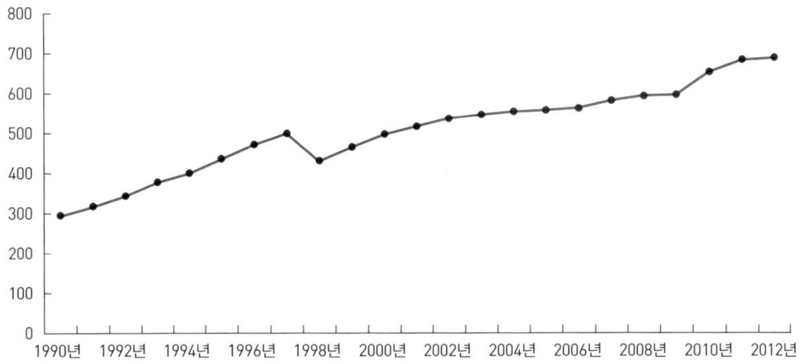

출처: e-나라지표. 2014년 국가 온실가스 인벤토리 보고서.

구 온도가 2℃ 상승하면, 10억~20억 명의 식수가 고갈되고, 생물 종의 20~30%가 멸종되며, 3,000만 명이 홍수로 인해 피해를 볼 것으로 예측된다. 우리나라의 경우 2012년 기준, 온실 기체 배출량이 전 세계 12위, 연료 연소에 의한 이산화탄소 배출량이 7위, 누적 배출량은 16위에 해당한다.[40] 그만큼, 기후변화의 책임이 큰 국가 중 하나라는 의미이다. 하지만, 환경 부문에 대한 정부의 정책적 노력이나 관심은 아직까지 경제나 사회 영역에 비해 저조하다.

일반 국민 1,000명 대상, 국회의원 100명 대상으로 실시한 〈사회적 가치 서베이 2016〉 조사결과에 의하면, 일반 국민이 환경오염 및 기후변화에 대해 인식하는 것보다 국회의원의 인식 수준은 낮은 것으로 나타났다. 일반 국민은 노동 불안정(80.5%) 다음으로 환경오염과 기후변화(75.4%) 문제가 심각하다고 꼽은 반면, 국회의원은 노동 불안정(90%), 소득 및 주거 불안(89%), 사회통합 저해(80%), 급격한 사회구조 변화(72%), 삶의 질 저하(70%) 다음으로 환경오염과 기후변화(68%)가 심각하다고 응답하였다. 이는 환경부가 실시한 '환경보전에 관한 국민의식 조사'에서도 확인할 수 있다. 1993년 이후 국민들은 환경문제에 대해 더 많은 관심을 나타내었으

[그림 3.9] OECD 34개국의 이산화탄소 배출 현황

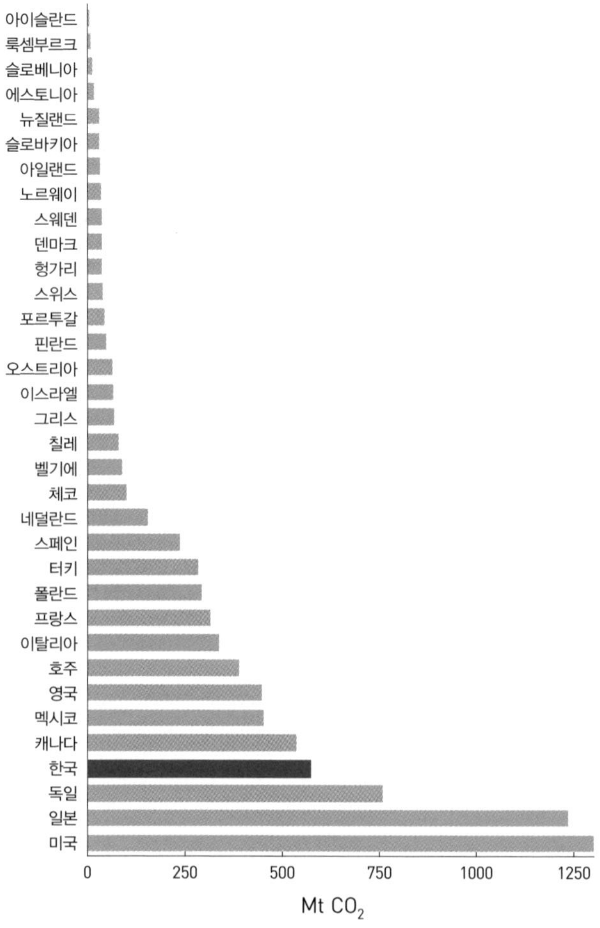

출처: OECD. 2015. OECD Environment at a Glance.

나, 중앙정부의 환경문제에 대한 노력은 감소하고 있다고 판단하였다. 국민들은 환경문제에 대해 심각하게 인식하고 있음에도 불구하고, 이에 대한 정책 우선순위는 높지 않아 그 간극이 점차 커지고 있는 것이다.

[그림 3.10] 환경문제에 대한 관심과 정부 노력에 대한 국민들의 인식

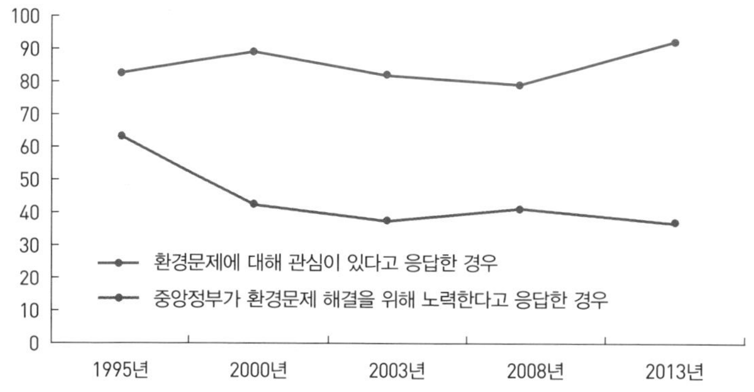

출처: e-나라지표. 환경부. 2013. 환경보전에 관한 국민의식 조사.

자원고갈

자원고갈도 미래 사회를 위해 대비해야 할 중요한 사회문제에 해당한다. 전 세계에 매장되어 있는 지하자원의 양이 한정되어 있기 때문이다. 또한, 기후변화로 인한 물 부족, 생물 다양성 감소에 따른 식량 부족 등의 문제로 인하여 자원고갈도 중요한 환경문제 중 하나에 속한다.

〈사회적 가치 서베이 2016〉 설문조사 결과를 보면, 자원고갈 영역에서 가장 심각한 사회문제로 물 부족(31.8%), 지나친 원자력 발전 의존(26.1%), 석유, 가스 등 지하자원 감소(15.3%)가 선택되었다. 물은 인간뿐 아니라, 생명체에 없어서는 안 되는 매우 중요한 자원에 해당한다. 하지만, 우리나라는 몇 년째 이어진 가뭄으로 물 부족 현상을 겪고 있다. 최근 1년간 누적 강수량을 보면, 평년의 75% 수준이며, 평균 저수율(77%)도 예년에 비해 낮다.[41] 이러한 현상이 앞으로도 지속될 것이라는 점을 고려하면, 그 심각성은 더 크다.

1인당 재생가능한 물(renewable freshwater)의 양을 OECD 34개 국가와 비교해 보아도, 이스라엘 다음으로 최하위를 기록하고 있을 정도로 심각한 수준이다. 특히 미국 MIT에서는 세계에서 가장 높은 인구 비중을 보이며,

[그림 3.11] OECD 34개국 1인당 재생가능한 물의 양 (단위: km^3)

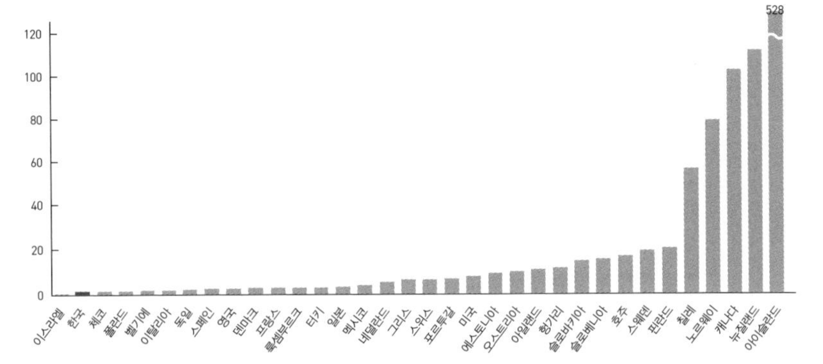

출처: OECD. 2015. OECD Environment at a Glance.

경제가 빠르게 성장하고 있는 중국, 인도 등을 포함하고 있는 아시아 국가의 물 부족 문제가 더 심각할 것이라고 예측하였다.[42] 또한, 이상 기온 현상이 빈번해지면서 2020년의 곡물 생산량이 17% 정도 감소하는 등 식량 부족 문제도 심각해질 것으로 전망되고 있다. 현재 70억 명인 전 세계 인구가 2050년에는 90억 명으로 증가할 것으로 예측되는 가운데, 이들을 먹여 살리기 위해서는 곡물 생산량이 60% 이상 증가해야 하지만, 지금의 상태로는 거의 불가능에 가깝다는 것이다.[43] 다만 34개 OECD 국가들 중 우리나라의 산림 자원고갈 수준이 가장 낮다는 사실이 그래도 우리에게 장밋빛 희망을 주고 있다.[44]

하지만 여전히 자원고갈 문제는 우려할만한 수준이다. 자원의 고갈은 성장의 둔화로 이어지고, 이는 곧 다양한 사회문제로 발전할 수 있다는 점에서 그 심각성이 크다. 전력공급이 대표적인 예이다. 우리나라의 전력 수급도 물 부족과 마찬가지로, 그 수요에 비해 공급이 매우 부족한 상태이다. 2011년 9월 15일 우리나라도 순환단전[12)]을 경험하였다. 최근 들어, 전력설비 예비율이 적정 설비예비력인 15~17%보다 한참 낮은 6~7%에

12) 예비전력이 100만 kW 미만으로 떨어질 경우, 전력수급경보가 심각단계로 발령되어 아파트, 백화점, 대형마트, 기업체 순으로 정전이 이루어지는 것을 의미한다.

불과한 것으로 나타났다. 하지만, 우리나라 전력 수요량은 연평균 5.6%씩 증가하고 있어 대규모 정전의 위험이 언제 닥칠지 모르는 불안한 상황이다.

자연재해

사회문제 분류틀의 가장 마지막인 자연재해의 문제를 살펴보자. 이 역시, 기후 변화로 인해 가뭄, 홍수, 태풍 등이 잦아지면서 나타나는 문제들이다. 최근, 가뭄, 홍수, 태풍, 대설, 지진, 해일, 풍랑 등에 의한 피해가 점점 다양해지고 있고, 그 피해 규모도 커지고 있어 국민들의 생명과 재산을 보호하기 위한 선제적인 노력이 요구되고 있다. 〈사회적 가치 서베이 2016〉 설문조사 결과를 살펴보면, 사람들이 가장 심각하다고 생각하는 자연재해의 문제는 지진과 쓰나미(27.7%), 가뭄(21%), 싱크홀(15.5%)의 순이었다.

또한 우리나라는 매년 호우, 태풍, 대설 등 자연재해로 인해 많은 피해를 보고 있으며, 그에 따른 인명피해와 재산피해 또한 상당한 수준이다. 특히 2014년에는 총 23회(호우 15회, 대설 4회, 태풍 3회, 강풍·풍랑 1회)의 재난이 발생하였으며, 이로 인해 2명의 인명피해와 1,800억 원의 재산피해가 발생했다.[45] 이상 기온에 의한 국부성 집중호우나 태풍 등 다양한 재난재해에 의해 많은 피해도 끊이지 않고 있어 그에 대한 대비가 절실한 상황이다.

하지만 이러한 자연재해와 환경문제를 해결하기 위한 투자는 여전히 미진하다. 2012~2013년에 투자된 환경 분야의 R&D 예산을 살펴보면, OECD 34개국 중 우리나라는 25번째에 해당한다. 환경에 대한 연구개발이 제대로 이루어지지 않고 있음을 짐작케 하는 대목이다. 환경문제에 대한 국민들의 많은 관심에도 불구하고 정책순위가 높지 않다는 것을 단적으로 보여주는 것이다.

[그림 3.12] 자연재해 발생현황

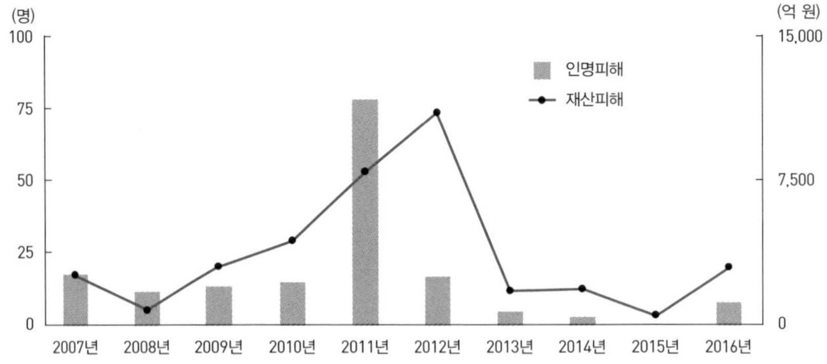

출처: e-나라지표. 국민안전처. 재해연보.

그러나 환경문제는 단순히 이에 대한 정부의 관심을 높인다고 해결될 수 있는 사안이 아니다. 환경문제의 파급효과는 지금 당장 보이지는 않지만, 장기적으로 그리고 그 무엇보다 더 크게 우리의 삶에 영향을 미친다는 점에서 그 심각성에 대한 깊은 이해와 성찰이 요구된다.

Part Ⅱ

사회문제 해결로
사회적 가치를 창출하다

Chapter 04

새로운 사회문제 해결 주체의 등장: 왜 사회적 기업인가?

- 왜 사회적 기업에 주목해야 하는가?
- 우리나라의 사회적 기업, 그 역할과 특성은?

왜 사회적 기업에 주목해야 하는가?

사회적 기업, 효율적이고 지속가능한 사회문제 해결사

최근 새로운 사회문제 해결 주체로서 사회적 기업에 대한 기대가 높아지고 있다. 앞에서 살펴본 바와 같이, 사회문제의 영역과 대상이 점차 다양해지고 복잡해지면서 과거처럼 정부와 시장이 모든 문제를 해결하기 불가능해졌다. 경제 성장, 빈곤의 문제를 해결하는 데 그치는 것이 아니라 모든 사회 구성원들의 삶의 질, 행복, 만족 등 눈에 보이지 않는 심리적 요소들이 결합된 문제들까지도 해결해야 하는 상황에 이르렀기 때문이다. 이에 정부 혹은 시장에 의존하여 소득 불평등, 경제 불안 등의 문제를 해결해 나가던 기존의 자본주의 체제와는 다른 새로운 변화가 요구되고 있다.

초기 자본주의 시대를 거쳐 수정 자본주의, 신자유주의 시대를 경험하면서 얻은 결론은 정부 혹은 시장 어느 한 쪽의 역할을 극대화시키는 것만으로는 문제를 지속가능하게 해결하지 못한다는 것이었다. 어떤 방식이든 전 세계 경제 위기로 기존의 체제가 종결되고 새로운 체제로 전환되었기 때문이다. 이에 정부와 시장의 장점을 적절히 혼용하여 지속가능성을 높이기 위한 새로운 자본주의 체제가 모색되고 있다. 정부와 같이 사회적 목적을 지니면서 기업처럼 이윤도 창출하는 혼합 조직(hybrid organization) 형태인 사회적 기업이 그 대표적인 예이다.[1]

사회적 기업에 대한 정의는 학자마다 다양하게 제시되고 있다. Campbell

(1998)은 "사회적 목적을 갖는 사업으로서 지역사회에서 필요로 하는 재화 및 서비스를 생산하고 부족한 재원을 지원하는 활동을 통해 이윤을 사회적으로 보편화하는 조직"으로 정의한다.[2] Borzaga & Defourny(2004)는 "사회적 기업은 주로 제3부문에서 나타나는 것으로 전통적인 의미의 기업 형태가 아닌 협동조합, 교육·문화·복지 분야의 비영리조직, 비정부기구 등이 공익성과 수익성을 동시에 추구하며 사업을 실행하는 조직 형태"라고 정의한다.[3] OECD(1999)의 경우, "사회적 기업은 기업적 방식으로 조직되는 일반 활동 및 공익 활동을 아우르며 주된 목적이 이윤극대화가 아니라 특정한 경제 및 사회적 목적, 그리고 재화 및 용역의 생산이나 사회적 배제 및 실업 문제에 대해 혁신적인 해결책을 제시하는 것에 있다."고 정의하였다.[4] 이와 같이 사회적 기업에 대한 각기 다른 정의가 존재함에도 불구하고 이들이 공공성과 수익성을 동시에 추구한다는 사실은 모두가 인정하고 있다.[5] 사회적 기업은 이윤 창출이 목적인 영리 조직과 공익 추구가 목적인 비영리 조직[1)] 사이에 위치하고 있는 것이다. 한국사회적기업진흥원[2)] 역시 사회적 기업을 "영리기업과 비영리기업의 중간 형태로 사회적 목적을 우선적으로 추구하면서 재화·서비스의 생산·판매 등 영업활동을 수행하는 기업(조직)"으로 정의하고 있다.

사회적 기업은 정부와 시장의 한계를 보완한다는 측면에서 유용하다. 과거 사회문제를 해결해 온 핵심 주체였던 정부는 예산이나 정치적 제약, 전문성 부족 등으로 복잡해진 사회문제를 효율적으로 해결할 수 없는 상황에 이르렀다. 시장을 대표하는 기업 역시 사회적 책임(CSR) 활동을 적극 펼치고 있지만 마케팅이나 홍보 수단에 그치거나 지속가능한 사회문제 해결로 이어지지 못하는 경우도 많다.[6] 따라서 공공성, 책임성 중심으로 운

1) 영리조직과 비영리조직은 설립 목적, 이익 배분, 자발적 참여 여부, 소유와 책임의 명확성 여부 등에서 차이가 존재한다.

2) 한국사회적기업진흥원 홈페이지(http://www.socialenterprise.or.kr/kosea/info.do).

영되던 정부에 부족한 효율성의 가치와 효율성을 존립 기반으로 하는 기업에 부족한 공공성, 책임성의 가치가 융합된 사회적 기업을 통해 사회문제를 보다 효율적이고 지속가능하게 해결할 수 있다는 새로운 가능성에 주목하게 되었다. 이는 정부와 기업, 시민사회 등 사회를 구성하는 다양한 주체들 간의 협력을 강조하는 협력적 거버넌스, 자본주의 4.0 등의 시대적 요청을 반영한 결과라 볼 수 있다.

전 세계적으로 사회적 기업이 사회문제 해결사로서 강조된 것은 오래되지 않았다. 2008년 글로벌 금융위기 이후, 새로운 자본주의 체제에 대한 열망으로 사회적 기업에 주목했기 때문이다. 우리나라만 하더라도 사회적 기업과 관련된 언론 기사가 2007년 194건, 2008년 240건 정도에서 2009년 799건으로 전년에 비해 3배 이상 증가하였고 2011년에는 2,000건 이상으로 급증하였다.[7] 이는 사회적 기업에 관한 담론이 글로벌 금융위기가 발생한 2008년을 기점으로 확산되었음을 잘 보여준다. 사회적 기업이 다양하고 복잡해진 현대 사회문제를 해결할 최적의 대안으로 받아들여지고 있는 것이다.

하지만, 사회적 기업이 많은 이들의 기대와 희망처럼 사회문제 해결사로서의 역할을 충실히 하고 있을까? 사회적 기업의 역사가 깊고 성공과 실패를 거듭하면서 학습 효과를 충분히 쌓아 온 유럽이나 미국 등의 경우는 이에 대해 긍정적으로 답할 수 있을 것이다. 반면, 우리나라는 그 역사가 10여 년에 불과하고 사회적 기업이 문제해결 의식을 가지고 자생적으로 발전하기보다 정부 주도에 의해 육성된 측면이 강하기 때문에 이상의 질문에 대해 긍정적으로 답할 수만은 없다. 정부의 재정 지원이 아니면 사회적 기업 스스로 살아남기도 어려운 우리나라의 현실에서 이들의 사회문제 해결을 기대하기란 쉽지 않다.

우리나라는 1990년대 후반 외환위기 이후, 높아진 실업문제를 극복하고자 새로운 정책 수단으로 사회적 기업을 모색하기 시작하였다. 이는 그동안, 정부가 펼쳐왔던 자활지원 사업 등이 단기적이고 임시적인 저임금 일자리 제공에 그쳤다는 비판을 받으면서 나타난 변화이다. 여기에 사회적 약자에 대한 지원제도를 마련해야 한다는 민간의 문제의식까지 더해져 정부는 2003년부터 NGO와 함께 '사회적일자리' 사업을 시범적으로 추진하였다. 2007년부터는 '사회적기업육성법'을 시행하여 고용노동부 주관 하에 일정한 요건을 갖춘 사회적 기업을 인증하여 재정 지원해 주는 등 사회적 기업을 본격적으로 육성하기 위한 움직임을 보였다.[8] 이에 사회적 기업 수가 2007년 40여 개에서 2018년 12월 현재, 2,089개로 증가하는 등 급격한 양적 성장을 이뤘다. 우리나라는 지속가능한 일자리 창출을 위해 정부 주도로 사회적 기업을 적극 육성했다는 점에서 오래전부터 자생적으로 사회적 기업이 등장한 유럽, 미국 등과 다른 독특한 특성을 지녔다고 볼 수 있다.[3)]

약 100여 년 전부터 영국 등의 유럽 국가들은 시장 자본주의 체제에 따른 경제 불평등의 문제를 해결하고자 협동조합, 사회적 기업 등의 사회적 경제[4)] 조직을 자발적으로 조성해 왔다. 하지만, 1929년 경제 대공황을 계기로 시장경제의 폐해를 극복하기 위한 정부의 역할이 강화되면서 사회적 기업을 포함한 사회적 경제의 바람은 시들해졌다.[9, 10] 그러다 1979년 석유파동과 경기침체 등에 따른 경제 불황이 심각해지면서 유럽 국가들과 미국을 중심으로 사회적 기업의 개념이 다시 주목받기 시작하였다. 유럽 국가들과 미국에서 사회적 기업이 증가하게 된 배경은 다소 차이가 있다. 유럽 국가들은 1970년대 후반부터 1990년대까지 경기 침체로 인해 3~10%대의 높은 실업률을 감당해야 했다. 여기에 케인스주의에 따른 무분별한 정부 재정 확대로 복지국가의 위기가 더해지면서 민영화를 비롯한 복지

3) 사회적 기업을 광의로 해석하면, 사회적기업육성법 제정 이전 사회적 기업 형태로 분류되던 '한살림', '아름다운 가게' 등의 조직까지 포함할 수 있으나 사회적기업육성법이 제정되면서 일자리 문제를 해결하는 기제로서 사회적 기업이 논의되기 시작하였다.

4) 사회적 경제는 경쟁이 아닌 보편적 이익, 연대와 협력, 자발적 참여 등을 강조하므로 기존의 시장경제 원리와는 반대되는 특성을 지니며, 사회적 기업은 이를 대표하는 조직 유형에 속한다.

서비스 감축 등의 과감한 개혁이 단행되었다. 그러다 보니 정부가 사회서비스를 필요로 하는 사람들의 기대 수준을 충족시키기 어려웠고 높은 실업률 문제도 근본적으로 해결할 수 없었다. 이때 등장한 것이 바로 사회적 기업이다. 주거문제, 보육문제, 노인문제, 고용문제, 사회구조 변화, 도시 재건 문제 등 다양한 사회문제를 해결하고자 시민사회가 자발적으로 나서서 사회적 기업을 설립한 것이다.[11]

미국의 사회적 기업은 유럽 국가들과 조금 다른 특성을 보인다. 1960년대 '위대한 사회 프로그램(Great Society Program)'을 시작으로 미국 연방정부는 빈곤, 교육, 보건, 지역 발전, 환경, 예술 등의 분야에 과감히 투자하였다. 그중 상당수가 관료제적 특성을 보이는 정부보다는 비영리기관을 통해 운영되었다.[12] 이 시기 미국에서는 비영리기관이 사회문제 해결의 중요한 한 축을 담당할 정도로 그 영향력이 컸다.[13] 그러나 1970년대 후반에 발생한 경제 위기를 계기로 1980년대, 정부 규모 축소를 골자로 하는 레이거노믹스가 등장하면서 비영리기관의 재정원천이었던 정부지원금이 크게 감소하였다.[14] 이에 비영리기관들은 재정적 불확실성을 타개하기 위해 스스로 수익을 창출하는 데 관심을 가지게 되었다.[15] 그 결과, 비영리기관들이 수익 사업을 통해 재정자립도를 높이고 동시에 사회문제를 해결해 나가는 사회적 기업의 형태를 갖추게 되었다.

이처럼, 유럽 국가들은 사회적 경제의 맥락에서, 미국에서는 시장 경제의 맥락에서 사회적 기업이 발전했다는 점이 다르다. 유럽 국가에서의 사회적 기업은 사회적 편익 증진에, 미국의 사회적 기업은 수익 창출에 초점을 맞추고 있는 것이다.[16] 그럼에도 영국, 미국 등에서 사회적 기업이 출현하게 된 배경을 살펴보면, 다양한 사회문제들을 보다 효율적으로 해결하기 위한 방법으로 등장했음을 확인할 수 있다. 이들 국가에서는 사회적 기업이 일찍부터 사회문제 해결사로서의 역할을 해 왔던 것이다.

그렇다면 우리나라의 상황은 어떠한가? 실업문제 극복이 최우선 과제였던 우리나라에서는 사회적 기업을 통해 2015년까지 취약계층 15,815명을 포함한 총 27,923명에게 일자리를 제공할 수 있었다.5) [17] 하지만 우리나라의 사회적 기업이 대부분 주목하고 있는 노동 및 고용 관련 문제는 우리 사회가 처한 다양한 사회문제 중 일부에 지나지 않는다. 현재 우리나라는 취약계층뿐 아니라 중산층까지도 다양한 사회문제들로 허덕이고 있다. 그만큼 우리 사회가 해결해야 할 사회문제의 스펙트럼이 광범위해지고 있는 것이다. 정부 혹은 기업보다 지속가능성 측면에서 우월한 사회적 기업이 사회문제 해결사로서 제대로 역할을 해 준다면 우리 사회의 미래는 밝을 것이다. 따라서 앞에서 살펴본 다양한 사회문제들과 연결시켜 사회적 기업의 역할을 되짚어 볼 필요가 있다.

지금까지 사회적 기업이 어떤 사회문제를 해결하고 있는지 구체적으로 살펴본 연구는 드물다. 사회적 기업에 대한 기존의 국내 연구들은 주로 '기업'적 측면에서 지속가능성이 낮다고 지적한다.[18] 정부지원금에 대한 의존성이 높아 '기업'으로서의 경쟁력을 향상시키기 위한 역량이 충분히 축적되지 못했다는 것이다. 하지만 사회적 기업의 차별화된 사회문제 해결은 새로운 시장을 개척할 수 있다는 점에서 '기업'으로서의 경쟁력 확보에도 도움이 될 수 있다. 이는 우리나라 사회적 기업이 현재 해결하고 있는 사회문제 영역을 분석할 필요가 있음을 시사한다. '사회적기업육성법'이 시행된 지 10년이 넘은 현 시점에서 사회적 기업이 다양한 사회문제들을 해결하는 데 기여하고 있는지, 아니면 여전히 '취약계층 고용' 등의 실업문제 해결로 그 역할을 한정하고 있는지 그 변화를 추적할 필요도 있다. 이는 향후 사회적 기업의 경쟁력을 확보하기 위한 로드맵 역할을 하게 될 것이다.

그에 앞서, 사회문제 해결사로서의 역사가 깊고 그 역할을 충실히 이행한다고 할 수 있는 영국과 미국의 대표적인 사회적 기업 사례를 통해 어떠한 방식으로 사회문제를 해결해 왔는지 알아보자. 이는 우리가 왜 사회적

5) 본 연구에서는 2015년 3월 31일 기준, 인증 사회적 기업 대상으로 분석을 시도하였으나, 사회적 기업 종사자 수 현황은 자료의 한계상 2014년 12월 기준으로 살펴보았다.

기업에 주목해야 하는지 중요한 함의를 제공한다는 점에서 살펴봐야 할 부분이다.

영국의 사회적 기업: 자선(philanthropy)을 넘어 사회적 가치 증진으로

17세기부터 영국은 대규모 종획운동(enclosure movement)[6] 등으로 중세 봉건사회가 급속도로 붕괴됨에 따라 영주의 장원에서 추방된 농민들이 도시 빈민으로 전락하는 사례들이 늘어났다. 이를 해결하고자 엘리자베스 여왕은 구빈법(The Elizabethan Poor Law)[7]을 제정하였다. 절대왕정체제가 붕괴되고 중상주의 시대로 접어들면서 구빈법이 변질되기도 하였지만[8] 새로운 구빈대책이 수립되는 과정[9]을 거쳐 빈곤 등의 사회문제가 어느 정도 완화되는 성과를 보였다. 하지만 자본가 계급에 속한 사람들은 구빈세 증가에 따른 경제적 부담을 이유로 이에 대해 거세게 비판하였다. 더욱이, 이 시기에 자본가 계급을 대표하는 자유당이 집권하면서 빈곤층에 대한 국가의 지원을 제한하는 신구빈법(1834년)[10]이 제정되었다. 이는 중산층을 중심으로 자유주의와 인도주의에 기초한 민간구빈활동, 더 나아가서는 사회개량운동 및 자선조직운동, 사회조사활동 등을 확장시키는 계기가 되었

6) 15세기 중반 이후, 영국에서 영주나 대지주가 목축업이나 집약농장을 경영하기 위해 공유지 등을 돌담, 울타리 등으로 막아 사유지로서의 경계를 명확히 구분한 것을 의미한다. 이로 인해 많은 농민들이 토지를 잃고 도시로 나가 노동자가 되었다.

7) 노동능력의 보유 여부에 따라 빈민층을 3개의 집단으로 분류하여 공식화하고 통제하였다. 먼저 '노동력 있는 빈민층'은 강제노동을 시켰으며, '노동력이 없는 빈민층'은 구빈원에 수용되었다. '보호를 요하는 아동'은 위탁가정에서 양육되어 도제생활을 하게 하였다.

8) 빈민 통제와 저임노동력확보를 용이하게 하기 위해 정주법, 작업장법, 작업장테스트법 등을 제정하였다.

9) 길버트법(1782년), 스핀햄랜드법(1795년) 등이 이에 해당한다.

10) 신구빈법의 주요 내용은 총 세 가지로 축약된다. 첫째, 구빈법의 대상이 되는 빈곤자의 생활은 자활임금 노동자의 최저수준보다 높을 수 없으며, 둘째, 노동능력이 있는 빈민은 작업장에 수용하여야 하고, 이를 거부하면 일체의 지원을 단절한다. 셋째, 구빈행정의 통일을 위한 중앙기관을 설립하여 구빈경비를 절감한다.

다.[19] 이의 전통이 기업 활동을 영위하는 소규모 공동체나 자원봉사 조직, 사회적 기업으로까지 이어지게 된다.[20, 21]

영국의 사회적 기업은 로치데일(Rochdale) 협동조합 운동에서 출발했다고 보는 견해가 일반적이다.[22] 로치데일 운동은 1844년, 당시 공장주들과 점포 소유주들에 의해 식료품 가격이 좌우되던 문제를 해결하고자 28명의 근로자들이 28파운드로 점포를 열어 지역주민들에게 양질의 식품을 저렴한 가격에 제공하던 것에서 시작되었다.[11)] 로치데일 운동 이후, 영국의 사회적 기업은 불우한 처지의 사람들에게 자력 구제 안전망을 제공하거나 지역사회의 문제를 스스로 해결하기 위한 노동자 협동조합, 신용조합, 지역사회 상점, 지역사회 비즈니스 운동, 노동 통합(work integration) 사회적 기업 운동 등의 형태로 크게 발전하였다.[23, 24]

특히, 영국은 토니 블레어 총리가 이끄는 노동당 정부의 사회적 기업 전담기구에서 사회적 기업의 법률적 토대를 마련함으로써 사회적 기업의 발전을 이끌었다.[25] 그 결과, 약 7만 개의 사회적 기업이 영국 전체 GDP의 4%에 해당하는 약 100만 개[12)]의 일자리를 창출해 왔다.[26] 영국의 사회적 기업 네트워크 조직[13)]인 '사회적기업연합(Social Enterprise Coalition)'은 사회적 기업에 대해 '사회적 목적을 위해 시장에서 영리활동을 하는 조직'으로 정의한다. 영국에서는 사회적 기업의 사회적 목적 및 사회적 영향력(social impact)을 무엇보다 강조하고 있음을 알 수 있다.[27]

이를 잘 보여주는 사례로 1981년에 설립된 Groundwork(이하, 그라운드워크)[14)]를 들 수 있다. 그라운드워크[28]는 '지역을 활기차고 건강하며 안전하

11) 현대적 의미의 소비자 협동조합운동으로 볼 수 있다.

12) 전체 일자리의 약 5%에 해당한다.

13) 영국 정부에 의해 설립된 사회적기업연합에는 10,000개 이상의 조직이 참여하고 있으며, 사회적 기업과 관련한 지역적, 국가적 차원의 네트워크를 제공한다(이은선, 2009).

14) 그라운드워크는 1980년 영국에서 당시 국립공원과 관련하여 위원회 역할을 하던 Countryside Commission의 Operation Groundwork라는 프로젝트에서 시작되어, 1981년 FROGs(Friends of Operation Groundwork)로 설립되었다.

게 가꾸고 환경을 보전하여 개인과 기업 모두 혜택을 누릴 수 있는 지속가능한 지역사회의 건설'을 목적으로 설립되었다. 이를 위해 다양한 기관과 파트너십을 맺어 시민 인식개선 사업, 친환경·건강·웰빙(well-being) 관련 사업, 조사연구사업 등을 추진하고 있다. 설립 초기에는 산업혁명 시기 석탄 채굴과 유리가공 산업, 면업(cotton industry) 등이 발전했던 머지사이드(Merseyside) 주 세인트 헬렌스(St. Helens) 시 거주민들의 삶의 질을 높이고 도시 변두리 지역의 물리적 환경을 증진시키는 데 초점을 맞추었다. 지방정부와 지역 기업, 지역 커뮤니티와 파트너십을 맺어 과거 산업화의 영향으로 지역사회에 내포되어 있던 환경문제를 해결해 나간 것이다. 당시 리더였던 John Handley도 "환경은 뛰노는 어린아이든 오후에 산책하는 가족이든 공장의 입지를 모색하는 기업인이든 상관없이 우리 삶에 큰 영향을 미친다."고 말하며 환경의 중요성을 피력하였다.

하지만 사업에 소요되는 비용의 대부분을 정부지원금으로 충당하다 보니 재정안정성과 지속가능성에 큰 문제를 보였다. 이를 해소하고자 그라운드워크는 자원봉사자 수를 늘리고 캠페인 및 모금 활동을 적극적으로 펼침과 동시에 기업과의 파트너십을 통해 재정 원천의 다양성을 높이는 한편, 성과모니터링도 강화하였다. 성과모니터링은 사회적 영향력(social impact)에 초점을 둔 지표들을 통해 그라운드워크에서 수행하고 있는 다양한 프로젝트들의 성과를 점검하는 것이다. 사회적 기업의 사회적 영향력을 지표에 의해 평가하고 있는 그라운드워크의 사례는 이의 활동이 활발하지 않은 우리나라에 특히 시사하는 바가 크다. 이후, 그라운드워크는 재정적, 사회적으로 높아진 성과를 바탕으로 2008년 영국의 복권기금(Big Lottery Fund)으로부터 공원, 정원, 녹지대, 놀이터 등을 개선하는 5천만 파운드[15] 규모의 프로그램에 필요한 자금을 투자받을 수 있었다.

그러나 노동당에서 보수당으로 집권당이 바뀌면서 중앙정부 차원의 보

15) 현재 환율(1파운드=1,420원)을 기준으로 계상하면, 약 710억 원에 해당한다.

조금이 감소함에 따라 그라운드워크는 또 다시 어려움에 직면하게 되었다. 이를 해결하기 위해 2011년부터 브랜드레이징(brand raising)[16] 및 홍보 활동을 강화하고 목적사업에 대한 전략적 체계를 정비하였다. 또한, 그라운드워크UK[17]의 인력을 2011년 70여 명 수준에서 2015년 30여 명 수준으로 감축하는 한편, 행정 비용을 줄이고 조직 내 의사소통 속도를 증진시키기 위해 전산시스템을 정비하였으며 건물의 유휴시설을 임대하여 수익을 확대하고자 하였다. 사업 수행의 질을 높이기 위해 사업 목적을 재정의하고 사업 성과를 측정하는 등의 노력도 기울였다.[29] 그 결과, 2016년 3월, 영국의 복권기금(Big Lottery Fund)으로부터 미래의 환경 분야 리더 양성을 위해 3,300만 파운드(한화 약 540억 원)를 투자받는 30개 기관 중 하나로 선정되기도 하였다.

현재 그라운드워크는 환경 개선, 청년들의 잠재력 향상, 안전하고 깨끗한 지역 조성 등을 위한 다양한 사업을 이행하여 상당한 수준의 사회적 영향력(social impact)을 창출하고 있다. 2014~2015년 기준, 약 88,000톤의 쓰레기를 매립 이외의 방식으로 처리했으며 약 28만 그루의 나무도 심었다. 약 2,600만 평방미터의 녹지대를 보전 또는 개선하여 약 49만 명의 사람들에게 혜택을 주었다. 또한, CO_2 배출량을 16,000톤 감축시키고 5,000가구가 에너지 효율을 경험할 수 있게 하였다. 영국 전역의 지역사회에 약 8천만 파운드를 투자하였으며 약 5,200명에게 직업 교육 및 훈련을 제공하고 고용시키는 성과를 거두기도 하였다. 그라운드워크는 향후, 2020년까지 '미래세대 10,000명 육성, 직업교육 및 채용 15,000명, 공공용지(open space) 유지보수 2,500곳, 에너지 절약 100,000명 동참, 지역사회를 위한 자원봉사활동 1,000,000일 실행'의 목표를 달성할 계획을 가지고 있다.[30]

16) 브랜드레이징은 조직의 인지도를 높이기 위한 각종 마케팅, 홍보 활동을 총칭한다.

17) 그라운드워크는 영국의 각지에 위치한 지부를 중심으로 운영되고 있으며, 그라운드워크UK는 지부들의 중앙기구 역할을 담당하고 있다.

그라운드워크의 사례는 사회적 기업이 사회문제 해결, 즉, 사회적 가치(social mission) 및 사회적 영향력(social impact)에 집중할 때 지속가능성도 함께 확보할 수 있다는 가능성을 보여준다. 사회문제 해결사로서 사회적 기업은 다양한 위기의 상황에 직면하게 되는데 이를 극복하기 위해서는 부단한 노력이 필요하다. 그라운드워크의 경우, 정부지원금에 과도하게 의존하면서 발생했던 첫 번째 위기를 극복하기 위해 재정원천의 다양성을 높이고 수행 사업의 사회적 영향력을 평가하였다. 그라운드워크가 이행하고 있는 사업들이 사회적으로 어떠한 영향력을 갖고 있는지, 어떠한 사회적 가치를 창출하고 있는지를 입증함으로써 정부 외에 다양한 기관들로부터 재정지원 받을 수 있게 된 것이다. 집권 정당의 변화로 정부지원금이 축소되면서 발생한 두 번째 위기를 극복하기 위해 일반기업들처럼 구조조정 및 홍보, 마케팅 등의 활동을 강화하는 한편, 사회적 가치를 제고할 수 있도록 사업의 방향을 재조정하였다. 사회적 기업이 다른 기업들과의 경쟁에서 살아남을 수 있는 원동력은 그 기업이 지닌 고유한 '사회적 가치'에 있기 때문이다.[31]

이와 같이, 영국의 사회적 기업은 사회가 겪고 있는 다양한 문제를 해결하는 것에서 출발하여 사회적 가치를 증진시키는 방향으로 발전하고 있다. 이 과정에서 사회적 기업이 본연의 목적인 사회적 가치에 집중할 때, '기업'으로서의 가치 역시 높아질 수 있으며 더 많은 사업 기회를 포착할 수 있음을 확인할 수 있다.[32]

미국의 사회적 기업: 사명완수를 위한 영리 추구

미국의 사회적 기업은 영리 조직과 비영리기관의 접점에서 출발한다. 이를 명확히 파악하기 위해서는 비영리기관에 대한 이해가 선행되어야 한다. 미국에는 2008년 기준, 160만 개가 넘는 비영리기관이 존재하며 약 1,060만 명의 유급 노동자들이 이에 종사하고 있다. 또한, 미국의 비영리기관은 전체 경제의 약 6.7%를 차지하고 있으며 매년 약 82,000개가 신설될 정도로 그 영향력이 상당히 크다.[33]

비영리기관 중심으로 운영되던 미국에서 어떻게 사회적 기업이 등장하였을까? 미국은 1960년대, 빈곤감소 등을 목적으로 한 '위대한 사회 프로그램(Great Society Program)'을 통해 비영리기관에 수십억 달러를 투자하였다. 그러나 1970년대 후반에 발생한 스태그플레이션[18)]을 극복하기 위한 레이거노믹스의 등장으로 비영리기관에 대한 정부의 재정지원이 크게 축소되었다.[34] 이에 비영리기관들은 재정적 불확실성을 줄이려는 목적으로 수익 창출에 관심을 가지기 시작하였다.[35] 비영리기관들이 재정자립도를 높이고 공익활동을 지속하기 위한 수익 사업을 펼치게 되면서 공익성과 수익성이 융합된 사회적 기업의 개념이 등장한 것이다. 특히, 1990년대로 접어들면서 '수익 창출'에 초점을 맞춘 사회적 기업의 설립이 촉진되는 모습을 보였다.

미국에서의 사회적 기업 등장 과정을 잘 보여주는 대표적인 사례로 1902년, 사회 혁신가(social innovator)[19)]인 에드가 헬름스(Edgar J. Helms) 목사에 의해 설립된 비영리기관 굿윌(Goodwill Industries International, 이하 굿윌)을 들 수 있다. 굿윌은 1902년, 기증물품을 수선하여 저렴한 가격에 판매하는 '일자리'를 보스턴의 이민자들과 가난한 자들에게 제공하는 것에서부터 시작되었다. 이후 1916년, 조직의 명칭을 'Goodwill Industries of America, Inc.'로 변경하였으며 1930년에는 전쟁으로 극심해진 취업난 속에서 구직활동이 더 어려워진 장애인들에게 관심을 가졌다. 1998년, 'Goodwill Global, Inc.'가 탄생하면서 전 세계의 장애인과 취약계층에게 일자리를 제공하기 시작한 것이 2010년 들어서는 45초마다 한 명에게 일자리를 제공하는 것으로 사회적 영향력이 확대되었다. 그 결과, 2015년 재정수입 기준, 미국의 2대 비영리기관이자 사회적 기업 모델로 성장할

18) 경기침체와 물가상승이 동시에 이루어지는 현상을 의미한다.
19) 굿윌은 공식 홈페이지를 통해 에드가 헬름스 목사를 사회 혁신가로 소개하고 있다.

[표 4.1] 굿윌의 주요 사업

사업명	설명
Goodwill Super Store	기부(기증)받은 물건들을 저렴하게 판매하고, 그 수익을 좋은 일에 사용하는 것 (소매 판매 수입이 전체 기관 수입의 75% 차지)
Calidad Industries	심각한 신체·정신질환 장애를 가진 사람들에게 경제적 자립 지원
Goodwill Academy	취업취약계층을 대상으로 인간관계훈련, 고객만족서비스, 서비스 및 상품 판매기술, 트럭운전 기술 등의 교육과정 운영 (평균 1년 정도의 교육훈련 거친 후 구직연계)
Employment Service Program	인터넷 활용 교육, 이력서 작성법, 인터뷰 훈련 등 취업 지원 서비스 제공
Collaborative Programs	지역사회, 정부기관과의 협력을 통해 장애인 등 취약계층에게 일자리 제공
기타 사업	Family-Based Skills Enhancement Program, Homeless Services Program 등

출처: 굿윌 홈페이지(http://www.goodwill.org/).

수 있었다.[36]

굿윌의 사회적 가치는 [표 4.1]의 다양한 사업들을 통해 장애인 및 취약계층에게 학습과 노동의 기회를 제공하여 이들의 잠재력을 이끌어내고 삶의 질을 향상시키는 것에서 찾을 수 있다. 그중, 굿윌의 핵심 사업은 굿윌 슈퍼 스토어(Goodwill Super Store, 이하 굿윌 스토어)이다. 굿윌 스토어의 사업 구조는 기업이나 개인을 통해 기증받은 물품을 판매하여 수익을 창출하는 형태이다. 기증된 물품을 수거·분류·상품화(가격표 부착)하는 과정과 상품을 진열·판매하는 과정에 장애인들이나 취약계층을 취업시키고 상품 판매 수익의 일부를 이들의 급여로 제공함으로써 경제적 가치와 사회적 가치를 동시에 향상시키고 있는 것이다.

이상의 사업들을 토대로 굿윌은 2015년, 미국에서 YMCA와 더불어 재정수입 규모가 가장 큰 비영리기관으로 성장했다. 2015년, 약 56억 달러에 육박하는 재정수입을 기록하였는데 그중 판매수입(program service revenue)이 약 41.4억 달러로 총 재정수입의 약 74%를 차지했다. 매출 이외의 다른 수입으로는 정부보조금과 기부금 수입 등이 있으며 전체 수입의 약 83%를 목적사업에 지출하였다.[37] 굿윌의 사회적 영향력은 장애인 및 취약계층 약 26.4백만 명[20]에게 교육 및 고용 프로그램 등을 제공하여 약 318,000명의 취업을 이끌었다는 객관적인 수치를 통해 확인할 수 있다.

굿윌은 미국 및 캐나다에 164개의 지부와 3,000여 개가 넘는 매장을 보유하고 있고 남미와 아시아를 포함한 총 16개국에서 다양한 사업들을 수행함으로써 일자리, 빈곤과 관련된 사회문제 해결의 범위를 전 세계로 넓혀나가고 있다. 비영리기관으로 시작한 굿윌은 자체 수익 구조를 마련하면서 광범위한 사회적 영향력과 '기업'으로서의 지속가능성을 갖춘 사회적 기업으로 성장할 수 있었다.

영국과 미국의 사례를 통해 본 사회적 기업에 주목해야 하는 이유

지금까지 영국과 미국의 사회적 기업 발전과정과 각국을 대표하는 사회적 기업들을 살펴봄으로써 몇 가지 공통점을 발견할 수 있었다. 첫째, 사회문제가 대두될 때 사회적 기업이 출현하거나 급속히 증가하였다는 점이다. 영국의 경우, 자본가들의 횡포에서 벗어나 지역주민들에게 양질의 식료품을 제공하기 위한 로치데일 운동에서부터 사회적 기업이 시작되었다. 지역사회에서 발생하는 빈부격차 문제를 해결하고자 다양한 유형의 사회적 기업들이 출현하게 된 것이다. 미국의 경우, 사회문제 해결을 담당해왔던 비영리기관에 대한 정부 지원이 축소되자 이를 극복하기 위해 자체 수익 사업을 벌이면서 공익성과 수익성이 혼합된 사회적 기업이 시작되었다. 사회적 기업이 비영리기관을 대신하여 다양한 사회문제를 해결하는 주요한 주체로 등장한 것이다.

둘째, 사회적 기업은 사회문제 해결을 통해 사회적 가치를 증진시킬 목적으로 설립된다는 점이다. 영국의 그라운드워크는 환경 보전을 통해 지

20) 약 200만 명이 직업교육과 취업알선 서비스를 제공받았으며, 약 2,400만 명(2013년 대비 3배 정도 규모)이 모바일 및 온라인 학습시스템을 통해 직무향상 교육을 받았다.

속가능한 지역사회를 건설하려는 사회적 목적을 가지고 설립되었다. 미국의 굿윌도 취약계층, 특히, 장애인들에게 일자리를 제공할 목적으로 설립되었다. 이는 일반 기업들과는 다른 사회적 기업만이 가지고 있는 중요한 속성 중 하나이다. 셋째, 사회적 기업은 자체적인 수익 구조를 갖고 있을 뿐 아니라, 다양한 방식으로 재원을 조달하고 있다. 영국 그라운드워크의 경우, 정부 및 정부 유관기관과의 사업, 기업과의 파트너십, 일반 시민들의 기부금을 바탕으로 재원을 마련하고 있다. 미국의 굿윌은 물품 판매 수입 이외에 정부보조금 및 기부금으로 재원을 조달하고 있다. 사회적 기업은 사회가 안고 있는 구조적인 문제나 전 인류의 삶을 위협하는 문제들을 해결하는 것을 주요 목적으로 하므로 이에 공감하는 정부나 기업, 개인 등 다양한 이해관계자들로부터 재정 지원을 받을 수 있다. 그뿐 아니라, 사회적 기업은 자체 사업을 통해 수익을 창출한다는 점에서 조직 운영에 필요한 재원을 대부분 외부 보조금에 의존하는 비영리기관과는 다른 독특한 특성을 지닌다.

이상의 내용들을 볼 때, 우리가 사회적 기업에 주목해야 하는 이유는 분명하다. 사회적 기업이 가지고 있는 독특한 특성, 즉, 경제적 가치와 사회적 가치를 동시에 추구한다는 사실이 정부나 기업, 비영리조직 등 그 어떤 조직보다도 지속가능한 사회문제 해결을 통해 사회적 영향력을 높이기 때문이다. 아무리 선한 동기를 가진 사람들이라도 자신에게 돌아오는 혜택이 적다면, 좋은 일에 꾸준히 동참하기 어려울 것이다. 조직의 수익이 어느 정도 보장되어야 사회적 기업가들도 사회문제 해결이라는 사회적 목적에 더 충실히 임할 수 있게 된다. 반대로 기존의 일반 영리 기업들과는 달리, 사회문제 해결이라는 차별화된 목적을 지닐 때 사회적 기업의 희소성이 두드러져 '기업'적 역량도 높아질 수 있다. 이와 같이, 상호 모순적이라고 여겨졌던 경제적 가치와 사회적 가치가 유기적으로 연계되어 조화를 이룰 때 사회적 기업이 새로운 사회문제 해결사로서 주어진 역할을 다 할 수 있다.[38]

전 세계적으로 사회문제의 영역과 대상이 확장되고 있는 현 시점에서 가장 필요한 것은 다양한 사회문제들을 효율적이고 지속가능하게 해결할 수 있는 방법을 찾는 일이다. 사회적 요구를 반영하여 보다 많은 사람들이 혜택을 누릴 수 있도록 사회를 근본적으로 혁신시켜야 하는 것이다. 이는 지금까지의 자본주의 체제와는 다른 새로운 변화를 필요로 한다. 따라서 전형적인 조직 형태에서 벗어나 새로운 가치체계를 가진 사회적 기업에 주목해야 한다. 사회적 기업에게 가장 중요한 것은 차별화된 아이디어와 기술력, 다양한 자원들을 결집시켜 사회적 목적, 사회적 요구를 이행하는 것이다.

우리나라의 사회적 기업, 그 역할과 특성은?

사회문제와 괴리된 우리나라의 사회적 기업 분류 체계

앞서 우리는 사회적 기업의 역사가 깊은 영국과 미국의 대표 사회적 기업 사례들을 토대로 사회적 기업에 주목해야 하는 이유를 살펴보았다. 그렇다면, 사회문제 해결사로서 새로운 임무를 부여받은 사회적 기업의 보편적 특성을 넘어 우리나라의 사회적 기업들은 구체적으로 어떠한 사회문제를 해결하고 있을까? 이를 살펴보기 위해 한국사회적기업진흥원의 분류체계를 바탕으로 사회적 목적 및 사회서비스별 사회적 기업 유형을 구분해 보았다.

사회적 목적에 따른 사회적 기업 유형부터 살펴보면, 사회적 기업 육성 초기인 2010년에 비해 현재, 그 분류체계가 다소 구체화되었음을 확인할 수 있다([그림 4.1] 참조). 2010년에는 사회적 기업의 사회적 목적이 일자리 제공형, 사회서비스 제공형, 혼합형, 기타형 등 4가지였지만 현재에는 지역사회 공헌형이 추가되어 총 5가지의 유형이 존재하기 때문이다. 2010년 6월 기준으로 보았을 때, 일자리 제공형이 전체의 51%로 가장 많았으며 혼합형과 사회서비스 제공형이 각각 25%와 11%, 기타형이 13%인 것으로 나타났다. 2015년 3월 기준으로 보면, 일자리 제공형이 전체의 69%로 2010년보다 18%p 증가하였다. 그 외에 혼합형과 기타형이 각각 12%, 사회서비스 제공형이 5%, 지역사회 공헌형이 2%를 차지하였다.

일자리 제공형의 사회적 기업이 대폭 증가하면서 다른 유형의 사회적

[그림 4.1] 사회적 기업의 사회적 목적에 따른 분류와 변화 추이

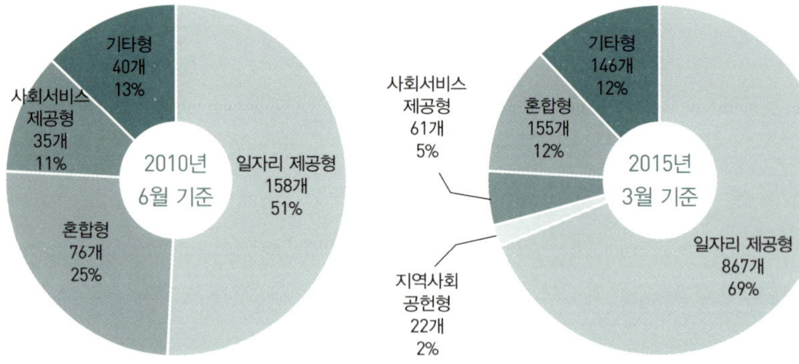

기업 비중은 소폭 감소한 것이다. 특히, 5년이라는 짧은 기간 동안, 사회적 기업이 309개에서 1,251개로 약 4배가량 증가한 반면, 일자리 제공형은 약 5.5배 증가하여 이 유형의 사회적 기업이 우리나라 전체 사회적 기업의 성장을 견인하였음을 확인할 수 있다. 이는 우리나라 정부가 일자리 창출을 목적으로 사회적 기업을 육성하여 왔음을 잘 보여준다.

사회서비스별 분류체계도 2010년에 비해 2015년 그 유형이 구체화되었음을 확인할 수 있다. '문화예술 관광운동'이 '문화예술', '문화재', '관광운동'으로 세분화되고 기존에 없던 '청소', '산림보전 및 관리'가 추가되어 2010년, 8개의 범주에서 2015년, 12개의 범주로 증가하였기 때문이다.

2010년과 2015년의 사회서비스 분야별 비중을 비교해 보면, 교육, 문

[표 4.2] 사회적 기업의 사회서비스 분야별 분류체계(2010. 6. 30. 기준)

구분	교육	보건	사회 복지	환경	문화·예술·관광·운동	보육	간병·가사지원	기타	총계
업체 수 (%)	18 (5.6)	10 (3.7)	56 (17.8)	62 (19.4)	23 (7.2)	20 (6.3)	39 (12.2)	91 (28.5)	319 (100)

출처: 사회적기업 개요집(2010).

[표 4.3] 사회적 기업의 사회서비스 분야별 분류체계(2015. 3. 31. 기준)

구분	교육	보건	사회 복지	환경	청소	산림보전 및 관리	문화·예술
업체 수	93	13	101	88	113	3	161
%	7.2	1.0	7.8	6.8	8.7	0.2	12.4
구분	문화재	관광·운동	보육	간병·가사지원	기타		총계
업체 수	5	35	17	84	586		1299
%	0.4	2.7	1.3	6.5	45.1		100

출처: 한국사회적기업진흥원 자료(2015).

화·예술(문화재, 관광·운동 포함), 기타를 제외한 나머지 유형은 감소한 것으로 나타났다. 특히, 취약계층 대상의 사회복지, 간병·가사지원 서비스 비중은 큰 폭으로 감소한 반면, 많은 사람들의 삶을 풍요롭게 하는 문화·예술 관련 서비스 비중이 큰 폭으로 증가한 사실에 주목할 필요가 있다. 이는 일부 취약계층뿐 아니라, 모든 사람들의 삶의 질을 향상시키고 행복한 삶을 영위하도록 하는 것이 중요해진 사회변화 추세를 반영한 것이라고 볼 수 있다. 행복, 삶의 질, 만족도 등을 강조하는 국제지수의 등장 및 국제사회에서의 담론 증가가 사회적 기업의 사회서비스 변화에도 영향을 미친 것이다.

하지만, 한국사회적기업진흥원에서 분류한 사회적 기업의 사회적 목적 및 사회서비스 유형을 살펴보면, 우리 사회에서 심각하게 대두되고 있는 사회문제를 체계적으로 반영하고 있지는 못하다. 우리나라뿐 아니라, 전 세계적으로 경제, 사회, 환경문제가 심화되고 있지만 한국사회적기업진흥원의 사회서비스 분류체계는 사회, 환경 영역에 치우쳐 있어 사회적 기업을 사회문제에 기반하여 유형화하고 있다고 보기 어렵다. 사회적 목적별 분류체계 역시 다양한 사회문제를 담기에는 너무 포괄적이라는 한계도 가지고 있다. 이는 사회적 기업과 사회문제 해결 간의 연결 고리를 약화시킬 수 있다는 점에서 우려할 만한 부분이다.

2015년 3월 기준으로 보면, 한국사회적기업진흥원에서 분류한 기타 유형의 사회적 기업 비중이 절반에 가까운 45.1%로 매우 높게 나타나고 있다. 이는 사회적 기업의 사회서비스 영역을 정확히 파악하는 데 한계로 작용한다. 따라서 '기타' 유형의 사회적 기업들이 수행하는 주요 사업을 바탕으로 이들을 재분류해 보았다. 그 결과, '식료품 제조 및 음식점업'에 속하는 사회적 기업이 181개로 '기타' 유형에 속한 전체 사회적 기업의 13.9%를 차지했으며 '종이 및 섬유, 화학제품 제조업'에 속하는 사회적 기업은 전체의 6.5%인 85개였다. '기타' 유형의 사회적 기업을 재분류하였음에도 16.5%에 해당하는 214개의 사회적 기업들은 어떤 사업 유형인지 구분할 수 없었다. 이는 여러 사업을 동시에 추진하는 사회적 기업이 많기 때문이다. 기타 유형의 사회적 기업을 주요 사업에 따라 재분류한 결과는 다음과 같다.

[표 4.4] '기타' 유형의 사회적 기업 재분류 결과

식료품 제조 및 음식점업	종이 및 섬유, 화학제품 제조업	인쇄·출판·광고·홍보	시설관리	택배	건축·집수리·인테리어	세탁	기타 (다중목적 사업 등)
181개	85개	35개	17개	8개	39개	7개	214개
13.9%	6.5%	2.7%	1.3%	0.6%	3.0%	0.5%	16.5%

이 역시 사회문제를 고려하여 분류했다기보다는 기존의 산업분류체계를 그대로 적용한 결과로 볼 수 있다. 그만큼 사회적 기업을 현재 심각한 사회문제와 연결시켜 분류하려는 시도가 없었던 것이다. 정부의 사회적 기능, 사회서비스 유형 혹은 산업분류체계 등 기존에 사용되었던 분류체계를 사회적 기업에 그대로 적용시키다 보니 이들이 구체적으로 어떤 사회문제를 해결하고 있는지 파악하기 어렵다. 사회적 기업의 가장 큰 목적이 '다양한 사회문제 해결'에 있어야 함에도 우리나라는 사회적 기업을 취약계층 고용 등 일자리 창출 수단으로 육성해 왔기 때문에 사회문제의 범

위를 편협하게 바라본 한계도 있다. 많은 국민들이 어떠한 문제들로 고통받고 있는지, 이를 어떻게 해결할 것인지에 대한 진지한 고민이 부족했던 것이다.

따라서 우리는 기존의 접근 방식에서 벗어나 Part I에서 도출한 新 사회문제들을 바탕으로 사회적 기업 유형을 구분하고자 한다. 사회적 기업에게 있어 사회문제는 새로운 시장 영역이 될 수 있으므로 사회문제에 기반한 우리의 분석 결과는 이들이 경영 전략을 수립하는 데 중요한 지침으로 작용할 수 있다. 정부에게는 국민들의 요구(needs)에 적합한 사회적 기업들을 적극 발굴하게 하여 사회문제 해결의 수요-공급 간 불일치(mis-match) 현상을 줄일 수 있다. 궁극적으로는 사회적 기업의 역사가 깊은 유럽이나 미국처럼 다양한 사회문제를 해결하는 사회적 기업들을 늘려 '기업'으로서의 시장 영역을 넓히고 국민들의 삶의 만족도 및 행복 지수를 높이는 데 일조할 것이다.

인식조사를 통해 본 사회문제와 사회적 기업

사회문제와 연결시켜 사회적 기업을 분류하기에 앞서, 사회문제 심각성에 대한 국민, 사회적 기업가, 국회의원의 인식을 비교하여 사회적 기업의 역할을 구체적으로 모색하고자 한다. 이를 위해 사회적가치연구원(舊 사회적기업연구소)에서 2015년 12월부터 2016년 2월까지 일반 국민 1,000명, 사회적 기업 300곳, 국회의원 100명을 대상으로 실시한 〈사회적 가치 서베이 2016〉[21] 결과를 활용하였다.

일반 국민들의 인식부터 살펴보자. 응답자의 56.3%가 사회문제에 대해 관심을 가지고 있었고(관심 없음 비율: 16.5%), '정부는 경제성장보다 복지에 더욱 힘을 기울여야 한다.'에 동의한 비율이 46.6%(미동의 비율: 28.6%)로

21) 본 조사는 ㈜밀워드브라운미디어리서치를 통해 진행되었다.

높게 나타났다. 시장자본주의 체제에 대해서는 약 80.8%가 문제가 있다고 인식하였다. 그중, 60.5%의 국민들은 시장자본주의 체제에 일부 문제가 있지만 새로운 규제나 개선을 통해 해결될 수 있다고 답하였고 20.3%의 국민들은 시장자본주의 체제에 심각한 문제가 있으므로 다른 경제체계가 필요하다고 답하였다. 이상의 결과들은 많은 국민들이 사회문제에 대한 관심이 높으며 '보편적 정의', '모두가 다 잘 사는 사회'를 구현하기 위한 정책에 동의하고 있음을 의미한다. 현재의 시장자본주의 체제에서는 이를 실현하는 데 한계가 있으므로 다른 대안이 필요하다고 인식하고 있는 것이다.

정부가 사회문제를 효과적으로 해결하고 있는지에 관한 인식 조사 결과, 부정적인 평가가 우세하였다. 반면, 기업의 사회문제 해결에 대해서는 긍정적으로 평가하는 비율이 훨씬 높았다. 국민들이 그동안 경험해 온 바에 비추어 보았을 때 사회문제 해결에 있어 정부보다는 기업에 더 큰 기대를 가지고 있는 것이다. 하지만, 우리나라 기업들의 사회적 책임 활동에 대해 부정적이라고 평가한 비율은 32.4%로 긍정적으로 평가한 비율인 19.4%보다 높게 나타났다. 이는 사회문제 해결에 있어 국민들의 기대에

[그림 4.2] 정부와 기업에 대한 국민들의 인식 (단위: %)

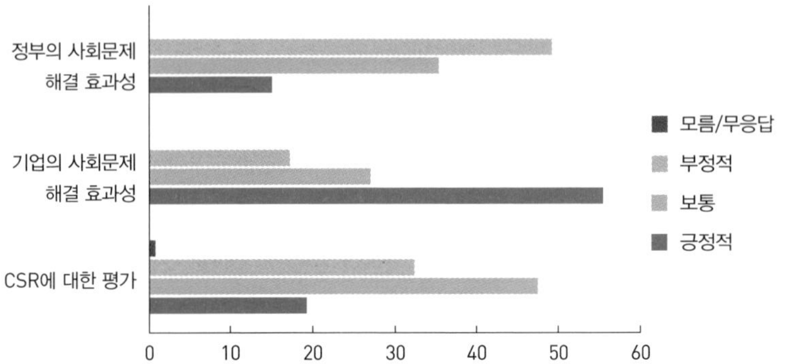

[그림 4.3] 기관 신뢰도 (단위: %)

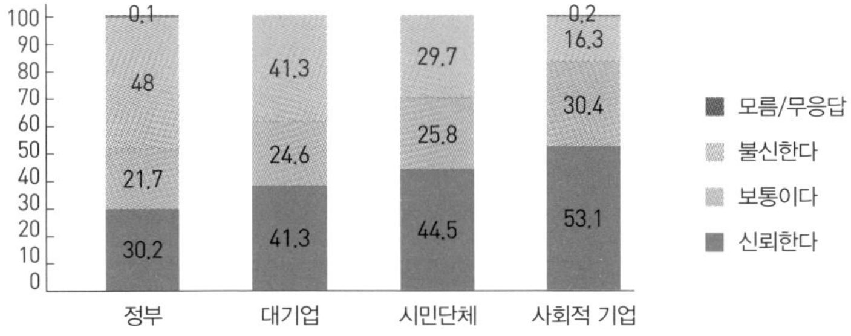

못 미치는 기업 CSR의 한계를 보여준다. 이에 대다수의 국민들은 사회문제 해결을 위해 가장 바람직한 방식으로 '정부 주도, 기업 및 시민사회단체와 협력'(50.7%), '정부, 기업, 시민사회단체 동등 해결'(32.4%)을 선택함으로써 여러 주체들 간의 협력을 중요시 여기고 있었다.

정부, 기업, 시민단체, 사회적 기업 등의 기관 신뢰도에 대해서도 물어본 결과, 사회적 기업 신뢰도가 가장 높게 나타났다. 불신의 비율이 사회적 기업만 유일하게 10%대인 16.3%를 차지했다([그림 4.3] 참조). 또한, 사회적 기업 대상의 정부 지원 및 대기업 지원 확대에 대해 전자는 63.1%, 후자는 58.8%가 '긍정적이다.'라고 답하였다. 그만큼 사회적 기업에 대한 국민들의 기대가 크다는 것을 간접적으로 보여주고 있다. 사회적 기업의 역할에 대한 [표 4.5]의 설문 조사 결과를 보더라도 많은 국민들이 사회적 기업을 새로운 사회문제 해결사로서 인식하고 있음을 확인할 수 있다.

사회적 기업가들의 인식도 살펴보자. 응답자의 72%가 사회문제에 대해 '관심 있다.'고 답하였으며 4.3%의 사회적 기업가만이 사회문제에 대해 '관심 없다.'고 답하였다. 사회적 경제에 대해서는 응답자의 61.7%가 '정부의 한계를 보완한다고 생각한다.'고 밝혔고 '시장 자본주의에 반한다고 생각한다.'를 선택한 비율은 9.7%에 그쳤다. 사회적 기업을 사회문제 해결

[표 4.5] 사회적 기업의 역할에 대한 국민들의 인식

사회적 기업의 역할은 취약계층에게 일자리나 사회서비스를 제공하는 것에 집중되어야 한다.	어느 쪽도 아니다.	사회적 기업의 역할은 취약계층에게 일자리나 사회서비스를 제공하는 것 이상의 사회문제 해결로 확대되어야 한다.
34.1%	21.8%	44.1%

사회적 기업은 사회문제 해결과 수익 개선 중 수익개선에 더욱 노력해야 한다.	어느 쪽도 아니다.	사회적 기업은 사회문제 해결과 수익개선 중 사회문제 해결에 더욱 노력해야 한다.
32.4%	24.2%	43.4%

사회문제 해결에 도움이 되는 사회적 기업이라도 수익을 내지 못한다면 지원할 필요는 없다.	어느 쪽도 아니다.	수익을 내지 못하는 사회적 기업이라도 사회문제 해결에 도움이 된다면 지원해야 한다.
22.5%	25.9%	51.6%

의 대안으로 평가하는지에 대해서도 물어본 결과, 41.7%가 '그렇다.'를, 16%만이 '그렇지 않다.'를 선택하였다. 이는 국민들이 생각하는 것 이상으로 사회적 기업가들도 사회적 기업이 정부의 한계를 보완하여 사회문제를 해결해야 한다고 인식하고 있음을 의미한다.

그렇다면 사회적 기업가들은 국민들과 비교하였을 때, 어떤 사회문제를 가장 심각하게 인식하고 있을까? 국민들은 Part I에서 도출한 10가지 사회문제 중 '노동 불안정' 문제(80.5%)를 가장 심각하게 여겼고 '환경오염과 기후변화'(75.4%), '소득 및 주거 불안'(74.6%), '자원고갈'(72.6%), '자연재해'(69.6%), '급격한 사회구조 변화'(64.1%), '안전 위협'(63.2%), '사회통합 저해'(58.3%), '삶의 질 저하'(58%), '교육 불평등'(48.2%) 순으로 심각하게 인식하였다([그림 4.4] 참조). 그중, '노동 불안정', '삶의 질 저하', '환경오염과 기후변화' 문제에 대해 정부, 기업보다 사회적 기업이 더 효과적으로 해결할 것이라고 응답하였다.[22] 이는 특정 사회문제에 있어서는 사회

22) 노동 불안정 문제를 해결하는 데 있어, 사회적 기업이 효과적이라고 응답한 비율은 58.9%, 정부가 효과적이라고 응답한 비율은 37.2%, 기업이 효과적이라고 응답한 비율은 37%로 나타났으며, 삶의 질 저하 문제를 해결하는 데 있어, 사회적 기업이 효과적이라고 응답한 비율은 44.7%, 정부가 효과적이라고 응답한 비율은 40.1%, 기업이 효과적

[그림 4.4] 사회문제 심각성에 대한 국민, 사회적 기업가, 국회의원 간 인식 차이

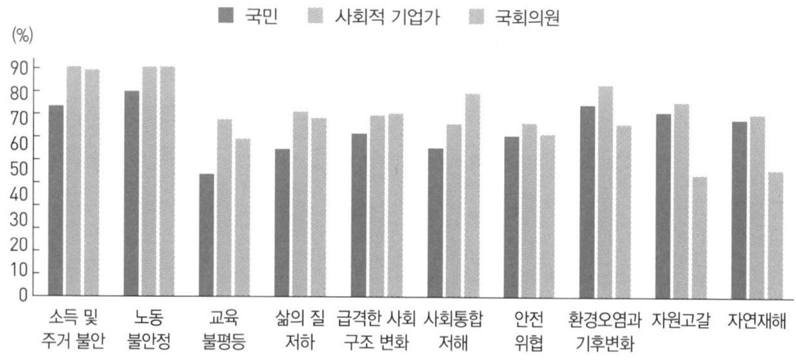

적 기업의 역할이 확대되어야 함을 시사한다.

반면, 사회적 기업가들의 경우, 응답자의 90%가 '소득 및 주거 불안'과 '노동 불안정'을 가장 심각하다고 생각하고 있으며 그 다음으로는 '환경오염과 기후변화'(83.3%), '자원고갈'(76.3%), '삶의 질 저하'(72.7%), '자연재해'(71.7%), '급격한 사회구조 변화'(71.3%), '교육 불평등'(69.3%), '안전 위협'(68.3%), '사회통합 저해'(68%) 순이었다. 절대적인 수치로만 보았을 때 사회적 기업가들은 모든 사회문제에 대해 국민들보다 심각하게 인지하고 있었다. 상대적인 차이를 살펴보면, 사회적 기업가들이 국민들에 비해 '삶의 질 저하', '교육 불평등'의 문제를 더 심각하게 인지하였다. 정책 입안자라 할 수 있는 국회의원들의 인식과도 비교해 보면, 아래 그림과 같은 두드러진 차이를 보인다. 국회의원들도 사회적 기업가들과 마찬가지로 '소득 및 주거 불안', '노동 불안정' 문제를 가장 심각하게 인지하고 있었다. 하지만, '사회통합 저해'를 그 다음으로 심각한 사회문제라고 인식하고 있

이라고 응답한 비율은 8.1%로 나타났다. 환경오염과 기후 변화 문제를 해결함에 있어서도 사회적 기업이 효과적이라고 응답한 비율은 29.7%, 정부가 효과적이라고 응답한 비율은 27%, 기업이 효과적이라고 응답한 비율은 12.4%로 나타났다.

[그림 4.5] 세부 사회문제에 대한 국민, 사회적 기업가, 국회의원 간 인식 차이 (단위: %)

10개 영역	심각한 세부 사회문제			
	항목	일반 국민	사회적 기업가	국회의원
소득 및 주거 불안	가계부채 증가	35.0	26.3	45.0
	경기침체 지속	27.6	25.0	14.0
	정부재정 적자확대	9.6	4.3	1.0
	소득양극화 심화	9.1	24.3	24.0
노동 불안정	청년일자리 부족	40.1	24.0	51.0
	비정규직 증가	29.9	43.3	36.0
	최저임금문제	10.9	17.0	6.0
	어려운 재취업	4.6	3.0	3.0
교육 불평등	공교육 붕괴/사교육 의존	30.6	36.3	44.0
	정부정책 일관성 부재	24.2	24.7	18.0
	학업지상주의	17.9	9.7	7.0
	등록금/교육비 부담	17.9	18.3	16.0
삶의 질 저하	노인 우울증·소외 문제	24.6	12.0	7.0
	정서불안/자살 증가	18.4	13.7	19.0
	빠른 복지수요 증가	11.4	25.0	37.0
	심각한 게임중독	10.8	3.7	1.0
급격한 사회 구조변화	출산율 저하	48.8	41.7	59.0
	고령화 심화	28.4	31.3	30.0
	이혼 증가/가족해체	10.0	13.7	6.0
	도시 확대와 탈농현상	6.6	3.0	3.0
사회통합 저해	낮은 정부신뢰	34.1	36.7	27.0
	불투명한 정부운영	23.0	24.0	10.0
	다문화·외국인 편견	14.0	8.3	2.0
	만연한 특권과 편법	10.5	12.7	6.0
안전위협	개인정보 유출	16.9	18.0	10.0
	대형재난사고 발생	15.8	18.3	29.0
	전염병 및 신종 질환 확산	15.4	5.7	5.0
	먹거리 불안 증대	15.1	13.3	1.0
환경오염과 기후변화	온실가스 증가	23.9	21.0	32.0
	대기오염	21.8	18.3	24.0
	수질오염	13.7	9.0	6.0
	환경호르몬 노출	12.6	16.3	5.0
자원고갈	물 부족	31.8	39.0	27.0
	원자력발전 의존	26.1	18.3	28.0
	지하자원 감소	15.3	16.3	20.0
	대체에너지 개발 부족	13.1	19.3	20.0
자연재해	지진과 쓰나미	27.7	18.0	18.0
	가뭄	21.0	27.0	45.0
	싱크홀	15.5	19.0	21.0
	홍수	10.5	3.7	6.0

출처: 정원칠. 2016. 왜 사회문제 해결과 사회혁신 조사연구인가: 역설을 넘어 살기 더 좋은 사회를 꿈꾼다. Social Innovation Monitor Vol.5.

다는 점에서 사회적 기업가들 및 국민들의 인식과 차이를 보인다. 또한, '환경오염과 기후변화', '자원고갈', '자연재해'에 대한 심각성 정도가 국민들이나 사회적 기업가들의 인식에 비해 현저히 낮게 나타나고 있어 사회적 기업들이 환경 영역의 정책을 보완해야 함을 확인할 수 있다.

[그림 4.5]를 살펴보면, 각 영역별 세부 사회문제에 대해서도 국민, 사회적 기업가, 국회의원 간의 인식 차이를 보였다. '소득 및 주거 불안' 영역에서는 국민들에 비해 사회적 기업가들과 국회의원들이 소득 양극화 심화 문제를 심각하게 바라보고 있다는 점에서 차이가 있다. '노동 불안정' 영역에서는 사회적 기업가들이 비정규직 증가의 문제를 국민들이나 국회의원들에 비해 상대적으로 심각하게 바라보았으며 국회의원들은 최저임금의 문제를 상대적으로 덜 심각하게 여기고 있다. '교육 불평등' 영역의 경우, 국회의원들이 공교육 붕괴 및 사교육 의존 현상 심화 문제를 가장 심각하게 인식하였고 국민들은 학벌지상주의 문제를 다른 주체들에 비해 심각하게 인지하고 있었다.

'삶의 질 저하' 영역에서는 국민들이 노인 우울증 증가 및 노인 소외 문제를 가장 심각하게 여기는 반면, 사회적 기업가들과 국회의원들은 복지 수요의 빠른 증가에 비해 부족한 복지 서비스 문제를 가장 심각하게 인식하고 있다는 점에서 차이를 보인다. '급격한 사회구조 변화' 영역에서는 국민, 사회적 기업가, 국회의원 모두 출산율 저하, 고령화 심화, 이혼증가 등 가족해체 순으로 심각하다고 인지하고 있었다. '사회통합 저해' 영역에서도 국민, 사회적 기업가, 국회의원 모두 낮은 정부 신뢰, 불투명한 정부 운영 순으로 심각하게 바라보았다. '안전 위협' 영역에서는 국회의원들이 국민들이나 사회적 기업가들에 비해 대형재난사고 발생을 심각한 사회문제로 인식하고 있었고 먹거리 불안 증대 문제의 경우, 국회의원들의 인식이 국민들이나 사회적 기업가들에 비해 상당히 저조한 것으로 나타났다.

'환경오염과 기후변화' 영역에서는 사회적 기업가들이 환경호르몬 노출 문제를 국민들이나 국회의원들에 비해 상대적으로 심각하게 인지하였다.

'자원고갈' 영역에서는 물 부족 문제를 국회의원들보다 국민들이나 사회적 기업가들이 상대적으로 더 심각하게 인식하고 있었다. '자연재해' 영역에서는 국회의원들이나 사회적 기업가들이 가뭄 현상을 국민들보다 심각하게 바라보았으며 국민들은 지진과 쓰나미 현상을 상대적으로 더 심각한 사회문제로 인지하고 있었다. 이상의 결과들은 국민들이 원하는 바와 사회적 기업의 사회문제 해결 영역 및 정부 정책 간에 괴리(mismatch)가 존재함을 보여준다.

또한, 사회적 기업가들에게 어떤 사회문제 해결에 기여할 수 있는지 물어본 결과, '노동 불안정', '삶의 질 저하', '소득 및 주거 불안', '사회통합 저해', '교육 불평등', '환경오염과 기후변화', '급격한 사회구조 변화', '자원고갈', '안전 위협', '자연재해' 순으로 기여도가 높을 것이라고 평가하였다. 하지만, 사회적 기업들이 사회문제 해결에 실제 기여하고 있는 분야는 '노동 불안정' 영역이 50.3%를 차지하였고 그 다음으로는 '삶의 질 저하', '소득 및 주거 불안', '교육 불평등', '환경오염과 기후변화', '사회통합 저해', '급격한 사회구조 변화' 순이었다. 거의 절반에 육박하는 사회적

[그림 4.6] 사회적 기업의 사회문제 해결 기여도(예측과 실제) (단위: %)

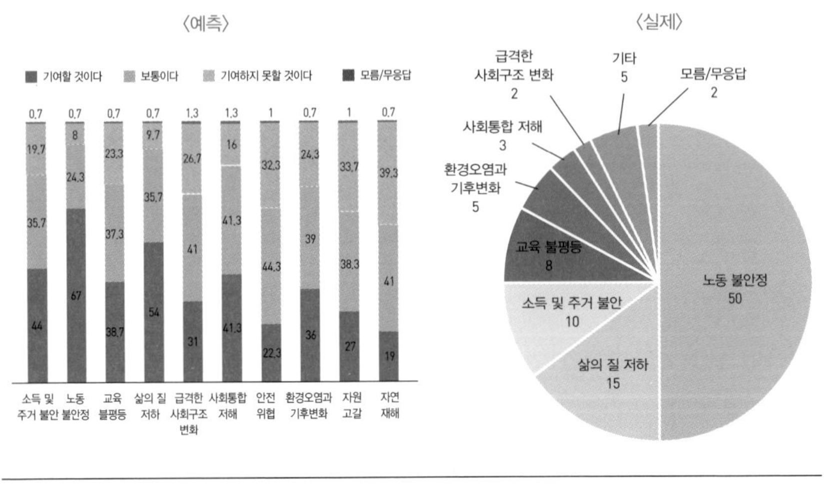

기업들이 노동 불안정 문제를 해결하고 있는 것이다. 이는 사회적 기업가들이 보다 다양한 사회문제 해결에 기여할 수 있다고 응답한 결과와 괴리가 있다.

물론, 많은 국민들이 '노동 불안정' 문제를 가장 심각하게 생각하고 있다는 점을 상기시켜 보면 이상의 현상은 바람직하다고 볼 수 있다. 하지만, '노동 불안정' 문제 중에서도 사회적 기업가들은 비정규직 문제를 심각하게 생각하고 있는 반면, 국민들은 청년 일자리 부족 문제를 가장 심각하게 인식하고 있었다. 이는 사회적 기업들이 여전히 비정규직이 많은 취약계층 고용에 상당 부분 할애하고 있음을 짐작해 볼 수 있다. 국민들이 바라는 바와 괴리가 있는 것이다. '삶의 질 저하'와 관련된 문제 중에서도 국민들은 노인 소외 및 우울증 문제를 가장 심각하게 여기고 있으나 사회적 기업가들은 수요에 비해 부족한 복지 서비스 문제를 가장 심각하게 인식하였다. 이는 국민들의 수요에 부합하는 구체화된 사회서비스를 제공하기보다는 취약계층의 복지 전반을 다루는 사회적 기업들이 많을 수 있음을 시사한다.

지금까지 살펴본 바에 의하면, 사회적 기업들 스스로 사회문제에 대해 높은 관심을 가지고 사회문제를 해결할 새로운 대안으로 인식하고 있었다. 이는 사회문제 해결 주체로서 사회적 기업이 적극적으로 역할을 해야 함을 사회적 기업가들도 동의하고 있음을 의미한다. 하지만, 국민들은 사회적 기업이 일자리 창출을 넘어 보다 다양한 사회문제를 해결해 주기를 기대하고 있다. 국회의원들이 심각하게 생각하는 사회문제와 국민들이 심각하게 생각하는 사회문제 간의 괴리 또한 크기 때문에 국민들이 필요로 하는 바를 정책적으로 뒷받침하는 데에도 한계가 있을 것으로 보인다. 따라서 사회문제 해결 주체로서 사회적 기업의 역할이 앞으로 더욱 중요해질 것으로 사료된다.

우리는 앞선 인식조사 결과를 통해 사회적 기업의 역할이 일자리 창출에 그치고 있음을 확인하였다. 이는 사회적 기업 300곳을 표본 추출하여 조사한 주관적 결과이기 때문에 우리나라 전체 사회적 기업의 사회문제 지형도를 그려 객관적 사실을 파악할 필요가 있다. 따라서 다음 장에서는 Part I에서 도출한 新 사회문제를 바탕으로 전체 사회적 기업을 재분류하여 어떠한 사회문제를 해결하고 있는지 분석하고 사회문제 영역별 국내외 대표 사회적 기업 사례들을 살펴보아 사회적 기업의 미래를 설계하고자 한다.

Chapter 05

사회문제 지도로 사회적 기업을 바라보다

- 사회적 기업, 어떤 사회문제들을 해결하고 있나?
- 선진 사회적 기업, 어떻게 사회문제를 풀어가고 있나?

• • •

우리는 사회문제 해결사로서 사회적 기업의 역할이 중요하며 그 역할이 더 확대되어야 함을 다양한 자료들을 통해 알 수 있었다. 특히, 일반 국민들의 의식 수준이 모든 것을 정부에 의존하고 시장자본주의 체제를 그대로 신봉하는 차원을 넘어서고 있다. 이들은 사회문제의 심각성을 몸소 체감하고 있으므로 정부와 시장 간 협력을 비롯한 새로운 대안이 필요함을 더욱 절실히 느끼고 있는 것이다. 이에, 많은 국민들은 기존에 볼 수 없었던 가치체계를 지닌 혼합 조직 형태의 사회적 기업을 새로운 사회문제 해결사로서 인식하고 있었다.

그렇다면, 우리나라 사회적 기업들은 국민들이 기대하는 만큼 다양한 사회문제들을 해결하고 있을까? 4장에서 살펴본 것처럼, 사회적 기업 300곳을 대상으로 한 인식 조사 결과에서는 그렇지 못한 것으로 나타났다. 노동 불안정 문제를 절반에 가까운 사회적 기업들이 다루고 있어 다양한 사회문제를 해결하기를 바라는 국민들의 기대를 충족시키기에는 한계가 있는 것으로 보인다. 노동 불안정 문제를 국민들이 가장 심각하게 생각하고 있기는 하지만, 그에 못지않게 환경문제, 소득 불안 문제 등 다양한 영역의 문제들을 심각하게 받아들이고 있기 때문이다. 각 영역별 세부 사회문제에 대한 국민, 사회적 기업가, 국회의원 간의 인식 차도 존재하여 국민들이 바라는 바와 정부 정책, 사회적 기업의 사회문제 해결 영역 사이에 간극이 발생하고 있었다.

이상의 현상이 우리나라 전체 사회적 기업에도 유효하게 나타나고 있을까? 이를 확인하기 위해 우리는 2015년 3월 말 기준, 고용노동부로부터 인증받은 1,299곳의 전체 사회적 기업들을 Part I에서 도출한 사회문제들로 재분류해 보았다. 각 사회적 기업들이 어떤 사회문제들을 해결하고 있는지 보다 정확히 파악하기 위해 개별 사회적 기업의 홈페이지와 각종 보고서, 신문기사 등 외부 공개자료들을 바탕으로 사회적 목적 및 주요사업들을 검토하였다.

4장에서 살펴보았듯이, 현재 우리나라의 사회적 기업 분류체계는 다양한 사회문제들을 포괄하지 못하고 있어 사회적 기업이 사회문제 해결에 얼마나 기여하고 있는지 파악하기 어려운 한계가 있었다. 따라서 주관적 인식 자료에 더하여 객관적 자료를 토대로 어떤 사회문제 영역에 사회적 기업들이 분포하고 있는지 재분류해 보는 우리의 작업은 우리나라 사회적 기업의 미래를 설계하는 데 중요한 함의를 제공할 것이다. 여기에, 각 사회문제 영역별 국내외 대표 사회적 기업 사례들도 함께 살펴보아 사회적 기업의 운영전략상 필요한 방향을 구체적으로 제시하도록 한다.

사회적 기업,
어떤 사회문제들을 해결하고 있나?*

2015년 3월 말 기준, 총 1,299곳의 사회적 기업을 Part I에서 도출한 신(新) 사회문제의 3대 영역별(경제적 불평등, 사회적 위험, 환경파괴)로 재분류한 결과, '사회적 위험' 영역의 문제를 해결하는 사회적 기업이 44.5%로 가장 높은 비중을 차지하고 있었다. '경제적 불평등' 영역의 문제를 해결해 나가는 사회적 기업은 40.34%로 그 뒤를 이었다. 반면, '환경파괴' 영역의 문제를 해결하는 사회적 기업은 13.55%로 가장 낮은 비중을 차지하였다.

신(新) 사회문제의 중분류 영역별 사회적 기업 분포도를 살펴보면, 우리나라의 사회적 기업은 특정 사회문제 영역에 집중되어 있음을 확인할 수 있다. 특히, '자연재해'에 속하는 사회적 기업은 전무하며 '안전 위협'에 속하는 사회적 기업도 전체의 1.2%에 불과한 15곳인 것으로 나타났다. 4장에서 살펴본 바에 따르면, 사회적 기업가들이나 국민들 모두 '자연재해' 문제를 여타 사회문제에 비해 심각하게 인식하고 있었다. 반면, '자연재해' 문제의 심각성에 대한 국회의원들의 인식 수준은 저조했다. 이는 '자연재해' 문제를 해결함에 있어, 사회적 기업에 큰 기대를 걸 수 밖에 없는 상황임을 시사한다. 그럼에도, 관련 영역에서 활동하는 사회적 기업이 전무하다는 것은 앞으로 자연재해로 인한 국민들의 피해가 심화될 가능성이

* 장용석·조희진·황정윤·김보경·이영동(2017)의 「Social Innovation Monitor」 12호에 게재된 '사회적 기업과 사회문제 미스매치' 연구 결과를 기반으로 발전된 논의를 재구성하였다.

높음을 의미한다. 사회적 기업이 '자연재해'라는 사회문제를 해결하기가 쉽지는 않겠지만, 지금과 같은 상황이 그대로 유지되면 그 피해는 고스란히 국민들에게 돌아갈 수밖에 없을 것이다.

'안전 위협' 관련 사회적 기업의 경우, 산업안전이나 교통안전, CCTV 설치 등을 담당하는 업체들이 일부 존재하나 전체적으로는 매우 적은 실정이다. 그 원인으로 사회적 기업가들이 다른 문제들에 비해 '안전 위협' 문제를 상대적으로 덜 심각하게 인식하는 것에서 찾을 수 있다. '안전 위협' 문제를 해결하기 위해서는 상당한 수준의 기술을 요하는데 열악한 재정력으로 근근이 버티고 있는 우리나라 사회적 기업의 실정상 이 분야에 적극 뛰어들만한 유인이 부족하다. 이에 대해 해당 사회문제를 해결하기 위한 방식을 찾아가는 과정 중이라고 해석할 수도 있다. 그러나 '안전 위협' 문제는 Part I에서도 언급하였듯이, 불특정 다수에게 광범위한 피해를 야기할 수 있다는 점에서 시급한 개선이 필요하다.

[표 5.1] 사회문제 영역별 사회적 기업의 분포

경제적 불평등			사회적 위험				환경파괴			기타	합계
소득 및 주거 불안	노동 불안정	교육 불평등	삶의 질 저하	사회 구조 변화	사회 통합 저해	안전 위협	환경 오염	자원 고갈	자연 재해		
65개	405개	54개	256개	87개	220개	15개	105개	71개	0개	21개	1299개
5.0%	31.0%	4.2%	19.7%	6.7%	16.9%	1.2%	8.1%	5.5%	0%	1.6%	100%
524개			578개				176개			21개	1299개
40.34%			44.50%				13.55%			1.6%	100%

가장 많은 사회적 기업이 분포하고 있는 사회문제 영역은 '노동 불안정', '삶의 질 저하', '사회통합 저해'이다. 이에 속하는 사회적 기업이 전체의 약 68%를 차지하고 있어 사회문제 영역별 격차가 크다는 사실을 확인할 수 있다. '노동 불안정', '삶의 질 저하', '사회통합 저해' 중에서도 '노동

불안정' 영역에 속하는 사회적 기업이 405개(약 31%)로 가장 많았다. 이는 4장에서 살펴본 사회적 기업 300곳을 대상으로 한 인식조사 결과와도 동일하다. '노동 불안정' 영역 다음으로는 256개(약 19.7%)의 사회적 기업이 존재하는 '삶의 질 저하', 220개(약 17%)의 사회적 기업이 존재하는 '사회통합 저해' 순이었다. 이의 현상은 사회적 기업 육성 사업이 일자리 창출 및 사회서비스 제공에 초점을 맞춰 진행되었기 때문에 발생했다고 볼 수 있다. 일자리 제공은 '노동 불안정' 측면에서, 사회서비스 제공은 '삶의 질 저하', '사회통합 저해' 측면에서 이루어지고 있는 것이다. '삶의 질 저하'와 '사회통합 저해' 영역에 속하는 사회적 기업들은 대부분 가사 및 보육, 문화예술 등의 사회서비스와 장애인, 다문화 가정 등 사회적 약자들을 대상으로 이들의 사회참여를 촉진시키는 사회서비스를 제공하고 있다.

'노동 불안정', '삶의 질 저하', '사회통합 저해' 다음으로는 '환경오염', '사회구조 변화', '자원고갈', '소득 및 주거 불안', '교육 불평등', '안전 위협', '자연재해' 순으로 사회적 기업이 분포하고 있었다. '환경오염' 영역에 속하는 사회적 기업은 전체 인증 사회적 기업의 8.1%인 105곳으로 친환경 농산물, 로컬 푸드 판매 등을 통해 관련 문제를 해결하고 있으며 '사회구조 변화'에 속하는 사회적 기업은 6.7%인 87곳으로 도농교류, 농산물 가공, 농촌 체험 등 도농 격차를 줄이기 위한 사업들을 이행하고 있었다. '자원고갈'의 경우, 전체의 5.5%인 71곳으로 재활용 사업을 통해 관련 문제를 해결해 나가는 사회적 기업들이 대부분이었다. '소득 및 주거 불안' 영역에 속하는 사회적 기업은 전체의 5%인 65곳으로 저소득층 주거개선 사업, 결식 노인 및 아동 대상 도시락 사업, 장기요양사업 및 산후도우미 사업 등을 통해 관련 문제를 해결해 나가고 있었다. '교육 불평등' 영역에 속하는 사회적 기업들은 전체의 4.2%인 54곳으로 저소득층 아동을 대상으로 한 방과 후 학교, 체험학습 등의 사업을 이행하는 경우가 많았다.

4장에서 살펴본 인식조사 결과와 비교해 보면, 국민들이나 사회적 기업가들이 가장 심각하게 인지하는 사회문제와 사회문제 영역별 사회적 기업

분포 간에 차이가 있음을 발견할 수 있다. 물론, '노동 불안정' 영역에 속하는 사회적 기업이 많음과 동시에 국민들이나 사회적 기업가들 모두 이를 가장 심각한 사회문제로 인식하고 있다는 점은 긍정적이다. 하지만, '소득 및 주거 불안', '환경오염', '자원고갈'의 사회문제를 국민들이나 사회적 기업가들 모두 심각하게 인식하는 반면, 이의 문제를 다루는 사회적 기업들은 각각 5%, 8.1%, 5.5%에 불과하다는 점에서 우려하지 않을 수 없다. 반대로 국민들이나 사회적 기업가들 모두 '사회통합 저해'의 문제를 다른 사회문제에 비해 덜 심각한 것으로 인식하고 있는 반면, 이에 속하는 사회적 기업은 상당히 많았다. '삶의 질 저하'의 경우에도 국민들은 다른 사회문제보다 그 심각성이 덜하다고 인식하는 것에 반해, 이에 속하는 사회적 기업들이 많았다. 사회문제 영역별 사회적 기업들의 사업 내용도 천편일률적이었다. 이는 사업의 차별성, 독창성 부족으로 사회적 기업이 사회문제 해결을 통해 기업으로서의 경쟁력을 갖추기 어렵다는 뜻이기도 하다. 따라서 사회적 기업의 경쟁력을 높이기 위해서는 사회문제를 어떠한 방식으로 해결할지에 대한 창의적인 방안 모색이 시급하다.

사회적 기업 인증이 시작된 2007년부터 2015년까지의 시계열 변화도 함께 살펴보자. 사회적 기업 인증제도 시행 초창기인 2007년부터 2009년까지는 현재와 달리, 경제적 불평등 문제를 다루는 사회적 기업의 비중이 가장 컸던 것으로 나타난다. 1990년대 후반, 외환위기 이후 심각해진 실업 문제를 해결할 목적으로 정부가 사회적 기업을 육성하기 시작한 것에서 그 이유를 찾을 수 있다. 이에, 2007년부터 2009년까지의 초기 단계에는 일자리 제공형에 초점을 맞춰 사회적 기업 인증이 이루어졌다.

보다 구체적으로 살펴보면, 2008년까지 인증받은 175개의 사회적 기업 중 약 51%에 해당하는 90개의 사회적 기업이 경제적 불평등 영역에 분포하고 있었고 그중에서도 60개의 사회적 기업이 일자리 창출을 목적으로 하는 노동 불안정 영역에 속하였다. 사회적 위험 영역에 속한 사회적 기업은 63개로 이 시기 인증 사회적 기업의 36%를 차지하였다. 그중, 사회통

[그림 5.1] 사회문제 영역별 사회적 기업 수의 시계열적 변화

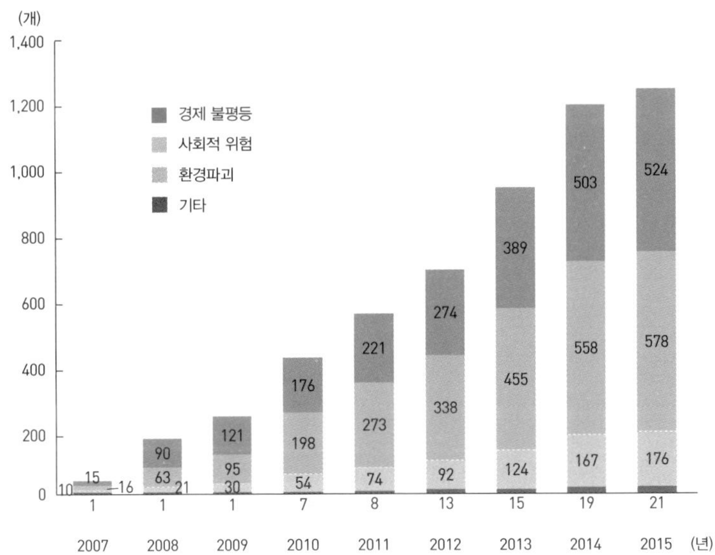

합 저해 문제를 해결하는 사회적 기업은 33개였다. 2008년의 경향을 전체적으로 살펴보면, 2007년에 비해 경제적 불평등 영역에 속한 사회적 기업이 6배 증가한 반면, 사회적 위험 영역에 속한 사회적 기업은 약 4배 증가하는 데 그쳤다. 환경파괴 문제를 해결하는 사회적 기업은 2008년에 가장 크게 증가한 것으로 나타난다. 2007년, 10개에 불과하던 사회적 기업이 2008년, 21개로 2배 이상 확대되었기 때문이다.

2008년과 달리, 2009년에는 사회적 위험 영역에 속한 사회적 기업의 증가율이 경제적 불평등 영역에 속한 사회적 기업의 증가율인 34%보다 더 높은 약 50%를 기록하였다. 이후, 2010년부터 사회적 위험 영역에 속한 사회적 기업 수가 경제적 불평등 문제를 해결하는 사회적 기업의 수를 초월하기 시작하였다. 2007년부터 2015년까지 경제적 불평등 영역과 사회적 위험 영역에 속한 사회적 기업의 순위가 2009년을 기점으로 변동을 보이기는 하였지만, 이 두 영역의 사회적 기업이 절대 다수를 차지하는 것에는

변함이 없었다. 사회적 기업 육성 사업의 시초가 지속가능한 양질의 일자리 창출 및 사회서비스 공급 확대를 목적으로 2003년부터 정부와 NGO가 함께 시범적으로 시행했던「사회적일자리」사업이었기 때문이다.[1]

한편, 환경파괴 문제를 다루는 사회적 기업은 2007년부터 2015년까지 전 기간에 걸쳐 가장 적은 수를 보였다. 4장에서도 살펴보았듯이, 많은 국민들이 가장 심각하게 생각하는 사회문제는 '노동 불안정' 다음으로 '환경오염과 기후변화'였다. 반면, 국회의원들은 환경문제에 대해 국민들보다 심각하게 생각하지 않고 있어, 환경 정책에 대한 의지가 상대적으로 높지 않음을 읽을 수 있었다. 이는 환경문제를 해결하기 위해 사회적 기업이 정부의 역할을 적극적으로 보완할 필요가 있음에도 그 노력이 아직까지 활발하지 않음을 의미한다.

2007년부터 2015년까지 9년 동안의 변화를 종합해 보면, 사회문제 전 영역에 걸쳐 사회적 기업의 수는 꾸준히 증가한 것으로 나타났다. 2007년 대비 2015년의 영역별 사회적 기업 수를 비교해 보면, 사회적 위험 영역에 속하는 사회적 기업이 가장 큰 증가를 보였다. 2007년 16개에서 2015년 578개로 약 36배 이상 증가한 것이다. 그 다음으로 경제적 불평등 영역의 사회적 기업이 2007년 15개에서 2015년 524개로 약 35배 증가하였다. 반면, 환경파괴 문제를 해결하는 사회적 기업은 2007년 10곳에서 2015년 176곳으로 약 17배 증가하여 가장 낮은 증가율을 기록하였다. 우리나라 사회적 기업의 대다수가 사회적 위험, 경제적 불평등 문제를 해결하고 있어 일자리 창출 및 사회서비스 확대라는 초기의 목적을 현재까지도 그대로 실행하고 있음을 확인할 수 있다.

신(新) 사회문제의 중분류 영역별 사회적 기업 수의 시계열 변화는 다음 절에서 구체적으로 살펴보도록 하자. 이와 함께, 각 영역별로 대표되는 사회적 기업 사례[1)]들을 통해 어떤 사업들을 수행하고 있는지도 알아보도록 한다.

1) 우리가 분석한 1,299개의 사회적 기업 중에서 어떠한 방식으로 사회문제에 접근하고 있는지는 홈페이지나 신문기사에서 명확히 확인할 수 있는 경우로 한정하였다.

경제적 불평등 영역: 노동 불안정, 소득 및 주거 불안, 교육 불평등

경제적 불평등 영역에 속하는 각 사회문제별 사회적 기업 수의 시계열 변화를 살펴보자. 2015년 기준, 전체 사회적 기업의 약 40.3%를 차지하는 경제적 불평등 영역의 사회적 기업 수는 인증제도 시행 초창기인 2007년 15개에서 2015년 524개로 약 35배 이상 증가하는 모습을 보였다. 경제적 불평등 영역에 속하는 중분류 사회문제는 소득 및 주거 불안, 노동 불안정, 교육 불평등 3가지이다.

그중, 2015년 기준, 전체 사회적 기업의 약 31%를 차지하는 노동 불안정 영역의 사회적 기업은 2007년 11개에서 2015년 405개로 가장 높은 증가율을 보이며 지속적으로 성장하였다. 그 결과, 사회적 기업의 종사자 수가 2007년 2,539명에서 2014년 27,923명으로, 취약계층 근로자 수도 1,403명에서 15,815명으로 증가하였다.[2] 이와 같은 긍정적인 결과를 얻을 수 있었던 것은 정부가 일자리 창출을 목적으로 사회적 기업을 육성해 왔기 때문으로 볼 수 있다. 노동 불안정 문제를 해결하고 있는 사회적 기업

[그림 5.2] 경제적 불평등 영역의 세부 사회문제별 사회적 기업 수 변화 추이(누적)

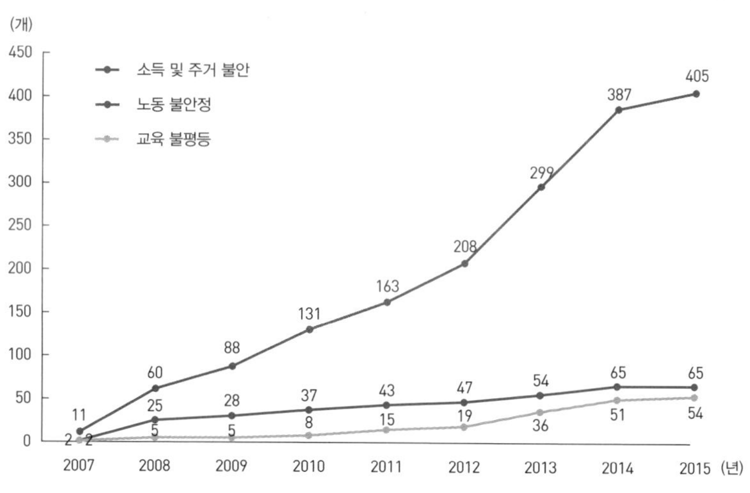

들은 주로 경력단절 여성이나 장애인, 고령자 등 상대적으로 취업이 어려운 취약계층들을 대상으로 일자리를 제공하고 있었다.

이의 대표적인 사례로 함께일하는세상㈜와 ㈜포스코휴먼스를 들 수 있다. 먼저, 함께일하는세상㈜는 다양한 기관으로부터 우수 사회적 기업으로 선정된 바 있으며, '사회적기업육성법' 시행 이전부터 존재하던 자활공동체로서 비교적 긴 역사를 가지고 있다. 또한, 함께일하는세상㈜는 '기업'으로서의 경쟁력을 확보하기 위한 노력을 이행함과 동시에 사회문제도 함께 해결해 나가고 있어 다른 사회적 기업들이 벤치마킹할 수 있는 모범사례에 해당한다.

노동 불안정 문제를 해결하는 함께일하는세상㈜

2002년 기초생활수급자인 취약계층 3명과 함께 '터사랑'이라는 자활공동체로 시작한 함께일하는세상㈜는 2005년 자활 연합법인을 구성하고 2007년 사회적 기업 인증을 받았다. 친환경 청소 전문 사회적 기업인 함께일하는세상㈜에는 몇 가지 특별한 점이 존재한다. 그중 하나로 우리나라 청소시장에 큰 변화를 일으켰다는 사실을 들 수 있다. 2005년, [쾌적한 학교만들기 사업]을 통해 청소사업의 유료화 모델을 제시하였고 2007년에는 교육인적자원부, 일자리만들기운동본부와의 협약(MOU)으로 시행된 '깨끗한 학교만들기' 프로젝트로 약 6천여 명의 일자리를 창출하는 성과도 보였다.[2)] 2009년에는 적자를 기록하던 웅진홈케어[3)]를 전격 인수하는 대담성을 보였다. 이를 통해 청소관리 서비스를 받는 멤버십 고객만 1,000명 넘게 확보하는 등 지속가능한 일자리를 창출하고 전문적인 홈클리닝 사업을 하는 사회적 기업으로 성장할 수 있었다.[3] 이러한 성과들을 바탕으로 함께일하는세상㈜는 다양한 기관에서 우수 사회적 기업 표창을 받는 쾌거를 이루었다.[4)]

2) 해당 프로젝트는 지역자활센터의 청소 자활공동체, 청소자활기업 등이 청소 사업 수행을 통해 스타트업 기업으로 성장할 수 있는 기회를 제공하고 있으며, 근로자들이 이곳에서의 업무 경험을 바탕으로 일반 노동시장으로 진입할 수 있도록 도와준다.

3) 당시 웅진홈케어는 대기업 계열사의 홈클린사업부였으나, 약 250억 원의 적자를 기록하면서 약 80여 명의 근로자가 직장을 잃게 되는 상황에 처해 있었다.

4) 2006년 (재)함께일하는재단으로부터 우수 사회적 기업으로 선정되었으며, 2008년 우수

함께일하는세상㈜는 이에 안주하지 않고 '노동소외계층이 질 좋은 일자리를 가질 수 있도록 돕고, 일을 통해 스스로 건강한 삶을 영위할 수 있도록 지원하며, 선도적인 사회적 기업으로 사회적 경제 생태계가 지역사회에 건강하게 뿌리내리도록 돕는 것'을 목적으로 사명선언문과 비전2020을 선포하여 새로운 변화를 모색하고 있다. 그 첫 번째 방향은 '일이 필요한 사람과 사람이 필요한 일터를 연결'하는 취업지원이다. 이를 위해 서울형 뉴딜일자리 사업에 참여했으며, 2013년부터 고용노동부 취업성공패키지의 민간위탁기관으로 진입하여 인재풀 확보에 필요한 안정적인 사업기반을 마련하고 사업범위를 지속적으로 확대해 나가고 있다. 두 번째 방향은 함께 성장하는 사업 파트너가 되기 위한 '비즈니스 지원'이다. 이를 위해 사회적 기업을 진단하고 컨설팅하는 방식에서 나아가 비즈니스 컨소시엄을 구성하고 이들이 필요로 하는 자원의 접근성을 높여주는 '정보플랫폼'을 조성하는 방식으로 전환시켰다.[4]

함께일하는세상㈜는 이상의 두 가지 변화를 통해 '함께 일하는 사회'라는 사회적 목적을 달성하고 있다. 동시에, 2018년까지 2015년 매출의 2배인 31억 원을 달성하기 위한 노력도 병행하고 있다.

㈜포스코휴먼스는 국내 1호 대기업 자회사형 장애인표준사업장으로 대기업이 기업의 사회적 책임(Corporate Social Responsibility, CSR) 차원에서 고용을 창출할 목적으로 설립되었다. 이는 대기업이 사회적 기업의 설립과 운영을 통해 사회문제를 해결해 나가는 이상적인 모델[5]로 손꼽히고 있다.

사회적 기업으로 고용노동부장관 표창도 받았다. 같은 해 사회연대은행으로부터 모범 사회적 기업가상을 수상하였으며, 2012년에는 피터드러커소사이어티로부터 사회적 기업 부문 혁신 우수상을 받았고, 같은 해 고용노동부 경기지청장 표창을 수여하기도 하였다. 2013년도에는 (재)행복나눔재단의 '세상 사회적 기업 콘테스트'에서 성장기 사회적 기업 부문 2등을 차지하였다.

5) 기업이 CSR 차원으로 또는 사회문제 해결을 위해 사회적 기업을 설립·운영하는 사례로는 SK그룹의 행복나래주식회사, 교보생명보험의 (재)다솜이재단, 한화 B&B 등이 있다.

노동 불안정 문제를 해결하는 ㈜포스코휴먼스

㈜포스코휴먼스는 포스코가 '장애인 고용창출'을 목적으로 설립한 사회적 기업이다. 2008년 자회사형 장애인표준사업장으로 출범한 포스위드와 2010년 10월 고용노동부로부터 사회적 기업 인증을 받은 포스코에코하우징이 2013년 1월에 합병하여 '포스코휴먼스'라는 이름으로 새롭게 출발하였다.[5] ㈜포스코휴먼스의 경영이념은 '안정적 자립기반을 바탕으로 한 지속성장 및 취약계층을 위한 양질의 일자리 창출'이다. 이를 실천하기 위한 ㈜포스코휴먼스의 사명은 '우리 이웃들의 자립을 돕고, 함께 행복을 만들어 감'이며, 비전은 '지속가능한 성장과 고용을 통해 자립형 사회적 기업으로서의 성공모델 제시'이다.

이를 달성하기 위해 ㈜포스코휴먼스는 각 계열사들을 대상으로 사무지원, 클리닝, IT통신 서비스 등을 수행하고 있다. 클리닝 사업의 경우, 국내 세탁업 최초로 ISO9001 인증을 획득하기도 하였다. 또한, ㈜포스코휴먼스는 설립 이후 2013년까지 장애인 고용을 지속적으로 늘려나가 설립 당시 91명이었던 장애인 직원이 2013년 191명으로 2배 이상 증가하는 성과를 거두었다. 전체 직원 대비 장애인 직원의 구성비율도 같은 기간 동안 40%에서 52%로 상승하였다.

이와 함께, ㈜포스코휴먼스는 장애인 및 취약계층이 사회에 잘 적응할 수 있도록 조직 적응 멘토링, 재활치료, 장애유형에 따른 맞춤교육 등도 함께 지원하고 있으며 임직원 개인역량 및 사업고유의 인프라를 활용하는 재능기부나 봉사, 나눔활동을 통해 지역사회와 소통해 나가고 있다.

반면, 2015년 기준, 전체 사회적 기업의 약 5%에 해당하는 비교적 낮은 비중을 차지하는 소득 및 주거 불안 문제와 관련된 사회적 기업 수는 2007년 2개에서 2015년 65개로 약 32배 증가하였다. 증가율은 노동 불안정 영역(약 37배)과 유사하지만, 소득 및 주거 불안과 관련된 문제를 해결하는 사회적 기업이 워낙 적다 보니 전체 사회적 기업에서 차지하는 비율은 상당히 낮은 수준이다. 다만, 사회적 기업 인증제도 시행 초창기였던 2008년, 관련 문제를 해결하는 사회적 기업이 전년에 비해 23개 증가하여 경제적 불평등 영역에서 차지하는 비중이 약 27.8%로 급격히 높아지는 현상이 일시적으로 발생하였다. 이는 2007년과 2008년 사이, 글로벌 금융경제 위기에 따른 경제적 어려움이 가중되면서 나타난 결과로도 볼 수 있다. 이후, 소득 및 주거 불안 문제와 관련된 사회적 기업이 꾸준히 설립되기는 하였으나, 그 증가 속도가 점차 줄어들어 2015년 기준, 경제적 불평등 영역에 속하는 사회적 기업의 약 12.4%에 그쳤다. 이는 전체 인증 사회적 기업의 약 5%에 불과한 수치이다.

소득 및 주거 불안 문제를 다루고 있는 사회적 기업들은 저소득층, 노인, 외국인 노동자 등 취약계층에게 저렴한 비용으로 사회서비스를 제공하거나 주거복지 사업, 주거환경 개선 사업 등을 이행하는 경우가 많았다. 이의 대표적인 사례로 ㈜에듀머니와 ㈜진천주거복지센터두꺼비하우징을 살펴볼 수 있다. 먼저, 저소득 가구들을 대상으로 재무관련 교육 및 컨설팅을 제공하고 있는 ㈜에듀머니는 채무 관련 상담을 11만 명 이상에게 진행했고 12만 명 이상에게 경제교육을 실시했으며 114명의 금융복지상담사를 배출하는 성과를 보였다. 이는 저소득층의 가계 불안 문제를 다루는 사회문제 해결형 사회적 기업으로서 의의를 가진다.

소득 및 주거 불안 문제를 해결하는 ㈜에듀머니

㈜에듀머니는 가계부채 증가와 계속되는 경기침체에 따른 저소득층의 소득 불안 문제를 해결할 목적으로 2007년에 설립되었고 2008년에 사회적 기업 인증을 받았다. ㈜에듀머니는 재무상담을 통해 고객의 재무현황을 객관적으로 파악하여 그에 맞는 관리방법을 제시하며 경제교육을 통해 재무설계 및 소비생활 패러다임의 변화를 촉진하고 있다. 금융환경 캠페인 및 시민들의 눈높이에 맞춘 콘텐츠를 생산하는 등의 사업도 진행하고 있다.[6]

또한, 2009년 서울시 저소득 가구 대상의 금융재무컨설팅 사업을 시작으로 2013년 서울시 가정경제 희망 찾기 재무컨설팅 사업을 진행하였으며 2014년에는 롤링주빌리 빚 탕감 프로젝트를 제안하여 찾아가는 채무상담 사업을 이행하였다. 이를 통해 2016년 기준, 약 1,485억 원에 달하는 채무를 소각하여 채무소외계층 4,651명을 구제하였다.[7]

㈜에듀머니는 지난 10년간 약 11만 명에게 대면 및 온라인, 전화 등의 채널로 채무관련 상담을 진행하였고 1,300개 기관을 통해 약 12만 명에게 경제교육을 실시하였다. 2,107명에게 금융복지상담사 교육을 시켜 114명의 금융복지상담사를 배출하는 성과도 거두었다. 궁극적으로는 ㈜에듀머니가 지난 10년간 2,350가구를 대상으로 재무상담을 실시한 결과, 보험료와 빚은 각각 41억 원, 32억 원씩 감소하고 저축이 16억 원 증가하는 등 긍정적인 파급효과를 보였다.

㈜진천주거복지센터두꺼비하우징은 함께일하는세상㈜와 마찬가지로 자활공동체에서 시작된 사회적 기업으로 '주거복지향상과 취약계층 고용창출'이라는 사회적 목적을 추구하고 있다. 해당 사례는 정부 및 지방자치단체, 기업과 사회적 기업이 어떠한 방식으로 사회문제를 함께 해결할지에 대한 시사점을 제공한다는 점에서 그 의미가 크다.

소득 및 주거 불안 문제를 해결하는 ㈜진천주거복지센터두꺼비하우징

㈜진천주거복지센터두꺼비하우징(이하 '두꺼비하우징')은 '주거복지향상과 취약계층 고용창출'을 목적으로 2002년도에 설립되어 2009년 사회적 기업 인증을 받았다. 구체적으로는 저소득층의 노후된 주택 개량사업을 지원하는 수선유지급여 사업, 창문단열 강화를 통해 주택의 난방비 절감을 유도하는 주택에너지 효율화 사업을 펼치고 있으며 일반 인테리어 사업도 병행하고 있다.

그중, 저소득층 수선유지급여 사업은 국토교통부, 지방자치단체, 한국토지주택공사(LH), 시공업체 등 다양한 주체가 함께 참여하여 해당 문제를 풀어가는 방식으로 진행된다. 국토교통부는 주요 정책 및 예산 지급 규모를 결정하고 지역별 물량을 배정하며, 지방자치단체는 사업을 위탁하고 타 부처 사업을 통합 관리하여 사업의 중복을 방지한다. 의뢰기관인 한국토지주택공사는 주택상태를 조사하여 사업을 시행하고 시공업체 중 자활단체는 수선유지급여 사업을, 보수업체는 중·대 보수를 담당한다.

두꺼비하우징은 시공업체 중 자활단체에 해당하며 저소득층을 사업에 참여시켜 이들의 자활능력이 향상될 수 있도록 사업을 진행하고 있다. 이를 통해 '주거복지 향상 및 취약계층 고용 창출'이라는 두 가지 목적을 동시에 달성하고 있다. 또한, 두꺼비하우징은 자원봉사활동이나 무료 집수리 등 다양한 사회공헌활동을 병행함으로써 지역사회와 함께 성장할 수 있는 방법들을 모색하고 있다. 이는 취약계층으로 하여금 지역사회를 변화시키는 핵심 주체로서의 역할을 하게 함으로써 그들의 자존감을 높이고 사회통합도 실현해 나갈 수 있다는 의의를 지닌다.

교육 불평등 관련 사회적 기업은 전체 인증 사회적 기업의 4.2%를 차지하고 있어, 10가지 사회문제별로 사회적 기업을 구분하였을 때, 세 번째로 낮은 수준이었다. 2007년 2개에서 출발한 교육 불평등 관련 사회적 기업은 2010년까지만 해도 그 수가 8개에 불과하였다. 이후, 그 수가 크게 증가하면서 2015년에는 54개의 사회적 기업이 관련 문제를 해결하고 있는 것으로 나타났다. 2015년 기준, 경제적 불평등 영역의 사회적 기업 중 교육 불평등 관련 사회적 기업의 비중은 10.3%를 기록하였다. 교육 불평등 문제를 해결하고 있는 사회적 기업은 방과 후 학교 사업을 수행하는 경우가 가장 많았으며 최근 들어서는 자유학기와 진로체험 등의 제도 시행으로 진로교육과 경제교육으로까지 사업 영역의 폭을 확대시키고 있는 것으로 나타났다.

이의 대표적인 사례로 (유)가온에스이, (사)동의애프터스쿨을 꼽을 수 있다. (유)가온에스이는 ICT 기술과 질 높은 유휴 노동력을 결합하여 계층 간, 도농 간 영어교육 격차를 해소하기 위해 설립되었다. (사)동의애프터스쿨은 동의대학교가 취약계층 학생들에게 균등한 교육기회를 제공하기 위해 설립한 것으로 정부와 지방자치단체가 함께 사업을 진행하면서 성과가 확대되는 모습을 보이고 있다. 이들 두 사례는 취약계층에게 주로 발생하는 교육 불평등 및 사교육비 문제를 해결하고 있다는 점에서 의미가 있다.

교육 불평등 문제를 해결하는 (유)가온에스이

최근, 국제화 시대의 도래와 함께 "영어계급사회" 또는 "잉글리시 디바이드(English Divide : 영어격차)"라는 용어가 등장하고 있다. 이는 무한경쟁의 시대에서 영어 실력의 중요성이 강조되고 영어교육에 대한 사교육 의존도가 심화되는 현재의 추세를 반영한다. 특히, 우리나라에서는 부모의 소득격차와 도농 간 지역격차가 학력격차를 확대시키는 주요한 원인이 되고 있다.[8] (유)가온에스이는 이러한 지역 간, 계층 간 영어 교육격차를 해소하기 위해 설립된 사회적 기업으로 2012년에 고용노동부로부터 인증을 받았다.

(유)가온에스이는 웹 기반 온라인 영어 학습프로그램을 통해 도농 간 교육기회 격차를 해소하고 경제적인 학습비로 사교육비를 경감시키는 효과를 거두고 있다. 또한, 계층 간 교육기회 격차를 해소함과 동시에 고학력 여성인력, 청년실업자 등에게 안정적인 일자리도 제공하고 있다.[9] 구체적으로는 원어민 교사가 1:1로 지도하여 실시간 피드백을 제공하는 프로그램, 영어의 4대 영역을 균등히 발달시키는 영어 독서·낭독 프로그램인 Reading Assistant, 재미있는 놀이를 통해 영어를 효과적으로 습득할 수 있게 하는 Fast For Word, 노래, 게임, 회화 등 다양하고 재미있는 콘텐츠를 통해 단어, 문법 등을 배우는 Let's Go 프로그램 등의 온라인 영어 프로그램 및 코칭서비스를 제공하고 있다.[6)]

교육 불평등 문제를 해결하는 (사)동의애프터스쿨

(사)동의애프터스쿨은 교육부가 지정한 '대학 주도 방과 후 학교'로 선정되면서 2012년 8월에 법인을 설립하고 9월에 예비 사회적 기업[7)]이 되었다. 이후, 2012년 부산광역시 교육청 주관 토요스쿨 운영우수기관으로 선정되었고 2014년 고용노동부로부터 사회적 기업 인증을 받았다.

(사)동의애프터스쿨은 초등돌봄교실, 초중등 방과 후 학교, 진로체험활동 등의

---

6) 그 외에도 장애인 자립을 위한 지원, 치료 바우처 제공, 주간·단기 보호서비스, 방과 후 학교 운영, 방과 후 학교 파견교육, 지역아동센터 파견교육, 아동전문 리더십 교재 개발 및 발간, 여성 새로 일자리센터(실업자훈련) 운영 등 다양한 사업을 이행하고 있다.

7) 2012년 9월 교육부 부처형 예비 사회적 기업으로 선정되었고, 2013년 4월에는 부산형 예비 사회적 기업으로 지정되었다.

교육 사업을 진행하여 소외계층 청소년들을 위한 평생교육, 방과 후 학습 및 문화체험활동 등을 지원하고 있다. 특히, 대학의 우수한 자원과 시설을 활용하여 전문적이고 우수한 강사진을 구성하고 차별화된 전문 교육프로그램을 제공하는 한편, 고학력의 청년 미취업자와 경력단절 여성의 전공과 능력을 살리는 방과 후 교육을 통해 지역사회에 기여하고 있다.[10] 현재 교육부, 부산진구청, 부산시 교육청, 동의대학교, 한국교육개발원, 후원기업과 연계하여 방과 후 교육 사업을 진행하고 있으며 부산의 초·중등학교 12곳의 방과 후 교육과 15곳의 돌봄교실, 18곳의 돌봄특기도 운영하고 있다.[11] 2015년에는 2013년의 1억 5,750만 원보다 약 6배 증가한 9억 200만 원의 매출액을 기록하는 성과를 거두기도 하였다.[12]

사회적 위험 영역: 삶의 질 저하, 사회구조 변화, 사회통합 저해, 안전 위협

신(新) 사회문제 중 사회적 위험 영역에 해당하는 사회적 기업에 대해 알아보자. 사회적 위험 영역의 인증 사회적 기업 수는 인증제도 시행 초창기인 2007년 16개에서 2015년 전체 인증 사회적 기업의 약 44.5%에 해당하는 578개로 약 36배 증가하였다. 사회적 위험 영역에 속하는 중분류 사회문제는 삶의 질 저하, 사회구조 변화, 사회통합 저해, 안전 위협 4가지이다.

그중 삶의 질 저하와 관련된 인증 사회적 기업이 2007년 5개에서 2015년 256개로 가장 많이 증가하였다. 사회적 위험 영역 내에서 관련 사회적 기업이 차지하는 비중은 2007년 약 31.1%에서 2015년 약 44.2%까지 증가하였다. 특히, 2009년을 기준으로 삶의 질 저하 문제를 다루는 사회적 기업이 급증하고 있다는 사실에 주목할 필요가 있다. 2009년 35개에 불과하던 것에서 2015년 256개로 약 7.3배 증가하였는데, 이는 2000년대 후반 들어, 삶의 질을 강조하는 움직임이 보편화되고 있는 현상과 연관 지어 생각해 볼 수 있다. 과거, '국민'을 강조하던 시대적 분위기가 이제는 '개인' 중심으로 변화하면서 개개인 모두가 풍요롭게 잘 사는 것에 대한 관심이

[그림 5.3] 사회적 위험 영역의 세부 사회문제별 사회적 기업 수 변화 추이(누적)

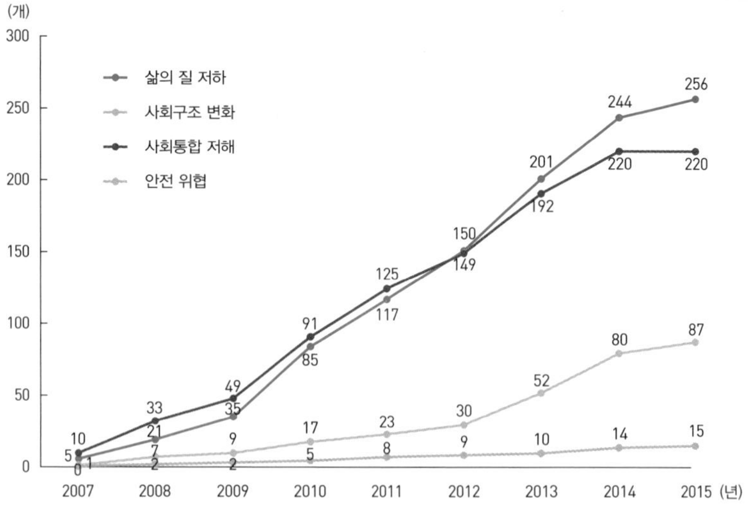

높아졌기 때문이다. 또한, 2011년까지는 '사회통합 저해' 문제를 다루는 사회적 기업 수가 '삶의 질 저하'에 속하는 사회적 기업 수보다 많았으나 2012년부터는 그 관계가 역전된 것으로 나타난다. 삶의 질 저하 문제를 해결하는 사회적 기업은 인증제도 시행 초기, 시간제 보육 서비스 등과 같은 육아, 가사 분담 사업을 주로 수행하였는데 최근 들어서는 문화예술 관련 사업을 수행하는 경우가 많아지고 있다. 문화예술 관련 사회적 기업들은 주로 지역사회 내에서 문화적으로 수혜를 받지 못하는 취약계층에게 사회서비스를 제공하거나 문화예술인들 스스로 일자리를 창출하는 방식으로 사회적 가치를 실현하고 있었다.[13]

삶의 질 저하 문제를 해결하는 사회적 기업의 대표적인 사례로 ㈜한신플러스케어와 원주의료복지사회적협동조합 두 곳을 살펴보기로 한다. 먼저, ㈜한신플러스케어는 심리적 불안증세, 우울증 등으로 국민들의 삶의 질이 저하되는 문제를 해소하고자 다양한 계층들을 대상으로 심리 상담을 실시하고 있다. 주목할 만한 부분은 ㈜한신플러스케어가 정서·심리 관련

서비스를 사회서비스 바우처 방식으로 제공하면서 '기업'적 가치를 빠르게 달성하였다는 점이다. 정부가 바우처 제도를 만들면서 자연스럽게 관련 시장이 형성되었기 때문이다. 또한, 4장에서 살펴본 바와 같이, 국민들은 '삶의 질 저하' 문제 중에서도 노인 우울증, 소외 문제를 가장 심각하게 바라봤는데 ㈜한신플러스케어는 이에 걸맞게 노인뿐 아니라 다양한 사람들의 심리적 문제를 다루고 있다는 점에서 주목할 필요가 있다. 사회문제 해결과 더불어, 사업의 전문성 및 서비스 품질 유지를 위해 지속적으로 노력하고 있다는 점에서도 ㈜한신플러스케어는 모범 사례라 할 만하다.

삶의 질 저하 문제를 해결하는 ㈜한신플러스케어

장애인, 노인, 청년, 아동의 심리상담을 목적으로 설립된 ㈜한신플러스케어는 2008년 보건복지부 주관 사회서비스 선도사업의 일환으로 2년 동안 정부지원을 받아 사업의 초석을 다졌다.[14] ㈜한신플러스케어는 심리검사에서 치료 프로그램에 이르기까지 총 6개의 세부사업을 진행하고 있다.

구체적으로는 영유아 발달검사, 정서성격검사, 적성진로검사 등의 검사 프로그램, 놀이치료, 미술치료, 음악치료, 인터넷 중독 치료 등의 치료 프로그램, 개인 상담 및 가족 상담, 집단 상담 등의 상담 프로그램, 부모 교육, 직장인 교육, 전문가 교육 등의 교육 프로그램이 있다. 최근 들어서는 노인건강 증진 프로그램과 함께 바쁜 일상 등으로 지친 근로자들에게 정서조절 및 스트레스 대처 방법을 교육시키는 프로그램도 제공하고 있다. 근로자 대상 프로그램은 가족 구성원들과 함께하는 가족 상담 프로그램과 연계하여 가족 전체의 정서를 안정시키는 효과도 거두고 있다. 이상의 프로그램들을 바탕으로 ㈜한신플러스케어는 현재 서울시 3곳(도봉구, 영등포구, 약수)과 인천시 2곳(부평구, 서구) 등 총 5개의 센터에서 심리치료를 제공하고 있다.

㈜한신플러스케어의 사업이 빠르게 안정화될 수 있었던 이유는 일반 병원 등에서 진행하는 정서·심리와 관련된 서비스를 사회서비스 바우처 방식으로 제공한 것에서 찾을 수 있다. 사회서비스 바우처 사업은 취약계층을 대상으로 정부가 카드를 발급해 주고 일정 비용을 보조해 기관의 서비스를 이용할 수 있게 하는 제도이다.[8)]

8) 현재 국내에 1,000여 개 이상의 전자바우처를 통해 기관의 서비스를 이용할 수 있도록 하고 있다.

설립 초창기에는 이러한 바우처 사업을 통한 매출이 전체의 90%에 달했다. 이후에는 총 매출액의 60%까지 낮아졌는데, 이는 사업의 인지도가 높아짐에 따라 취약계층에서 중산층으로 고객의 폭이 확대되었기 때문으로 볼 수 있다. 특히, 다문화 가정, 스마트 기기, 학교 부적응 등의 문제와 전투경찰 등 특수직 종사자들이 겪는 스트레스가 급증하면서 전문적인 치료를 요하는 경우가 많아짐에 따라 고객층이 넓어진 것이다.

㈜한신플러스케어는 사업의 전문성 향상을 위한 연구개발 및 전문가 양성과 각 센터의 서비스 품질을 유지하는 데 힘을 쏟고 있다. 현재, ㈜한신플러스케어는 약 55명의 상담전문가로 구성되어 있으며 그중 상당수가 파트타임 프리랜서[9]로 있어, 시간선택제 일자리 창출에도 기여하고 있다.[15]

다음으로 살펴볼 원주의료복지사회적협동조합은 지역주민들에게 의료서비스를 제공하여 이들이 건강하고 행복한 삶을 유지할 수 있도록 기여하고 있다. 특히, 외부 재정지원에 의존하기보다는 의료 사각지대를 공략하여 경영난을 직접 해소하려는 움직임을 보이고 있어, 사회적 기업으로서 경제적 가치와 사회적 가치의 균형을 적절히 찾아가고 있음을 알 수 있다. 따라서 원주의료복지사회적협동조합은 고용노동부로부터 인증받은 15개 의료복지사회적협동조합의 대표 사례로서 의의를 가진다.

삶의 질 저하 문제를 해결하는 원주의료복지사회적협동조합

2007년 사회적 기업 인증을 받은 원주의료복지사회적협동조합은 2002년, 치료뿐만 아니라 다양한 교육·훈련 등을 통해 주민들의 질병을 예방하고 이들의 건강을 증진시킬 목적으로 설립되었다. 원주의료복지사회적협동조합은 현재, 다양한 사업들을 펼치고 있는데, 그중 첫 번째는 '정직하고 올바른 의료서비스 만들기 사업'이다. 환자의 권리를 존중하고 약물남용 및 과잉진료를 거부하는 동시에 보건과 예방활동, 방문의료서비스, 고령자 장기요양서비스, 만성질환자 자조관리사업 등을 펼치고 있다. 두 번째 사업은 건강관리프로그램과 건강소모임으로 구성되어

9) 내담자의 예약시간에 맞춰 근무를 진행할 수 있는 특성을 가지고 있기 때문이다.

있는 '지역사회 보건 예방사업'이다. 건강관리프로그램은 당뇨모임과 비만 및 대사증후군 관리 프로그램, 거리 건강검진 사업[10)]으로 구성되어 있으며, 건강소모임은 지역 내 어르신들을 모시고 건강체크, 건강체조, 건강식사나눔 등을 통해 스스로 건강을 지켜나갈 수 있도록 지원하는 건강식사회, 산행을 통해 이웃과 교류함으로써 육체적·정신적 건강을 도모하는 거북이 산악회, 관절 강화를 위한 타이치 운동교실로 구성되어 있다. 세 번째는 '건강하고 행복한 마을 만들기 사업'이다. 여기에는 원주지역의 주거빈곤층이 안심하고 살 수 있도록 저렴한 주택과 안정된 주거환경을 제공하는 '주거복지센터의 주거환경개선사업'과 원주지역의 경로당을 방문하여 어르신들의 건강관리프로그램을 제공하는 '행복한 사랑방 만들기' 사업이 있다.[16]

현재, 원주의료복지사회적협동조합은 의료의 공공성을 유지하면서, 조합원의 추가 출자나 시민 후원에 의존하기보다 의료 사각지대를 공략하여 경영난을 해소하고자 노력하고 있다. 그 결과, 원주의료복지사회적협동조합 소속의 밝음 의원은 고혈압과 당뇨 환자들을 대상으로 한 적정 처방의 공로를 인정받아 건강보험심사평가원으로부터 수백만 원의 인센티브를 받기도 하였다.[17]

사회구조 변화와 관련된 인증 사회적 기업은 2007년 1개에서 2015년 87개로 증가하여 전체 인증 사회적 기업의 약 6.7%를 차지하고 있는 것으로 나타났다. 사회적 위험 영역 내에서 이들 기업이 차지하는 비중은 인증제도 시행 초창기인 2007년 6.3% 정도였다가 2015년 약 15.1%로 2배 이상 증가하였다. 특히, 2012년까지는 사회구조 변화와 관련된 사회적 기업이 완만히 증가하다가 2013년부터 급격히 증가하는 모습을 보이고 있다. 2012년 대비 2013년 증가율로만 보면, 사회적 위험 영역 중 사회구조 변화와 관련된 사회적 기업이 가장 높은 것으로 나타난다. 이는 최근 들어, 저출산 고령화, 가족 해체, 1인 가구 증가, 도농 간 격차 등의 사회문제가 급격히 증가하고 있는 현실에서 기인한다고 볼 수 있다. 하지만, 사회구조

10) 만성질환의 중요성, 이의 조기발견 및 예방을 목적으로 길거리에서 지역주민들의 혈압과 혈당검사를 실시하고 있다.

변화 문제를 해결하고 있는 사회적 기업의 사업 영역은 매우 한정적이다. 이들 사회적 기업들은 주로 농어촌 지역에서 농수산업 진흥을 위한 지원 사업이나 마을조성사업, 도농연계 사업 등을 펼침으로써 도농 간 격차를 완화하는 것에 집중하고 있기 때문이다.

사회구조 변화의 문제를 해결하고 있는 사회적 기업의 대표 사례로 사단법인 마포공동체라디오를 살펴보고자 한다. 총 22개의 단체와 기관의 참여로 시작된 사단법인 마포공동체라디오는 지역사회에서 발생하고 있는 크고 작은 이야기를 전달함으로써 지역문제를 해결하고 지역 공동체에 긍정적인 변화를 이끌어 내고 있다. 이는 1인 가구, 노인 가구 등 사회구조 변화에서 기인하는 다양한 유형의 가구들을 지역 내에 편입시킴으로써 결속력을 높이고, 지역에 활기를 불어넣는다는 점에서 의미가 크다.

사회구조 변화 문제를 해결하는 사단법인 마포공동체라디오

2005년 2월에 설립된 사단법인 마포공동체라디오는 서울시 마포구와 서대문구 일부 지역의 주민들이 직접 참여하여 지역 밀착형 정보를 전달하는 마포FM을 2005년 9월부터 운영하고 있다. 친근한 동네 이웃의 이야기나 일상생활에서 놓치기 쉬운, 작지만 소중한 목소리에 귀 기울이는 마포FM은 주민의 참여를 통해 지역 공동체를 긍정적이고 유쾌하게 변화시키는 것을 목표로 하고 있다.[18]

마포공동체라디오와 마포FM이 탄생한 배경에는 2003년 본격적인 갈등으로 점화된 마포 지역의 '성미산 지키기 운동'이 있다. 서울시는 2003년 주민 반대가 심했음에도 수돗물을 공급하기 위한 배수지를 성미산에 건설하겠다며 무리하게 공사를 시작하였고, 이를 반대하던 지역 주민들은 성미산을 지키기 위해 지역의 현안을 알리는 미디어의 필요성을 몸소 체감하였다. 이 시기가 지역 중심의 공동체 라디오가 정부 정책을 통해 도입되던 때여서 마포구 주민들도 여러 매체 가운데 공동체 라디오를 선택하고 마포FM을 개국하기에 이른 것이다.

이렇게 탄생한 마포FM의 주요 프로그램은 마포의 크고 작은 소식을 전달하는 지역 시사 프로그램부터 구청 앞 SH 성산아파트의 이야기를 다루는 '씽씽마포', 할아버지, 할머니들의 일상을 전하는 '행복한 하루', 주부들의 고민과 동네 이야기 등을 풀어보는 '마포 수다방'까지 다양하다. 최근 들어, 1인 가구가 증가하고, 저출산 고령화 현상이 심화되는 등 사회구조가 급격히 변화하면서 여러 유형의 가구들이 늘어나고 있다. 문제는 서로 간의 교류가 거의 없다는 데에 있다. 하지만, 마포FM은 주민들이 함께 기획하고 제작한 프로그램들로 운영되고 있어, 지역에서 소외되고 있는 1인 가구, 노인 가구 등을 지역 내에 편입시킴으로써 활기를 불어넣고 있다. 자원봉사로 참여하는 120여 명의 방송활동가와 지역 주민들이 중심이 되어 마포FM을 이끌어 가고 있으니, 말 그대로 주민에 의한, 주민을 위한, 주민의 라디오라 할 수 있겠다.[19]

마포FM을 운영하는 사단법인 마포공동체라디오는 이상의 활동을 통해 지역의 가치를 높인 공로를 인정받아, 2013년 사회적 기업으로 인증받았다. 10년이 넘는 활동 덕분에 마포 내에서는 종종 지상파 교통정보나 YTN뉴스보다 청취율이 더 높을 때도 있어, 그 파급력 또한 크다고 볼 수 있다.[20] 하지만, 숙제도 있다. 전파 범위가 넓지 않아 마포의 1/5 지역에서만 라디오를 청취할 수 있다는 점이다. 변화의 폭을 넓히기 위해서는 마포 전역에서 마포FM 청취가 가능해져야 한다. 이때, 지역이 필요로 하는 다양한 사업을 진행하여 임팩트(impact)가 큰 변화를 이끌 수 있을 것이다.

사회통합 저해와 관련된 인증 사회적 기업을 살펴보면, 2007년 10개에서 2015년 220개로 22배 증가하여 전체 인증 사회적 기업의 약 16.9%를 차지하고 있는 것으로 나타났다. 사회통합 저해와 관련된 사회적 기업이 사회적 위험 영역에서 차지하는 비중은 2007년 약 62.5%였으나, 그 이후 지속적으로 감소하여 2015년 현재 약 38.1%까지 낮아졌다. 특히, 사회적 위험 영역 내에서 사회통합 저해 문제를 다루는 사회적 기업의 수가 2011년까지 가장 많았으나, 그 이후부터 삶의 질 저하 문제를 다루는 사회적 기업 수에 뒤쳐지기 시작하였다. 2014년과 2015년, 삶의 질 저하 관련 사회적 기업 수는 꾸준히 증가한 반면, 사회통합 저해 관련 사회적 기업 수는 그대로 유지되어 둘 간의 격차가 더 벌어졌다.

이는 사회통합 저해 문제를 해결하는 사회적 기업들이 주로 사회적 약자들을 대상으로 한정된 사회서비스를 제공하는 한편, 삶의 질 저하 문제를 해결하는 사회적 기업들은 사회적 약자들을 비롯한 보편적 개인들을 대상으로 다양한 사회서비스를 제공하기 때문이라 사료된다. Part I에서 살펴보았듯이, 사회문제의 범위는 취약계층을 넘어 보편적 개인으로까지 확대되고 있는 추세이다. 그에 따라 취약계층을 보호하는 차원을 넘어, 모든 사람들이 주체적으로 자신의 삶을 개척하여 보다 행복한 삶, 건강한 삶, 풍요로운 삶을 영위할 수 있도록 도와주는 것이 더욱 중요해지고 있다. 그럼에도 사회통합 저해 문제를 해결하는 사회적 기업들은 여전히 취약계층을 대상으로 하는 사업에 중점을 두고 있다. 종합해 보면, 최근 들어 보편적 개인의 삶의 질 제고와 관련된 사회적 기업의 중요성이 커졌기 때문에 사회통합 저해의 문제보다 삶의 질 저하의 문제를 다루는 사회적 기업 수가 역전된 것으로 해석해 볼 수 있다.

사회통합 저해 문제를 다루고 있는 사회적 기업들은 장애인 및 다문화 가정, 노인 등 사회적 약자들을 사회에 참여시키기 위한 다양한 사업들을 펼치고 있었다. 대표적인 예로 중증 장애인의 직업재활사업, 재활 및 행동치료 사업, 보조 기기 생산 등을 들 수 있다. 또한, 이들 사회적 기업들이 관심을 가지고 있는 사회적 약자의 유형도 매우 다양하다. 장애인들을 대상으로 하는 사회적 기업의 비중이 가장 높고, 노인, 새터민이나 다문화 가정들을 대상으로 하는 사회적 기업도 상당수 존재하며, 노숙인이나 출소예정자의 사회복귀를 위해 사업을 수행하는 사회적 기업도 더러 존재한다. 최근에는 초·중·고등학생을 대상으로 인권 교육 등을 통해 사회적 약자의 인권 신장을 위한 사업들을 펼치는 사회적 기업들도 생겨나고 있어 사회적 약자들의 사회참여 저변을 확장시키는 데 기여하고 있다.

이의 대표적인 사례로 (사)탈북문화예술인총연합회와 ㈜바리의꿈을 들 수 있다. 현재 우리나라는 다양한 구성원들이 하나의 인격체로 존중받아 공동체로서의 결속감을 다지고 긍정적인 관계를 만들어 가는 것이 중요한 과제로 인식되고 있다. 이러한 상황에서 (사)탈북문화예술인총연합회는 남북 간의 문화적 차이와 탈북민들이 겪는 정착의 어려움을 극복하여 사회통합을 실현하고 있는 사례로서 의미를 갖는다.

사회통합 저해의 문제를 해결하는 (사)탈북문화예술인총연합회

(사)탈북문화예술인총연합회는 2007년, '민족의 혼을 예술로'라는 슬로건 아래 공연 문화를 펼쳐나가기 위해 설립되었다.[11] 북한에서 청년예술단장으로 활동했던 (사)탈북문화예술인총연합회 김영남 대표는 2000년대 초반 우리나라에서 무분별하게 운영되던 사이비 북한 예술단에 반발하며 2003년 지금의 평양예술단을 발족시켰다. 하지만, 턱없이 낮은 공연비와 공연 알선업자의 사기 등으로 심각한 경영난에 봉착했다. 이를 해결하기 위해 2007년, 사단법인 산하 평양예술단을 두고 탈북문화예술인총연합회를 설립하여 사회적 기업 인증을 받게 되었다.[21]

(사)탈북문화예술인총연합회는 다문화 시대로 접어들면서 각자의 다양한 문화를 존중하고 공유하는 것이 중요하다는 사실에 주목한다. 이에, 남과 북의 문화도 단순한 이질감 극복이나 해소를 강요하기보다는 서로를 인정하고 발전시켜야 한다고 주장한다. 이러한 기조 아래, (사)탈북문화예술인총연합회 평양예술단은 각종 문화행사, 축제에서 연간 140회 이상의 공연을 진행함으로써 북한 문화의 장점을 최대한 살리고 북한 음악과 문화를 우리나라 사람들에게 이해시키며 사랑받을 수 있도록 하고 있다. 또한, 탈북여성들이 우리나라에 안정적으로 정착할 수 있도록 경제적, 문화적으로 돕고 있다.

㈜바리의꿈은 다른 국가에서 살아가고 있는 고려인들을 우리 사회 구성원으로 통합시키기 위한 사업을 펼치고 있다. 이 기업은 협동조합 방식의 공동체 구축을 통해 오랜 시간 고려인들이 겪었던 어려움들을 극복함으로써 다문화 시대에 급증하고 있는 갈등, 분열 등 각종 문제 해결에 기여하고 있다는 점에서 의미가 있다고 판단하였다.

11) 산하단체격인 평양예술단이 상부조직인 (사)탈북문화예술인총연합회보다 2년 앞선 2005년에 설립되었다.

사회통합 저해의 문제를 해결하는 ㈜바리의꿈

㈜바리의꿈은 연해주의 고려인을 돕기 위해 2005년 12월에 설립되었으며 2007년 사회적 기업으로 인증받았다. 연해주의 고려인 지원사업은 (사)우리민족서로돕기운동이 1999년 재외동포센터를 설립한 것에서부터 시작된다. 이후, 한국에는 동북아평화연대(사)가, 러시아에는 연해주 동북아평화기금이, 연해주에는 고려인 문화센터가 설립되면서 연해주의 고려인들을 위한 사업이 본격화된다. 2004년에는 연해주의 고려인 재이주 정착마을 1호인 우정마을을 조성하여 이들을 입주시켰으며 주택결연사업이나 농업결연 사업도 함께 이행하였다. 이의 연속선상에서 장류와 유가공 식품을 제조, 유통하는 주식회사 ㈜바리의꿈이 2005년 12월에 설립되었다.

연해주의 고려인 지원사업은 2004~2009년까지 비영리 중심으로 진행되던 것에서 2010년부터 협동조합 방식의 자활·자립 사업으로 전환되었다.[22] 이에 발맞춰 ㈜바리의꿈도 동북아 각지에 이산(離散)되었던 고려인들이 서로 돕고 어려움을 극복할 수 있도록 협동조합 방식의 공동체를 구축해 나가고 있다. ㈜바리의꿈을 포함한 5개의 기업이 ㈜바리의꿈 협동조합을 만들어 자본이나 경쟁이 아닌 협동을 통해 새로운 삶의 모델을 만들고자 노력하고 있는 것이다.[23] 그 결과, ㈜바리의꿈은 '연해주의 선물'과 '이로운 두유', 차가 버섯과 청국장을 융합한 '차가 버섯 청국장 말림' 등을 출시하여 설립 10년 만인 2015년 말, 연 매출액 7억 원을 돌파하였다.[24]

안전 위협 문제를 다루고 있는 사회적 기업 수는 인증제도 시행 초기인 2007년만 하더라도 단 한 곳도 존재하지 않다가 2015년, 15개로 소폭 증가한 것으로 나타난다. 그럼에도, 이들이 사회적 위험 영역에서 차지하는 비중은 매년 4% 미만으로 매우 적은 것으로 나타난다. 안전 위협과 관련된 사회적 기업은 사회적 위험 영역에서뿐 아니라, 전체 인증 사회적 기업 중에서도 자연재해 다음으로 가장 낮은 비중을 차지하고 있다. 4장에서 살펴본 것처럼, 안전 위협 문제에 대해서는 국민들이 다른 사회문제들에 비해 그 심각성을 깊게 인식하고 있지 않은 것으로 나타났다. 하지만, 우리나라는 많은 사람들의 목숨을 앗아가는 대형사고가 주기적으로 발생하고 있으며 이에 대한 정부의 대처 수준도 미흡한 편이다. 안전 위협의 문제야말로 특정 계층만이 아니라, 모든 사람들의 삶을 불안하게 만들 수 있는 소지가 분명하므로 이를 효과적으로 해결할 수 있는 사업 아이템 개발이 필요하다. 이는 사회적 기업에게 새로운 시장을 개척할 기회를 제공할 수 있으므로 매우 중요하다. 현재, 안전 위협과 관련된 문제를 다루고 있는 사회적 기업들은 주로 CCTV 설치나 IT기술을 접목시켜 학교폭력예방, 산업안전, 교통안전, 소방시설관리 등을 수행하고 있다.

이의 대표적인 예로 따뜻한마음 청소년센터와 ㈜블루인더스를 선정하였다. 먼저, 따뜻한마음 청소년센터는 성폭력과 학교폭력, 아동학대 등을 예방하기 위해 다양한 교육 사업을 이행하여 우리 사회가 직면하고 있는 안전 문제를 해결해 나가고 있다. 지역 봉사단에서 시작한 이 조직이 비영리민간단체가 되고 사회적 기업으로 인증을 받기까지 지역의 문제를 해결하고자 했던 사람들과 자원봉사자들의 역할이 컸고 이들의 자발적 노력에 힘입어 사회적 가치를 실현하고 있다는 점에서 의의가 크다.

안전 위협 문제를 해결하는 따뜻한마음 청소년센터

따뜻한마음 청소년센터는 2005년 청소년 자원봉사 및 체험학습 프로그램을 운영하고 연세사회복지관에서 급식봉사를 하던 '신녹회'라는 지역 봉사단에서 출발하였다. 이후, 2010년 서울시 비영리민간단체로 등록되었고 2014년에는 사회적 기업으로 인증[12)]받았다. 따뜻한마음 청소년센터는 지역사회 내에서 발생하는 여러 문제와 고민들을 청소년을 비롯한 학부모, 직장인, 어르신 등 지역사회 주민과 함께 해결해 나가는 예방교육 전문기관이다.

이를 위해 따뜻한마음 청소년센터는 청소년들을 대상으로 학교폭력 예방교육과 성교육, 성폭력 예방교육, 인터넷 중독 예방교육, 금연교육 등을 실시하고 있으며 성인들을 대상으로 올바른 노년기 성문화 교육, 노인성 질환 교육, 보이스피싱 방지 교육, 노인자살예방교육 등을 진행하고 있다. 이 외에도 인재양성을 위해 학

12) 따뜻한마음 청소년센터는 2012년 12월 구로형 예비 사회적 기업으로 지정받았으며, 2014년 서울시 예비 사회적 기업으로 지정된 후, 같은해 12월 고용노동부 사회적 기업으로 인증받았다.

교폭력예방교육사 2급, 자살예방지도자 과정 등을 운영하고 있으며 지역아동센터 5대 안전의무교육을 통해 폭력 및 아동학대 예방교육, 실종·유괴 예방교육, 약물 오용/남용 예방교육 등도 실시하여 지역민들의 안전을 위협하는 각종 문제들을 감소시키기 위해 노력하고 있다.

특히, 건강한 청소년을 육성하기 위해 학업 및 성 문제 심층상담, 학교 폭력 및 학교 부적응, 가정불화, 부모-자녀 관계, 대인관계 등의 문제들을 해결하는 데 집중하고 있다. 매년 모범 청소년에게 장학금도 지원하고 있으며 따뜻한 공간이라는 이름으로 맞벌이 부부의 자녀들을 위한 무료 공부방 등을 운영함으로써 지역사회에 공헌하고 있다.[25]

산업안전 및 보건환경 관련 제품을 생산하는 ㈜블루인더스는 더 많은 사회적 가치를 창출하기 위해 사회적 기업을 선택한 특수한 경우이다. ㈜블루인더스는 '산업안전' 분야라는 특화된 사업 영역을 개척하고 있다는 점에서 사회문제 해결사로서 사회적 기업의 지속가능성을 높이기 위한 방향을 제시하고 있으므로 그 의의가 크다.

안전 위협의 문제를 해결하는 ㈜블루인더스

2008년에 설립된 ㈜블루인더스는 산업안전 제품을 개발하고 유통하는 산업안전분야 최초의 사회적 기업이다. 경영상의 어려움을 극복하기 위한 목적으로 사회적 기업 인증을 받는 여타 기업들과는 달리, ㈜블루인더스는 사회에 기여하기 위해 2010년, 사회적 기업 인증을 받았다는 점에서 모범사례가 될 만하다.[26] "기업의 실리보다는 안전성과 편리성을 갖춘 좋은 제품을 만드는 것이 사회적 기업 정신"이라고 표현하는[27] ㈜블루인더스는 직원의 70% 이상을 장애인을 비롯한 취약계층으로 채용하고 기업 이익금의 2/3 이상을 사회적 목적으로 환원할 것을 약속하고 있다.[28]

㈜블루인더스는 크게 산업안전 제품과 보건환경 제품을 생산하고 있다. 산업안전 제품으로는 방진마스크 등 호흡보호구와 용접복, 장갑류, 도장/사상복 및 기타 부자재, 일반산업 안전용품 등이 있으며 보건환경 제품으로는 전동 휠체어 및 대기용 필터류 등이 있다. 특히, 작업자의 건강과 환경을 생각한 유해물질 0%의 산업

안전용품을 제작함으로써 사회적 가치를 실현하고 있다.

㈜블루인더스는 설립 초기와 비교해 보면, 3년 사이 직원 수가 5배 가까이 늘어나는 등 기업 규모가 급속도로 확장되었다. 2012년에는 SK그룹 행복나래㈜와 우선구매 협약을 체결하고 2013년에는 부산시의 후원으로 다른 기업들과 사회적 기업 지원 협약을 체결하면서 시장을 더욱 확장시켜 나가고 있다. 최근에는 블루방역 황사마스크가 TV 공영 홈쇼핑에서 완판을 기록하여 1억 원의 매출을 올리기도 했다.[29] 모기업이 경제적으로 성공을 거두었을 때 더 큰 경제적 성과를 창출할 목적으로 사업을 다각화하는 일반 기업들과는 달리, 사업 규모가 확장되더라도 내실을 튼튼히 다져 사회적 기업계의 롤모델이 되겠다는 ㈜블루인더스의 귀추가 주목된다.

환경파괴 영역의 사회적 기업: 환경오염, 자원고갈, 자연재해

마지막으로 신(新) 사회문제 중 환경파괴 영역에 해당하는 사회적 기업에 대해 알아보자. 환경파괴 영역에 속하는 인증 사회적 기업은 2007년 10개에서 지속적으로 증가하여 2015년 현재 전체 인증 사회적 기업의 약 13.5%에 해당하는 176개를 기록하였다. 앞에서도 언급하였듯이, 환경파괴 영역의 사회적 기업은 경제적 불평등, 사회적 위험 영역에 비해 절대적인 수치는 물론, 상대적인 비율도 가장 낮다. 환경파괴 영역에 속하는 중분류 사회문제는 환경오염, 자원고갈, 자연재해 3가지이나 우리나라에는 자연재해 문제를 다루는 사회적 기업이 부재하다. 이에, 환경오염과 자원고갈 문제를 해결하고 있는 사회적 기업을 중심으로 살펴보도록 한다.

먼저, 환경오염과 관련된 인증 사회적 기업은 2007년 2개에서 2015년 105개로 가파른 증가세를 보이면서 성장하였다. 환경파괴 영역 중 환경오염 문제를 해결하는 사회적 기업의 비중도 2007년 20%에서 2015년 약 59.7%까지 높아져 전체 인증 사회적 기업의 약 8.1%를 기록하고 있다. 특히, 환경오염과 관련된 사회적 기업 수가 2012년부터 자원고갈 문제를 다

[그림 5.4] 환경파괴 영역의 세부 사회문제별 사회적 기업 수 변화 추이(누적)

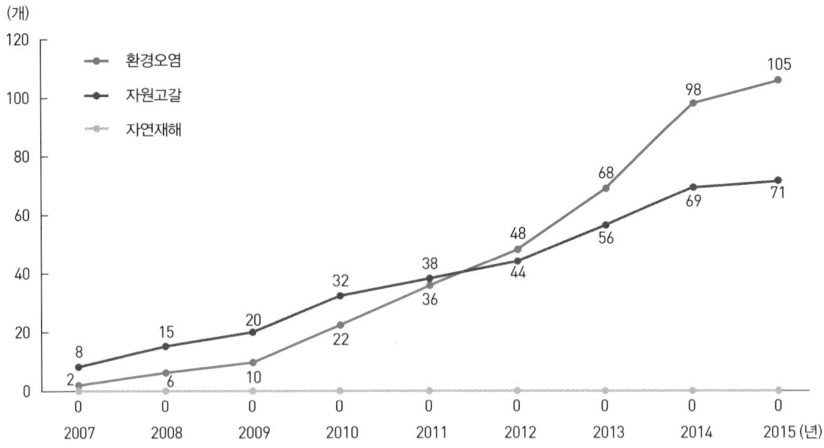

루는 사회적 기업 수를 앞서는 것으로 나타났다. 2012년 이후, 시간이 지날수록 환경오염 문제를 다루는 사회적 기업 수와 자원고갈 문제를 해결하는 사회적 기업 수 간의 격차가 더 커지고 있음도 확인할 수 있다. 이는 Part I에서 살펴본 바와 같이, 환경오염과 관련된 국제사회의 담론이 최근 들어 확산되고 있기 때문이라고도 볼 수 있다. 환경오염 문제를 해결하는 사회적 기업 수가 지속적으로 증가하는 현재의 추세는 4장에서 살펴본 국민 인식조사 결과와 비교해 봤을 때, 긍정적인 현상이라 할 수 있다. 국민들이 심각하게 인지하는 사회문제 중 하나가 환경오염과 기후변화였기 때문이다. 그러나 전체 사회문제별 사회적 기업 분포도와 비교했을 때, 환경오염 문제를 다루는 사회적 기업 수가 상대적으로 부족하다는 점에서 개선이 필요하다. 환경오염 문제를 해결하는 사회적 기업은 주로 친환경 농수산물 생산 및 로컬푸드, 천연 염색, 친환경 세제, 생태체험 프로그램 등의 사업을 수행하고 있는 것으로 나타났다.

환경오염 문제를 다루는 사회적 기업의 대표 사례로 ㈜송지를 선정하였다. 천 기저귀 세탁 전문기업인 ㈜송지는 일회용 종이 기저귀 사용에 의해 발생하는 환경오염 문제를 줄이고자 천 기저귀를 보급하고 이의 사용을 권장하고 있다. 천 기저귀 사용을 통해 매년 6만 그루가 넘는 나무를 보존할 수 있기 때문에 ㈜송지의 사회적 영향력은 매우 크다고 볼 수 있다. 이러한 성과를 토대로 ㈜송지는 2012년 서울시 혁신형 사회적 기업, 2016년 서울시 사회적 경제 우수기업으로 선정되어 사회적 기업의 모범 사례로 평가받고 있다.

환경오염 문제를 해결하는 ㈜송지

㈜송지는 2010년 국제NGO인 생명누리공동체 패밀리케어사업단을 모태로 설립된 천 기저귀 세탁 전문기업이다. 이 기업은 자사의 천 기저귀 세탁 서비스 이용 시 천 기저귀도 함께 제공하고 있으며 현재 7% 정도로 추정되는 국내 천 기저귀 사용률을 30% 이상으로 끌어올리는 것을 목표로 한다. 일회용 종이 기저귀를 착용할 경우, 아이가 태어나 기저귀를 뗄 때까지 약 5,000개가 사용되는데, 이것이 완전히 썩는 데 150년이 걸리며 아이 1명당 187kg의 목재를 필요로 한다. 이러한 일회용 종이 기저귀 쓰레기가 국내에서만 매년 20만 톤이 발생하고 있으며 대부분 매립하거나 소각하는 방식으로 처리된다. 이의 문제를 해결하고자 ㈜송지는 천 기저귀 보급을 주도적으로 이끌고 있다.

사실, ㈜송지가 국내 1호 천 기저귀 보급 업체는 아니다. 이미 천 기저귀 세탁업체와 천 기저귀 대여업체가 존재했지만, 저조한 천 기저귀 사용률로 인해 심각한 경영난을 겪고 있었다. 이에, ㈜송지가 2010년 총 2곳의 업체를 인수하면서 한국 사회에 천 기저귀 보급의 제2막을 열었다. 이후, 2012년 4월, 사회적 기업으로 인증받았고 그 해 11월 서울시 혁신형 사회적 기업으로, 2016년 1월에는 서울시 사회적 경제 우수기업으로 선정되었다. 특히, 서울시에서는 천 기저귀 세탁 서비스 보조금을 지급하고 있어 연간 서울 시민 2만 명 정도가 세탁료의 70%를 지원받고 있다.[13)] [30] 이 수치만 고려하더라도 매년 1억 개의 일회용 종이 기저귀가 땅에 묻히지 않아도 되고 6만 그루가 넘는 374만kg의 목재를 절약할 수 있어 환경에 미치는 사회적 영향력이 상당히 크다고 볼 수 있다. 서울시를 제외하면, 정부의 천 기저귀 사업 지원이 미약한 수준이지만, 일회용 기저귀 폐기물 부담금으로 조성되는 연간 179조 원(2017년 기준)의 재원[31]을 '천 기저귀 사용 장려'에 활용한다면 관련 사업은 더욱 확장될 수 있을 것이다.

13) 2015년 1월 기준.

자원고갈 문제를 다루는 사회적 기업 수는 2007년 8개에서 2015년 71개로 증가하여 현재, 환경파괴 영역의 약 40%를 차지하는 것으로 나타났다. 반면, 전체 인증 사회적 기업 중에서는 2015년 기준으로 자원고갈 문제를 해결하고 있는 사회적 기업이 약 5.5%에 그쳤다. 자원고갈 관련 사회적 기업은 2008년, 전년도에 비해 가장 많이 증가한 것으로 나타났으나, 그 이후부터는 완만한 기울기를 보이며 증가하였다. 이들 기업은 환경오염 문제를 다루는 사회적 기업보다 그 증가 속도가 느렸다. 그 결과, 2011년까지는 환경오염 문제를 해결하는 사회적 기업보다 자원고갈 문제를 해결하는 사회적 기업 수가 더 많았으나, 2012년부터는 환경오염 문제를 다루는 사회적 기업 수가 더 많아지는 것으로 나타났다. 자원고갈과 관련된 사회적 기업은 주로 자원 재활용 및 재사용에 초점을 맞추고 있어, 환경오염 문제를 다루는 사회적 기업에 비해 사업의 종류 및 폭이 제한적이라는 특징도 지닌다.

자원고갈 문제를 다루는 대표적인 사회적 기업 사례로 ㈜에코시티서울과 서울시민햇빛발전협동조합을 들 수 있다. '서울시 도시광산 사업'이라 불리는 SR센터를 위탁 운영하고 있는 ㈜에코시티서울은 자원 재활용 사업을 통해 자원고갈 문제를 해결하는 사회적 기업을 대표한다. 서울시민햇빛발전협동조합은 인증 사회적 기업은 아니지만, 화석연료를 포함한 천연자원의 고갈 문제, 핵발전소의 위험에 대응하기 위해 햇빛 발전소 보급에 심혈을 기울임으로써 기존 자원고갈 문제를 다루는 사회적 기업보다 폭넓은 사업 영역을 구축하고 있다. 이를 바탕으로 2015년 1,800여 가구에 미니햇빛발전소를 보급하는 등의 성과를 달성하였다. 서울시민햇빛발전협동조합의 사례는 사회문제 해결을 통해 사회적 가치를 실현하고 있음에도, 사회적 기업 인증을 받지 않는 조직들을 대표함으로써 사회적 기업 인증제도의 문제점을 논할 수 있는 계기를 제공한다는 점에서 의의가 있다.

자원고갈 문제를 해결하는 ㈜에코시티서울

㈜에코시티서울은 '서울시 도시광산 사업'이라 불리는 SR센터를 위탁 운영하기 위한 컨소시엄 법인으로 설립되었다. 2009년, SR센터 개소에 맞춰 (사)재활용대안기업연합회, (사)한국전자산업환경협회, SK가스㈜가 에코시티서울컨소시엄을 구성하여 에코시티서울사업단을 설립하였으며 2011년에 ㈜에코시티서울로 법인화한 후,[14)] 사회적 기업으로 인증받았다.

㈜에코시티서울은 서울시 25개 지역의 가정에서 버려지는 소형폐가전, 폐휴대폰, 폐사무기기 등을 수거해 분해공정을 거쳐 자원화하는 사업을 이행하고 있다. 연간 72만 개(3,600톤)의 전자 폐기물을 처리하고 고철, 비철, 구리, 플라스틱, 인쇄 회로기판 등으로 구분되는 자원을 추출해 판매하고 있다.[32]

2017년, (주)에코시티서울은 SR센터에서 3,468대의 소형폐가전과 44,849대의 폐휴대폰을 수거하여 재활용했다.[33] ㈜에코시티서울은 자원 순환 판매로 얻은 기금을 사회에 환원하고 있는데, 2009년 사회복지공동모금회에 약 2억 2,000만 원을 기부한 것을 시작으로 2009년부터 2012년까지 4년 간 약 7억 6,000만 원을 기부했다.[34] ㈜에코시티서울은 서울시 '도시광산'에서 캐낸 폐금속 자원을 순환시켜 자원 절약에 기여하는 한편, 이 과정에서 발생하는 수익도 사회로 환원하여 사회적 기업으로서의 사회적 영향력을 확대시키고 있다.

자원고갈 문제를 해결하는 서울시민햇빛발전협동조합

서울시민햇빛발전협동조합의 경우, 조만간 고갈될 화석연료 및 천연자원 문제와 더불어 핵발전소의 위험을 인식하고 이에 대응하기 위해 햇빛발전 보급에 심혈을 기울이고 있다. 2014년, 서울시 노원구 상원초등학교 옥상에 지역주민과 교사, 학생 등의 출자로 37.2kW 용량의 햇빛발전소를 세우기도 했으며 이때부터 2016년까지 각 가정의 베란다 난간이나 옥상 등에 쉽게 설치할 수 있는 250W 용량의 미니 햇빛발전소를 보급하고 있다. 2015년 한 해에만 1,800여 가구가 서울시민햇빛발전협동조합을 통해 베란다 등에 미니 햇빛발전소를 설치했다.[35] 햇빛발전소는 화석연료를 지속적으로 소모할 필요가 없을 뿐 아니라, 핵발전소와 달리 블랙아웃과 같은 사회적 위험을 초래하는 정전사태를 발생시킬 확률도 적다.

14) SK가스㈜는 2010년 컨소시엄을 탈퇴하였다.

서울시민햇빛발전협동조합은 이상의 사회적인 목적을 지니고 있음에도, 사회적 기업으로 인증받지 않았다. 사회적 기업 인증제도 자체가 인건비 지원 등을 통해 기업 설립 초기에 발생하는 재정적 불안을 해소하고 취약계층을 대상으로 한 일자리 창출에 초점이 맞추어져 있기 때문에 이미 충분한 역량을 보유하고 있는 기업의 경우, 사회적 기업 인증의 필요성을 느끼지 못 한다. 또한, 서울시민햇빛발전협동조합은 서울시로부터 미니 태양광 발전 설치비(서비스 이용 요금 보조)를 지원받고 있어 사회적 기업 인증이 추가로 필요하지 않았을 가능성이 높다. 서비스 이용 요금 보조는 소비자로 하여금 사회 서비스 이용을 촉진하여 관련 시장을 확장시키기 때문에 인건비 지원 등 단순한 경제적 지원보다 훨씬 더 매력적이라 할 수 있다.

사회문제 해결사로서 사회적 기업의 한계

지금까지 사회문제 영역별 사회적 기업 분포도와 함께 대표 사회적 기업 사례들을 살펴봄으로써 이들이 어떠한 방식으로 사회문제를 풀어 나가는지 확인해 보았다. 대체적으로 시대별로 강조되는 보편적 이념이 변화함에 따라 관련 사회문제를 해결하기 위한 사회적 기업들도 증가하는 경향을 보였다. 그럼에도 현재 우리나라의 사회적 기업을 사회문제 해결사라고 부르기에는 몇 가지 아쉬움이 남는다.

첫째, 사회적 기업이 우리 사회의 심각한 사회문제들을 모두 해결하고 있지는 않다. 사회적 기업이 주로 분포하고 있는 사회문제 영역은 노동 불안정, 삶의 질 저하, 사회통합 저해였다. 반면, 안전 위협, 자연재해 관련 문제를 다루는 사회적 기업은 상대적으로 그 비중이 매우 낮거나 존재하지 않았다. 이는 4장에서 살펴본 사회적 기업가들을 대상으로 한 인식 조사 결과에서도 확인할 수 있다. 사회적 기업가들은 안전 위협의 문제를 다른 사회문제들에 비해 심각하게 받아들이지 않았으며, 자연재해 문제 해결에 사회적 기업의 기여도가 가장 낮을 것이라고 인식하고 있었기 때문이다. 하지만, 현재 우리나라는 어떠한 사회문제도 그 중요성이 낮다고 말할 수 없을 정도로 심각한 위기에 처해있다. 이를 직접 체감하는 국민들의 입장에서는 모든 사회문제가 상당히 크게 느껴진다. 그렇기 때문에 사회문제 중심으로 보았을 때, 현재와 같은 사회적 기업의 불균형적인 분포는 심각한 문제가 아닐 수 없다. 더 큰 문제는 4장의 국민 인식 조사 결과에서도 살펴보았듯이, 국민들이 심각하게 생각하는 사회문제와 실제 사회적 기업이 해결하고 있는 사회문제 간에 괴리가 있다는 점이다. 따라서 시민들의 기대에 발맞춰 다양한 사회문제들을 균형적으로 해결해 나가기 위해서는 사회적 기업가들 스스로 새로운 사회가치를 탐색하고 이에 적극적으로 도전해야 한다.

둘째, 사회적 기업 사례들을 살펴보면서 발견한 또 다른 아쉬움은 사회적 기업의 사회적 성과를 명확하게 설명하고 있는 경우가 드물었다는 사실이다. ㈜에듀머니와 같이, 사회적 성과를 정리하여 기업을 소개하는 경우도 있었고 ㈜송지와 같이, 천 기저귀를 통해 얼마나 많은 목재를 절약할 수 있었는지를 명확히 밝힌 곳도 있었다. 하지만, 대부분의 사회적 기업들은 해당 사업의 성과를 진행 사업들을 나열하거나 몇 명의 취약계층을 고용하였다는 식으로 설명하고 있어 실질적인 사회적 영향력을 파악하기에 불분명한 경우가 많았다. 노동 불안정 문제나 사회통합 저해 문제와 같이 취약계층의 고용이 해당 사회문제를 해결하는 중요한 요소인 경우에는 그러한 설명이 당연하다고 할 수 있다. 그럼에도, 사회적 기업 저마다 고유한 사회적 목적을 가지고 있다는 사실을 감안해 보면, 그 성과를 명확히 설명하지 못하는 것에 대해서는 아쉬움이 남는다.

사회적 기업이 사회문제 해결사로서의 역할을 하기 위해서는 어떠한 사회문제를 해결하고자 하는지, 이를 바탕으로 어떠한 사회적 성과를 창출하고 있는지 그들 스스로 규명하려는 노력이 필요하다. 물론, 사회적 성과를 매출이나 이익 등의 경제적 성과처럼 특정한 수치로 구체화하기 어렵다는 점에는 우리 모두 동의하는 바이다. 그러나 현재 이를 측정하고 평가하려는 시도들이 곳곳에서 진행되고 있다. 머지않은 미래에는 사회적 기업들이 자신의 사회적 성과를 경제적 성과처럼 화폐화시켜 보고하는 것이 일반화될 수 있다. 사회적 기업이 사회문제를 보다 균형적으로 해결해 나가도록 만들기 위해서는 사회문제 해결을 통해서도 충분히 그 성과를 인정받고 수익을 창출할 수 있다는 믿음을 널리 확산시키는 것이 가장 필요하다. 이런 점에서 본다면, 사회적 기업이 사회문제 해결을 통해 창출해 낸 사회적 성과를 측정하고 평가하는 노력이 매우 중요한 과제로 남아있음을 알 수 있다.

마지막으로 사회적 기업 사례를 살펴보면서 발견한 또 다른 아쉬움은 사회적 혁신 생태계에 정부로부터 사회적 기업 인증을 받지 않는 기관이 다수 존재하고 있다는 점이다. 앞의 사례에서 살펴본 것과 같이, 서울시민햇빛발전협동조합은 정부로부터 사회적 기업 인증을 받지 않고 사업을 추진하고 있다. 실제로 환경파괴 문제를 해결하고 있는 기업들을 살펴보면, 한살림, 아이쿱, 행복중심 등 소비자생활협동조합도 다수 존재한다. 이들은 여타 사회적 기업들에 비해 거대한 조직 규모를 바탕으로 사회문제 해결에 필요한 충분한 역량을 보유하고 있음에도, 정부로부터 사회적 기업 인증을 받지 않고 있다.

이는 우리나라의 사회적 기업 인증제도가 사회문제 해결을 목적으로 하는 사회적 기업의 질적 성장과 관련 시장의 확대에 기여하지 못하고 있음을 시사한다. 사회적 기업이 다양한 사회문제를 해결하기 위해서는 장기적인 안목을 가지고 창의적인 아이디어와 기술을 개발하는 것이 필요한데, 현재 정부가 제공하고 있는 인건비 중심의 단기적인 재정지원만으로는 이를 실현하기가 매우 어렵기 때문이다. 따라서 다양한 사회문제를 해결하도록 사회적 기업을 육성시키기 위해서는 사회적 기업을 둘러싼 제반 환경을 변화시켜 사회적 혁신 생태계가 풍성해질 수 있도록 해야 한다. 이의 대표적인 예로 ㈜진천주거복지센터두꺼비하우징, ㈜포스코휴먼스, ㈜한신플러스케어, ㈜에코시티서울 등과 같이, 사회적 기업이 지역사회, 대기업 등 다양한 행위 주체들과 협력하여 사회문제를 해결함으로써 사회적 영향력을 확장시키는 것을 들 수 있다.

우리나라의 사회적 기업이 사회문제 해결사로서 역할하기 위해서는 이상의 세 가지 문제점이 개선되어야 한다. 무엇보다, 우리나라 사회적 기업의 가장 근본적인 문제는 노동 불안정 등 일부 사회문제 영역에 치우쳐 발전하고 있다는 사실이다. 두 번째와 세 번째 문제점은 우리나라의 사회적 기업이 다양한 사회문제를 해결하지 못하는 근본적인 원인이라 볼 수 있다. 따라서 다음 절에서는 현재, 사회적 기업이 부족한 사회문제 영역 중심으로 국내외 선진 사례들을 살펴봄으로써 우리나라 사회적 기업이 사회문제 해결사로서 적절히 기능하기 위해, 그리고 보다 다양한 사회문제를 다루기 위해 필요한 요소들을 확인하도록 한다.

선진 사회적 기업, 어떻게 사회문제를 풀어가고 있나?

우리나라는 대부분의 사회적 기업이 '취약계층 일자리 창출'에 집중하고 있다. 일반 청년들의 실업 문제도 심각하지만, 사회적 기업이 이러한 문제까지 해결하고 있지는 못하다. 사회적 기업이 청년층을 끌어들일 만한 매력적인 비즈니스는 아니기 때문이다. 사회적 기업을 창업하거나 사회적 기업에 취업하는 것은 선의를 위해 희생을 감수하는 것으로 인식되는 경우가 많다. 청년층이 사회적 기업으로 눈을 돌리려면, 일자리 혹은 사회서비스 제공 등의 한정된 비즈니스 영역에서 벗어나야 한다. 다양한 사회문제를 해결할 수 있는 창의적인 비즈니스 모델과 핵심 기술을 가진 사회적 기업이 많아져 착한 일을 하면서도 성공할 수 있음을 보여줘야 한다. '취약계층 일자리 창출'의 천편일률적인 소셜 미션을 넘어, 차별화된 사업 영역을 발굴할 때, 사회적 기업의 성공 가능성을 높일 수 있다. 이를 위해 사회문제 지형도를 그려보고 사회문제 해결 수요와 공급의 불일치(mismatch)를 확인하여 틈새시장을 개척하는 것이 절실하다.

지금까지 우리나라의 사회적 기업은 정부 지원에 의해 성장한 측면이 커 다양한 사회문제를 해결할 아이디어나 기술을 발전시킬 유인이 부족했다. 일단, 정부로부터 사회적 기업 인증을 받으면 최대 5년간 인건비 등의 재정 지원 혜택을 얻을 수 있기 때문에 많은 사회적 기업들이 정부 지원에 의존하고 있다. 그러다 보니, 창의적인 아이디어를 가지고 사회적 기업에 뛰어든다 하더라도 타성에 젖기 쉽다. 이것이 우리나라에서 탄탄한 경쟁력을 가진 사회적 기업 사례가 드문 근본적인 이유다.

해외로 눈을 돌리면, 사회적 기업 성공 사례가 비교적 풍부하다. 사회적 경제가 시민사회에 의해 자생적으로 발전해 왔기 때문에 사회문제를 해결할 의지가 높고, 이를 뒷받침할 번뜩이는 아이디어와 기술을 보유한 사회적 기업이 많다. 사회적 가치와 경제적 가치의 동반 성장이 가능함을 보여주는 사례들을 어렵지 않게 찾아볼 수 있다. 비교적 다양한 영역에서 사회문제를 해결할 아이디어와 핵심 기술을 무장한 청년 사회적 기업가 사례도 많다. 참신한 아이디어를 가진 젊은 층이 사회적 기업에 많이 뛰어들 때, 창의적인 기술로 다양한 사회문제를 해결함으로써 사회 변화를 촉발시킬 수 있다. 그럼, 이제부터 사회적 기업이 부족한 사회문제 영역 중심으로 관련 문제를 해결해 나가고 있는 대표적인 국내외 선진 사례를 살펴보자.

환경파괴 문제를 해결하는 선진 사례

우리는 앞서, 사회문제 영역별 사회적 기업 분포도를 확인하였다. 경제적 불평등, 사회적 위험, 환경파괴의 대분류 영역별 분포를 보면, 절대적·상대적으로 환경파괴 부문의 사회적 기업이 부족한 것으로 나타났다. 환경문제를 해결하기 위해서는 창의적인 기술과 혁신성을 갖춘 아이디어들이 뒷받침되어야 하기 때문에 초기 투자 비용이 많이 든다. 그러나 현실적으로 사회적 기업이 이러한 역량과 자원을 구축하기 어려우므로 환경보존을 소셜 미션(social mission)으로 삼고 있는 대부분의 사회적 기업들은 버려진 물건들을 재활용하는 형태로 사업을 이어나가고 있다. 최근 들어, 친환경 세제, 로컬푸드 생산 등으로 사업 영역을 확장해 나가고 있지만, 여전히 전 세계적으로 발생하고 있는 이상고온, 기습 폭우, 폭염, 미세먼지, 벼락 및 돌풍, 자원고갈 등 다양한 환경문제에 선제적으로 대응하기에는 역부족인 듯하다.

환경 개선을 선도적으로 이끄는 해외의 성공 사례를 살펴보면, 우리나라에 시사하는 바가 크다. 이의 대표적인 예로 네덜란드의 오션클린업이 있다. 이 기업은 막대한 환경 피해를 줄일 창의적인 아이디어를 실현할 기술 개발에 박차를 가하고 있다.

네덜란드의 오션클린업

2012년, "바다 스스로 쓰레기를 청소하게 만들겠다."는 독특한 발상을 가진 보얀 슬랫(Boyan Slat)에 의해 창립된 오션클린업은 조그마한 아이디어 하나로 세상을 바꿀 놀라운 일을 기획하고 있다. 보얀 슬랫은 역대 최연소인 19살의 나이로 2014년 유엔환경계획(United Nations Environment Program: UNEP)이 주최하는 '지구환경대상'을 수상하기도 하였다. 그가 생각해 낸 아이디어는 원형으로 순환하는 '해류 소용돌이(Gyre)'를 이용하여 바다 내 플라스틱 쓰레기를 한 곳에 모으고 이를 수거하겠다는 것이었다. 구체적으로는 북태평양 해류에 길이 100km, 높이 3m에 달하는 V자 모양의 플라스틱 막대를 설치하면 해류가 회전하면서 플라스틱 쓰레기가 막대에 와 저절로 붙게 되며, 이를 태양광 발전을 이용해 회수장치로 옮기는 원리이다. 물고기 등 다른 해양 생물체는 3m 하단으로 통과할 수 있기 때문에 해양 생태계에 미치는 악영향은 전혀 없다. 이는 배를 통해 플라스틱 쓰레기를 회수하는 기존의 방법보다 비용이 1/33 수준으로 절감되고 그 속도도 7,900배 빠르다고 한다. 이때, 수거된 플라스틱 쓰레기를 재활용하고 되팔아 수익을 올리고 그 수익으로 다시 쓰레기를 수거하는 것이 이 기업의 사업 모델이다. 2016년 봄, 일본 쓰시마섬에서 시험 단계를 거쳐 2019~2020년쯤에는 본격적으로 이 기술을 태평양에서 사용할 수 있을 것으로 예상된다.

이 사례에서 놀라운 사실은 2012년, 정부나 환경보호단체도 아닌 17세 네덜란드 소년, 보얀 슬랫이 TED를 통해 이 프로젝트를 제안하고 200만 달러를 크라우드펀딩으로 조달해 기업 창립까지 이어왔다는 것이다. 보얀 슬랫의 이 아이디어는 플라스틱이 한 곳에 머물지 않고 계속 움직이기 때문에 청소하기 어렵다는 기존의 생각을 역으로 전환한 데서 출발한다. 문제의 원인이 곧 해결책이 될 수 있다는 발상의 전환을 꾀한 것이다. 전 세계적으로 매년 미국 엠파이어스테이트 빌딩

2개에 달하는 쓰레기가 바다에 버려지는데 이로 인해 100여 종의 생물이 멸종될 수 있으며 1,300만 달러의 경제적 손실을 야기할 수 있다고 한다.[36, 37] 바다로 유출된 플라스틱 쓰레기가 해양 오염, 해양 생태계 파괴만 야기하는 것이 아니라, 자원고갈, 인류의 삶 위협 등 심각한 부작용을 양산하게 되는 것이다. 오션클린업은 창의적인 아이디어와 기술로 전 세계적으로 심각한 환경오염 문제를 혁신적으로 줄여나갈 준비를 하고 있다. 직원은 15명에 불과하지만, 기술 개발을 위해 과학자, 엔지니어를 포함한 120명의 자원봉사자들로부터 지원을 받고 있다. 또한, 이미 30개가 넘는 회사에서 재활용 플라스틱 상품을 구매하겠다는 의사를 전하고 있다고 한다.[38]

위의 사례가 독창적인 아이디어와 기술로 환경문제를 혁신적으로 해결하고자 한 경우라면, 다음 사례는 사회문제 해결 의지와 아이디어의 결합으로 환경 보호에 일조하고 있는 경우라 할 수 있다.

인도의 베이키스

인도의 베이키스는 농업 전문 컨설턴트인 나라야나 피사패티(Narayana Peesapaty)에 의해 2010년에 설립된 사회적 기업이다. 피사패티는 인도에서만 한 해 1,200억 개의 일회용 숟가락과 포크가 사용된다는 점에 착안하여 쓰레기의 양을 획기적으로 줄이기 위한 식용 숟가락과 포크인 에디블 컷러리(Edible Cutlery)를 개발했다. 에디블 컷러리는 팥, 수수, 쌀, 밀 등을 주원료로 하며 방부제가 전혀 들어가지 않아 사용 후에 먹을 수도 있다. 쓰레기로 배출해도 5일 정도가 지나면 자연분해되어 환경오염의 부담도 적다.

에디블 컷러리는 인도에서만 이미 150만 개 이상이 팔린 것으로 전해진다. 지난 2016년 3월에는 세계 시장으로 판매를 확대하기 위해 크라우드 펀딩을 시작했는데, 시작 한 달 만에 목표액이었던 2만 달러의 10배가 넘는 27만 8874달러를 모으기도 했다. 단맛, 매운맛, 플레인 등의 다양한 맛으로 출시된 에디블 컷러리의 공식 판매가격은 100개당 325루피(한화 약 5,600원)이다. 현재는 플라스틱 제품과 가격이 비슷해 경쟁력이 덜하지만, 앞으로 농부와 직거래를 통해 재료를 조달하고 직접 제조하여 생산량을 늘려나가면 가격을 더욱 낮출 수 있을 것으로 예상된다.

베이키스의 존재 이유는 환경을 보호하고 사람의 건강을 지키는 것으로 확고하다. 설립자 피사패티는 "현재 우리는 플라스틱 제품 사용에 너무 익숙해져 있는데 이 습관을 변화시키는 것이 베이키스의 최종 목표"라고 강조한다.[39]

이 사례의 경우, 인도에서 1,200억 개, 전 세계에 걸쳐 셀 수도 없는, 이 거대한 플라스틱 쓰레기 문제를 먹으면서 해결할 수 있다는 발상의 전환을 꾀한 점이 독특하다. 전 세계 환경오염을 개선하는 데 그치는 것이 아니라, 사람들의 건강까지 생각하는 피사패티의 의지가 돋보이는 사례라 할 수 있다. 기업의 수익성이 사회문제 해결과 직결된다는 점에서 우리에게 시사하는 바가 크다.

이상의 두 가지 사례는 혁신성, 창의적인 아이디어, 기술을 겸비한 사회적 기업이라는 존재가 기존의 정부 정책보다 사회문제를 얼마나 더 효율적으로 해결할 수 있는지 잘 보여준다. 이 외에도 아이디어 하나로 환경문제를 해결해 나가고 있는 해외 사회적 기업들의 성공 사례는 상당히 많다.

따라서 우리나라에도 환경문제를 개선하기 위한 혁신성, 기술을 동반한 사회적 기업들이 많아져야 한다. 지금 당장의 발전만을 생각한다면, 환경문제에 그렇게 신경을 쓰지 않아도 된다. 하지만, 전 세계적으로 환경오염 때문에 겪게 될, 미래 인류에게 닥칠 재앙들을 생각해 본다면, 지금부터라도 이 문제를 혁신적으로 해결해야 한다.

4장에서 살펴본 것처럼, 국민들이 국회의원보다 환경문제를 더 심각한 것으로 받아들이고 있었다. 이는 국민들이 환경문제를 심각하게 생각하는 것만큼 관련 정책의 우선순위가 높지 않음을 시사한다. 다행스러운 것은 사회적 기업가들이 환경오염 문제에 대해 심각하게 인지하고 있다는 점이다. 이는 환경문제를 해결하기 위한 사회적 기업들이 더 많아질 수 있다는 희망적 메시지이기도 하다. 다만, 거시적인 안목에서 보다 획기적으로 환경을 개선할 수 있으면서도 수익이 될 만한 아이템을 발굴할 수 있도록 사업 방향의 전환이 시급하다. 우리나라에도 혁신적으로 환경문제를 해결하는 사회적 기업, 트리플래닛이 있다. 이 기업은 2010년, “나무로 가득한 초록별을 만듭니다. 세상 모든 사람이 나무를 심을 수 있는 방법을 만듭니다.”라는 미션을 가지고 설립되었다. 가상 게임을 통해 나무를 심으면, 실제 사막에 나무가 심어지는 창의적인 사업 아이템을 발굴하여 수익 창출과 환경문제 해결을 동시에 실현하고 있다. 이와 같은 기업 사례가 보다 풍성해질 때, 환경문제의 개선을 기대할 수 있다.

안전 위협 문제를 해결하는 선진 사례

신(新) 사회문제의 대분류 영역 중 경제적 불평등, 사회적 위험에 속한 사회적 기업의 수는 환경파괴의 경우보다 훨씬 많았다. 하지만, 경제적 불평등, 사회적 위험의 중분류 영역으로 들어가면, 그 상황은 달라진다. 경제적 불평등 영역 중 소득 및 주거 불안과 교육 불평등, 사회적 위험 영역 중 사회구조 변화, 안전 위협에 해당하는 사회적 기업의 수는 현저히 적었다. 특히, 안전 위협 문제를 해결하는 사회적 기업은 전체 인증 사회적 기업 1,299곳의 1.2%에 불과하다. 최근, 국내 대형 안전 사고가 증가하면서 국민들의 불안감은 가중되고 있다. ‘안전’의 문제는 사후 조치도 중요하지만, 사전 예방 및 관리가 더 중요하다. 그럼에도, 지금까지 정부가 안전 문제에 대응해 왔던 방식은 늘 도마 위에 오르고 있다.

세월호 사건 이후, 2014년 11월, 재난·안전 컨트롤타워인 국민안전처[15]를 신설하였지만, 계속해서 발생하고 있는 일련의 사건사고들을 보면, 국민들의 불안감을 해소하기에는 역부족이었다. 2016년 6월 30일, 국민안전처에서 정부의 재난안전예산이 신속한 대응 역량 확보, 예방 기능 강화, 안전교육 활성화 및 민간역량 강화 등에 집중 투자되어야 한다는 내용의

15) 현재, 국민안전처는 2017년 정부조직법에 따라 안전 업무를 행정안전부로, 소방 업무를 신설한 소방청에 이관하고 폐지되었다.

'2017년도 재난안전예산 사전협의안'[16]을 기획재정부에 제출하였다.[40] 이는 정부에서도 대형 재난안전사고 대비 및 예방을 중요하게 인지하고 있음을 의미한다. 그러나 정부 홀로 이를 담당하기에는 많은 제약이 존재한다. 대형 사고를 선제적으로 예방하기 위해서는 전문 프로그램 및 기술을 개발하는 것이 급선무지만, 이를 정부가 직접 감당하기에는 전문성이 부족하다. 이에, 핵심 기술을 가진 민간부문과의 협력이 더 중요하다. 하지만, 민간부문은 '수익 창출'을 우선시하기에 이들과의 협력에 여러 가지 걸림돌이 존재한다. 그렇다면, '사회문제 해결'을 목표로 하는 사회적 기업과 협력하는 것이 그 대안이 될 수 있지 않을까? 아래의 사회적 기업 사례들을 보면, 아이디어와 관련 기술 개발, 혁신적 사고를 통해 안전 문제를 보다 효율적으로 해결해 나가고 있기 때문이다.

안전 문제를 선제적으로 예방하고 있는 우리나라 사회적 기업의 대표적인 사례는 앞에서 언급했던 블루인더스가 있다. 가볍고 방수성이 뛰어난 신형용접복을 개발하여 산업안전 사고를 미리 예방하고 있다. 또 하나의 선도적인 국내 사례로 '포드림'이 있다. 이 기업은 지난 10년간, ICT 기술을 접목하여 대규모 재난 안전 사고 문제를 해결해 왔다.

우리나라의 포드림

포드림은 2008년 숭례문 화재 사고가 발생한 직후 화재 경보 시스템을 만들어 전국 문화재 100여 곳에 설치했다. 화재 경보 시스템은 온도, 습도, 연기 등을 감지하는 스마트 센서와 연계해 스마트폰으로 경보가 울리도록 하는 기술을 개발하여 얻은 결과물이다. 이는 소중한 우리의 문화재가 유실될 가능성을 사전에 방지

16) 재난안전예산 사전협의는 정부가 재난안전예산을 편성하기 전에, 재난안전 컨트롤타워인 국민안전처에서 각 부처가 요구하는 재난안전예산을 종합적으로 검토하여 의견을 제시하는 제도로 2015년에 처음 시행되었다. 국민안전처에서 제출한 재난안전예산 사전협의안을 바탕으로 기획재정부는 정부의 재난안전 예산안을 최종 확정한다. 이 제도를 통해 재난 및 안전관리 사업의 투자 효율성을 제고할 수 있다(국민안전처 보도자료, 2016).

하고 싶다는 포드림 대표의 의지에서 출발했다. 또한, 수류탄이 사람 가까이에 있으면 터지지 않도록 하는 센서 모듈을 개발했으며 세월호 사건 이후 선박 조난 방지 시스템을 만들어 특허 출원하기도 했다.[41] 국내 특허는 물론, 미국, 일본 등 다수의 해외 특허도 보유하고 있다. 포드림은 안전 관리 분야에 특화된 전문 기술을 가진 사회적 기업으로 '2015 대한민국 IT 융합 엑스포'에 참가해 다양한 안전관리 분야 솔루션을 선보였다. 2014년 12월, 조달청에서 주최한 우수제품 지정 대회에서 우수조달제품으로 선정된 이력도 가지고 있다.

2010년부터는 개인영상 정보 분야 시장을 개척하기도 했다. 전국 450만 대를 넘어서는 CCTV에 저장된 개인 영상이 사생활 침해를 야기할 수도 있다는 사회적 불안감이 커져갈 때, CCTV 영상의 부정사용을 통제할 수 있는 영상정보 보호 관리 시스템을 개발한 것이다. 이 시스템은 개인영상 정보 유출, 오남용, 사생활 침해 등을 막기 위해 CCTV 영상정보를 수집, 관리하는 기관을 지속적으로 모니터링하고 경찰이나 수사기관에 증거자료로 제출할 때 마스킹, 워터마킹 등을 적용시키며 실시간으로 장비를 체크하도록 한다. 이는 보건복지부 어린이집 CCTV 구축 사업, 아파트 CCTV 구축 사업, 지하철·고속도로·항만·학교·지자체 등 전 영역에 적용되고 있으며 에스원, ADT 캡스, 한화테크윈, UDP, 하이트론 등 민간 기업의 VPM(Video Privacy Management) 모듈로 채택되기도 하였다. 포드림 대표는 "아이디어를 내고 대안을 찾는 건 민간의 역할이며 안전 관리에 ICT 기술을 접목하면 지속가능한 비즈니스가 될 수 있다. 앞으로도 영상정보 오남용과 사생활 침해를 최소화하는 기술을 지속적으로 개발해 사람 중심의 따뜻한 기술을 제공할 것이다."라고 말한다.[42]

이 사례는 사회문제 해결을 통한 가치 창출 효과가 보다 광범위하게 확산될 수 있음을 보여준다. 취약계층 고용을 소셜 미션으로 하는 사회적 기업의 가치 창출 효과는 특정 계층에 국한되지만, 안전 문제 해결에 기여하는 위와 같은 사회적 기업을 통해서는 국민 모두가 그 혜택을 누릴 수 있기 때문이다. 특히, 수익성과 사회문제 해결의 접점을 찾아 지속가능한 비즈니스를 실현하기 위해 노력하고 있다는 점이 눈여겨볼 만하다. 이러한 사회적 기업이 보다 많아질 때, 국민들이 안심하고 일상생활을 이어나갈 수 있으며 정부의 예산도 절감될 수 있을 것이다.

소득 및 주거 불안 문제를 해결하는 선진 사례

안전 문제에 더하여, 요즘 우리 사회에 심각한 불안감을 야기하는 문제로 '소득 및 주거 불안'이 있다. Part I에서도 살펴보았듯이, 젊은이들은 이 문제 때문에 연애, 결혼, 출산을 포기하기도 한다. 중장년층들이라고 해서 이 문제로부터 자유로운 것도 아니다. 치솟는 집값, 그에 따른 가계부채의 상승이 중장년층의 안정된 노후를 보장하지 못하고 있다. 이의 문제를 해결하기 위해 정부는 경기부양책이나 부동산 대책을 시시때때로 세우지만, 그 효과가 지속적이지 못하다. 김대중 정부 때부터 본격적으로 부동산 정책을 발표해 왔지만, 지금까지의 정책 내용을 보면, 규제를 완화하느냐, 강화하느냐의 정도 차이일 뿐이라는 지적이 많다. 거시적인 안목을 가지고 부동산 시장 전체를 관통하는 정책을 펼치는 것이 아니라, 부동산 침체 혹은 과열 현상에 단기적으로 대응하다 보니 정책이 너무 자주 바뀐다는 문제도 지적되고 있다.[43, 44] 이에, 정책의 효과가 반감되고 정책에 대한 불신이 커져 점점 더 정책 효과가 나타나지 않는 악순환이 발생하는 것이다.

이 과정에서 집값이 점차 과열됨에 따라 새 집 마련은 물론, 전월세난도 심각해지고 있다. 저소득층뿐 아니라, 청년층, 신혼부부 등 모든 계층에서 이 문제를 겪고 있다고 한다. 특히, 지방에 본거지를 두고 서울에서 생활하고 있는 청년의 40%가 주거빈곤에 시달리고 있다고 한다. 번 돈의 상당 부분을 높은 임대료를 지불하는 데 사용하기 때문이다. 하지만, 정부의 주택 정책은 저소득층, 취약계층 등의 사회적 약자를 위한 것이 대부분이어서 정부의 손길이 닿지 않는 사각지대가 더 커지고 있다. 이는 비단, 우리나라의 문제만은 아니다. 따라서 주거 문제의 해결 방안을 정부에 의존하기보다 사회적 기업에서 찾으려는 움직임이 전 세계적으로 활발해지고 있다. 이의 대표적인 예로 2008년부터 인도의 주거문제를 해결하는 데 기여하고 있는 아쇼카 재단의 '하우징포올(housing for all)' 프로젝트를 들 수 있다.

아쇼카 재단의 하우징포올 프로젝트

인도는 국민의 97%가 과세표준 이하의 저소득층으로 소득을 증명할 수 있는 근거조차 존재하지 않는다. 이 때문에 저소득층은 금융권으로부터 대출을 받지 못해 집을 구하기도 어려운 처지에 놓여 있다. 하지만, 정부가 제공하는 저소득층을 위한 공공주택규모는 턱없이 부족하다. 아쇼카 재단의 '하우징포올' 팀은 최하층(BOP: Bottom Of Pyramid) 중에서도 상위 소득자들을 대상으로 집을 건설하기 시작했다. 저소득층(한 달 소득 1만 6,700 루피 이하)을 다시 상(1만 5천 루피 이상), 중(1만 루피 이상), 하(5천 루피 이하)의 계층으로 구분한 것이다. 이들은 절대다수에 해당하기 때문에 구매층이 두텁고 거대한 시장을 형성할 수 있다. 하우징포올은 바로 이 점에 주목하여 건설업자들을 설득시켰다. 하우징포올의 스태프 마니칸단은 인도에서 중산층 이상을 대상으로 건설업자들이 집을 짓더라도 1,400여만 가구가 빈집으로 남기 때문에 이들도 충분히 하우징포올 프로젝트에 동참할 것으로 예상했다.

이들이 인도의 주거 문제를 해결한 과정은 다음과 같다. 하우징포올은 부동산 개발업자 및 금융업자들을 결집시켜 건설업체에게는 2만 달러 이하의 저렴한 집들을 많이 짓도록 하고 금융업체에게는 저소득층 구매자들을 대상으로 소액대출(microfinance)을 하도록 했다. 여기에 주택 건설 및 프로젝트를 평가하여 공적 책임성을 담보하도록 시민사회단체도 참여시켰다. 하우징포올의 성공 비결은 모두가 이익을 볼 수 있는 '혼합가치사슬' 모델을 개발한 것에 있다. 이 프로젝트를 통해 현재까지 인도의 저소득층 15만 가구가 집을 소유할 수 있게 되었다. 하우징포올의 목표는 앞으로 50만 가구가 더 집을 소유할 수 있게 만드는 것이다.[45] 마니칸단은 "자선이나 사회공헌의 혜택은 소수에게만 돌아간다. 하지만, 하우징포올 모델은 각자가 자신의 목적대로 움직이면서도 가난한 사람들이 저렴한 양질의 집을 갖게 하는 공적 기능을 창출한다."고 말했다.[46]

이상의 사례는 세계 최대 규모의 사회적 기업가 네트워크인 아쇼카 재단 프로젝트를 통해 민간 기업 및 시민사회와의 협력, 네트워크로 저소득층의 주거 문제를 해결한 것이다. 반면, 사회적 기업이 직접 청년층의 주거 문제를 해결하기 위해 '셰어하우스'를 운영하고 있는 우리나라의 사례, 우주(WOOZOO)도 있다.

우리나라의 우주(WOOZOO)

우주(WOOZOO)의 사업 모델은 집을 빌려 여러 명에게 재임대하는 방식이고 주 수익원은 월세 차익 및 집주인으로부터 받는 위탁수수료이다. 예를 들어, 월 임대료가 150만 원인 아파트를 한 채 빌려 6명의 입주자에게 각각 월 35만~40만 원을 받고 다시 빌려주는 형태이다. 보증금은 두 달치 월세로 받고 내부 인테리어를 수리한 뒤 재임대하여 싼 값이지만 질 좋은 집을 제공함으로써 청년들의 주거 문제를 해결해 나가고 있다.

현재, 우주(WOOZOO)는 서울 15개 구에 95개의 셰어하우스를 운영하고 있고, 입주자 수도 약 500여 명에 달한다. 입주자들을 대상으로 여행사와 제휴를 맺어 추첨을 통해 해외여행을 무료로 보내주기도 하고 토익학원 등의 수강료도 할인해 주고 있다.[47] 이의 공로를 인정받아 우주(WOOZOO)의 김정현 대표는 슈왑재단의 '2015 올해의 사회적 기업가'에 선정되기도 하였다. 이는 일상 속에서 나타나는 문제를 사업 아이템으로 만들어 수익 구조를 창출하면서도 사회적 임팩트를 확산시킨 사회 혁신의 대표적인 사례라 볼 수 있다.

아쇼카 재단의 사례와 우주(WOOZOO)의 사례 모두 주거 문제 해결에 기여하고 있지만, 그 접근 방식은 조금 다르다. 사회적 기업이 직접 사업을 운영하여 사회문제를 해결하는 방법도 있지만, 사회적 기업뿐 아니라, 민간 기업들, NGO 등 다자 간 협력 체계를 구축하여 문제를 해결하는 방법도 있다. 점점 심화되고 있는 사회문제를 해결하기 위해서는 아쇼카 재단의 사례와 같이, 이윤 극대화를 목표로 하는 민간 기업들을 사회문제 해결에 적극 동참시킬 필요가 있다. 사회문제 해결이 민간 기업들의 경영 전략과 맞아 떨어지는 접점을 찾아 사회적 기업과 함께 협력함으로써 더 큰 사회 변혁을 이끌어야 한다.

사회구조 변화 문제를 해결하는 선진 사례

사회구조 변화에 대응하는 사회적 기업 또한 적다. 사회구조 변화는 환경파괴의 문제와 마찬가지로 지금 당장 문제되지는 않지만, 향후, 미래 사회를 위협할 수 있다. 가장 대표적인 예로 저출산 고령화 현상을 들 수 있는데, 이는 노동력의 상실로 국가 경쟁력을 저해시킬 수 있는 잠재적 위협 요인에 해당한다. 도농 격차 또한 지역 경제력을 낙후시켜 국가의 균형 발전을 저해할 수 있다. 하지만, 정부는 현재 당면한 문제 위주로 정책을 펼치기 때문에 미래 사회의 문제를 해결하기 위한 정책은 상당히 부족한 상황이다. 따라서 정부 정책의 미흡한 부분을 보완하기 위한 대안으로서 사회적 기업이 활성화될 필요가 있다.

공공부문과 달리, 사회적 기업의 경우, 시장을 고려하기 때문에 사업 아이템을 기획할 때 미래 수요 및 사회의 변화까지 예측해야 한다. 이에, 사회구조 변화에 대응해 나가는 사회적 기업은 새로운 틈새시장을 개척할 수 있는 여지가 크다. 그럼에도 앞의 분석 결과에서도 볼 수 있듯이, 사회구조 변화에 대응해 나가고 있는 사회적 기업은 6.7%에 불과하다. 따라서 해외의 성공 사례를 벤치마킹하여 미래의 잠재적 위협 요인을 제거할 필요가 있다. 사회구조 변화에 성공적으로 대응하고 있는 해외 사회적 기업의 사례로 고령화로 쇠락한 일본 요코하마의 고토부키 지역을 바꾸는 데 일조한 '고토랩'을 살펴보자.

일본의 고토랩

고토랩의 대표 오카베 도모히코는 일본 요코하마의 고토부키에서 건축설계사무소를 운영하려다 이 지역 NPO들과 교류하면서 지역 문제에 관심을 갖게 되었다. 이를 계기로 2005년부터 사회적 기업을 운영하고 있다. 고토부키 지역은 1950~1960년대만 하더라도 요코하마 항만 부두 노동자들 약 6만여 명이 거주할 정도로 활기가 넘쳤지만, 1980년대 말부터 쇠락하기 시작하면서 인구가 6,500명까지 감소했다. 그중 절반이 60세 이상의 노인이었고 80%가 생활보호 대상자였다. 고토랩 대표는 고령화 및 지역 쇠락 문제를 해결하기 위해 지역에 활기를 불어 넣을 수 있는 '빈방 개조' 아이디어를 냈다. 지역의 문제를 지속가능하게 풀어 나가려면 수익을 낼 수 있는 사업을 해야 한다고 생각했던 것이다. 당시, 이 지역에 있던 120개 숙소 건물의 8,000여 쪽방 중 2,000여 개가 비어 있었는데 집주인들을 설득시켜 이 빈방을 젊은 여행객들이 머물 수 있는 호스텔로 개조하였다. 건물 수리비용은 집주인이 부담하게 하고 고토랩에서 청소와 홍보, 고객 관리 등 호스텔의 실질적인 운영을 맡았다. 평균 5,000~6,000엔이 넘는 일반 숙소와 비교했을 때, 쪽방의 1인당 숙박비는 3,000엔 정도로 훨씬 저렴하다. 2012년 기준, 직원 6명이 빈방 40개를 운영하여 2억 9,000만 원의 매출액을 올렸고, 벌어들인 수익은 집주인과 절반씩 나눠가졌다.

초기에는 여행객들을 위한 호스텔만 운영했지만, 점차 사업을 확장하여 게이오대와 파트너십을 맺고 빈 사무실 공간을 개조하여 법학부 학생들의 현장실습장으로 사용하고 있다. 학생들이 오지 않는 시간에는 지역 주민의 문화센터로도 활용하고 있다. 이와 같이, 고토랩은 젊은이들을 이 지역에 끌어들여 활력을 불어넣었다. 일본 이동통신업체 NTT 도코모와 파트너십을 맺고 이 지역의 저소득층 주민들이 근처 관광지의 자전거 임대센터에서 자전거 유지, 보수 업무를 할 수 있도록 '일자리를 통한 자립' 프로젝트도 진행하고 있다. 이 지역의 대표 NPO인 사나기다치와 협력하여 마을 활성화 사업도 진행하고 있다. 지역 이미지를 변화시키기 위해 거리와 건물 옥상을 가꾸는 등 '1평짜리 평상 만들기' 프로젝트를 진행한 것이 대표적인 예이다.

이러한 다양한 사업들을 펼친 결과, 거리 곳곳에 즐비했던 노숙자, 술 취한 노숙자들이 저지르는 범죄 등으로 문제가 심각했던 이 지역이 외국인 여행자, 국내 여행자, 아티스트 등이 드나드는 활기 넘치는 지역으로 거듭나게 되었다.[48] 지역 주민들뿐 아니라, 이 지역을 여행하는 관광객이나 대학생들에게까지도 저렴한 숙소를 제공함으로써 가치의 파급효과를 널리 확산시킨 대표적인 사례에 해당한다.

이상의 사례는 사회적 기업을 통해서도 고령화 및 산업 구조 변화에 따른 지역 문제를 해결하고 지역 재생 및 개발을 이끌 수 있음을 잘 보여주고 있어 유사한 문제를 겪고 있는 우리나라에 시사하는 바가 크다. 또한, 주거 문제 해결에 기여하고 있는 아쇼카 재단의 '하우징포올'과 마찬가지로 NPO, 일반 기업, 대학 등 여러 주체들과 협력함으로써 문제 해결과 함께 더 큰 가치를 창출해 나갈 수 있음을 보여주었다.

교육 불평등 문제를 해결하는 선진 사례

우리나라는 교육 불평등 문제 역시 심각하지만, 이에 대응하는 사회적 기업은 드물다. 지금까지 정부는 교육 문제에 상대적으로 많은 예산을 투입하여 적극적인 정책을 펼쳐왔다. 이는 Part I에서 확인할 수 있듯이, 이명박 정부 때부터 문재인 정부 때까지 주요 국정 과제 중 하나로 교육 문제 해결을 지속적으로 제시한 것만 보아도 알 수 있다. 그럼에도, 교육 격차 및 소외에 따른 교육 불평등 문제는 더욱 심화되고 있다. 지방정부 재정 여건에 따른 지역 간 교육 격차 역시 점점 커지고 있다. 정부에서 교육 문제 개선을 위해 많은 노력을 기울이고 있음에도, 정책적 효과는 투입된 비용만큼 크지 않은 것이다. 예를 들어, OECD 30개 국가들과 비교했을 때, 1998년부터 2007년까지 우리나라의 교육 재정 지출 대비 학급당 평균 학생 수, 교사당 학생 수, 중고등학교 순강의 시간 등의 산출 효율성은 최하위인 것으로 나타났다.[49] 이런 점에서 교육 문제를 보다 효율적으로 해결하는 것이 필요하다. '교육 문제 해결'이라는 공동의 목표를 가지고 정부와 함께 협력해 나갈 수 있는 사회적 기업이 보다 확대되어야 하는 것이다.

앞선 분석 결과에 의하면, 우리나라의 경우, 교육 불평등 해소를 위한 사회적 기업의 비율이 4.2%에 그쳤다. 하지만, 미국은 방과 후 학교, 독서 운동 등 교육 불평등 해소를 위한 각종 사업이 사회적 기업을 통해 이루어져 왔다. 미국 사회적 기업의 주 활동 영역이 교육과 관련될 정도로 교육 문제 해결에 있어 사회적 기업의 역할이 크다. 미국의 First Book은 이의 대표적인 사례에 해당한다.

미국의 First Book

미국의 First Book은 교육 불평등 해소를 목적으로 1992년 피터 골드와 엘리자베스 아키, 카일 짐머에 의해 설립되었다. 경제적 상태와 관계없이, 모든 아동들이 제대로 교육을 받을 수 있도록 이들에게 전 생애에 걸쳐 새로운 책을 지속적으로 제공하기 위해 만들어진 것이다.[50] 미국에서는 저소득층 아이들의 60%가 책을 읽지 못하며 유치원에 입학할 때까지의 독서시간도 평균 25시간에 불과하다고 한다. 동일한 기간 동안, 중산층 아이들의 독서시간이 평균 1,700시간이라는 사실을 고려하면 소득 차이에 따른 교육 불평등 정도가 심함을 알 수 있다. 이에, First Book은 Head Start 센터나 도서관, 방과 후 교실과 같은 교육 프로그램과 함께 독서에 흥미를 갖게 하는 취학 전 교육 프로그램 등 저소득층 가정의 아이들을 위한 양질의 교육을 제공하고 있다. First Book은 독서를 범국민적인 교육 운동으로 확대시키는 계기를 마련하였다는 점에서 그 공로가 크다. 독서가 학교 성적을 좌우할 뿐 아니라, 향후 소득 수준을 결정짓는 중요한 요인이 될 수 있다는 여러 연구 결과들을 보면, First Book의 독서 사업은 교육 기회의 평등, 더 나아가서는 경제적 불평등을 완화시키는 중요한 역할을 하고 있는 것이다. 이 기업의 사업 모델은 출판사에서 과잉 출판한 서적을 구매하여 저가로 서적을 판매하거나 기부하는 형태이다.[51]

이를 위해 퍼스트북 국립도서은행(First Book National Book Bank)의 온라인 시스템을 구축하여 저소득층 아이들에게 출판사들이 대량의 신간 도서들을 기부할 수 있도록 하였다. 퍼스트북 온라인서점(First Book Marketplace)도 운영하여 우수 도서를 교사나 방과 후 교육 프로그램 운영자들에게 저렴하게 판매하고 있다. 또한, 지역 자문위원회 네트워크를 만들어 지역의 주요 인사, 지도자, 교육자, 자원봉사자 등을 모아 미국 및 캐나다 전역의 아이들에게 도서를 배포할 수 있도록 지역 프로그램들을 만들고 소외계층을 돌보는 단체들이 신간 도서를 무료로 지원받을 수 있도록 기금 등을 조성하고 있다. NGO뿐 아니라, 일반 기업, 출판사, 개인 등도 이에 적극적으로 참여할 수 있도록 마케팅, 홍보 등의 전략도 다양하게 펼치고 있다. 2008년에는 아이들이 부모들과 함께 100페이지의 책을 읽는 독서 캠페인도 시행하여 사회적 영향력을 광범위하게 넓히고자 노력했다.[52]

교육 문제를 해결하기 위해서도 기술 개발과 아이디어가 중요하다. NGO이기는 하나, 미국의 칸 아카데미가 바로 그 예이다. 칸 아카데미는 미국 MIT를 졸업하고 펀드매니저로 일하고 있던 칸이 사촌들에게 수학을 가르치기 위해 동영상을 유튜브에 올리기 시작한 것을 계기로 2008년에 설립된 비영리 재단이다. 칸은 전 세계적으로 6~15세의 아이들 중 1

억 2,400백만 명이 학교에 가지 못할 정도로 교육 격차가 심화되고 있다는 사실에 주목하여 이의 문제를 해결하고자 하였다.[53] 칸 아카데미의 직원 수는 38명에 불과하지만, 이들은 마이크로소프트, 구글, 페이스북, 오라클, 맥킨지, 디즈니 등 유수 IT 기업 출신의 인재들로 관련 기술 개발에 힘쓰고 있다. 조그마한 사무실에서 한 편당 10~15분 정도의 짧은 동영상을 만들기 시작하여 현재는 4,000개가량의 동영상 강의를 무료로 제공하고 있다. 수학, 화학, 물리, 컴퓨터공학, 금융, 역사, 예술까지 다양한 과목의 동영상을 제공하고 있으며 2012년 한 해에만 전 세계 4,300만 명의 학생들이 칸 아카데미의 동영상을 이용하였다. 빌앤멜린다게이츠재단, 구글 등으로부터 투자를 받아 시작된 칸 아카데미는 2008년 설립 초기, 광고로 수익을 창출하기도 했지만, 곧 광고를 중단하고 현재, 100% 기부금으로 운영되고 있다.

칸 아카데미의 대표 칸은 "돈 있는 사람들만 좋은 교육을 받는 게 아니다. 좋은 교육은 20~30년 후면 인권처럼 누구든지 평등하게 누려야 하는 필수재가 될 것이라고 생각한다."고 말한다. 그는 특히, 기술의 발달이 이의 실현을 앞당겨 줄 것이라고 강조했다.[54] 칸 아카데미가 비록 수익 모델을 가진 사회적 기업은 아니지만, 창의적인 아이디어와 핵심 기술, 이의 개발 의지 등이 결합하면, 교육 문제도 혁신적으로 해소할 수 있음을 잘 보여준다. 이는 교육 문제 해결을 소셜 미션으로 하고 있는 우리나라 사회적 기업에게도 시사하는 바가 크다.

보다 다양한 사회문제를 해결하기 위한 노력

지금까지 우리나라에서 사회적 기업이 부족한 사회문제 영역을 중심으로 해외 혹은 국내의 선진 사회적 기업 사례를 살펴보았다. 대분류 영역 중 환경파괴, 중분류 영역 중 소득 및 주거 불안, 교육 불평등, 안전 위협, 사회구조 변화를 해결하고 있는 사회적 기업이 유독 부족하기 때문에 선진 사례를 벤치마킹할 필요가 있다. 기본적으로 사회문제를 해결하려는 의지에 더하여 사회문제를 보다 효과적이고, 효율적으로 해결하기 위한 기술 개발과 혁신, 창의적인 아이디어가 뒷받침되어야 한다. 또한, NGO, 기업 등 다양한 기관과의 협력 체계를 구축하는 것도 필요하다. 여러 주체들이 모여 정보를 교환하고 학습할 수 있는 장을 형성한다면, 더 좋은 아이디어, 더 많은 아이디어가 발현될 수 있기 때문이다.[55] 이때, 다양한 사회문제를 해결해 나가는 사회적 기업들도 보다 많아질 것이다.

다행스러운 것은 우리나라의 사회적 기업들이 향후, 취약계층 고용에서 벗어나 보다 다양한 사회문제를 해결해야 한다는 인식을 가지고 있다는 것이다. 4장에서 살펴본 바와 같이, 300곳의 사회적 기업을 대상으로 한 〈사회적 가치 서베이 2016〉 결과에 따르면, 69.3%가 사회적 기업의 역할이 '취약계층에게 일자리나 사회서비스를 제공하는 것 이상의 사회문제 해결로 확대되어야 한다.'고 응답하였다. 반면, 19.7%만이 사회적 기업의 역할이 '취약계층에게 일자리나 사회서비스를 제공하는 것에 집중되어야 한다.'고 답하였다.

또한, [그림 5.5]를 보면, 현재, '노동 불안정' 문제를 해결하고 있다는 곳이 과반에 해당하는 50.33%를 차지하였다. 그 다음으로 '삶의 질 저하' 관련 사회적 기업이 15.33%를 차지하였다. 하지만, 향후에 어떤 사회문제를 해결할 것이냐는 질문에 대해서 '노동 불안정'을 선택한 비율이 26.33%로 현재의 절반가량으로 줄어들었다. 반면, '소득 및 주거 불안', '삶의 질 저하'를 선택한 비율은 현재보다 약 7%p가량 상승한 것으로 나타났다. 사회구조 변화, 사회통합 저해, 안전 위협, 자원고갈, 자연재해를 선택한 비율 역시, 현재보다 소폭 상승했다. '노동 불안정'이 절대 다수를 차지하던 현재의 모습과는 달리, 미래에는 다양한 사회문제를 해결하는 사회적 기업들이 더욱 많아지는 모습을 상상해 볼 수 있다. 최고 비율과 최저 비율 간 편차가 50%p에서 26%p로 큰 폭으로 줄어들었다는 점에서 더욱 그러하다. 점차 사회문제 해결의 수요-공급 간 불일치의 정도가 줄어드는 모

[그림 5.5] 사회적 기업 사회문제 해결 영역의 현재와 미래

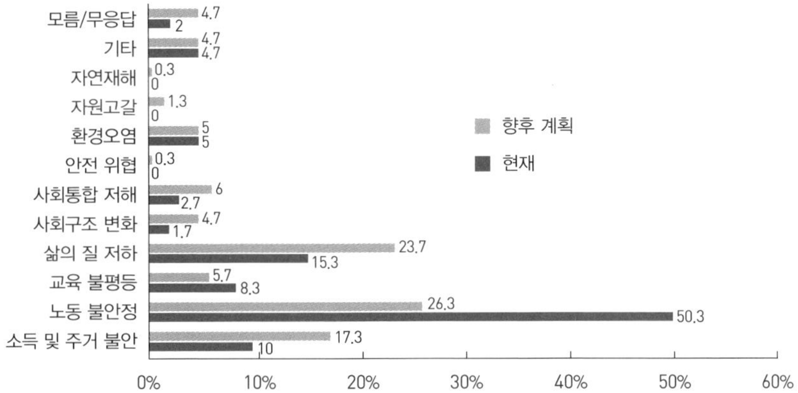

습을 그려볼 수 있는 것이다.

이러한 사회적 기업가들의 인식 변화 자체로도 우리 사회가 보다 밝아질 수 있다는 희망을 가져볼 수 있다. 그럼에도, 사회적 기업의 향후 계획을 살펴보면, 여전히 안전 위협이나 자원고갈 및 자연재해의 문제를 다루겠다는 사회적 기업은 부족해 보인다. 오히려 아무도 뛰어들지 않는 사회문제 영역을 개척해 나가는 것이 남들과 다른 차별화된, 그리고 특화된 자신만의 사업을 시행할 수 있는 기회로 작용할 수 있다. 이러한 혁신적 마인드를 가지는 것이 더 큰 사회 변화를 이루기 위한 첫 걸음이기도 하다. 우리 모두가 행복해지기 위해서는 적은 비용으로 사회적 임팩트가 큰 사업, 기술들을 끊임없이 개발하여 사회 혁신을 이루는 것이 필요하다. 일각에서는 사회적 기업이 수익 창출에 집중하다 보면, 이들이 겪는 경제적 가치와 사회적 가치 간 딜레마를 줄일 수 있다고 한다.[56] 그만큼, 사회적 기업도 '기업'이기 때문에 확실한 경영 전략, 비즈니스 모델을 갖고 있어야 한다는 것이다. 이때, 보다 다양한 사회문제 해결에 접근할 수 있는 기회가 확대되고 지속가능성도 확보할 수 있다. 앞서 살펴본 해외 혹은 국내의 선진 사례들에서 이러한 요건들을 충족시키고 있음을 발견할 수 있었다.

따라서 우리나라 사회적 기업들은 이 점을 명심하여 스스로 변화하기 위해 다양한 노력을 기울어야 한다. '사회문제 해결' 중심으로 이들이 변화할 수 있도록 제반 환경을 마련해 주는 것도 필요하다. '사회문제 해결사'로서 다양한 사회문제를 해결해 나가는 우리나라 사회적 기업의 미래를 어떻게 설계해야 할지는 6장에서 자세히 다루도록 한다.

Chapter 06

사회적 기업, 그 방향을 제시하다

- 새로운 사회가치를 탐색하고 그에 도전하라
- 사회적 가치를 측정하고 보상하라
- 사회적 기업 생태계를 확장하라

• • •

사회문제 해결을 기업 본연의 목표 중 하나로 삼고 있는 사회적 기업은 향후 많은 사회문제들을 해결하고 우리 사회를 좀 더 좋은 사회로 발전시킬 수 있는 디딤돌이 될 수 있음은 분명하다. 그러나 이들이 지닌 무궁무진한 잠재력에도 불구하고 아직까지 우리나라의 사회적 기업은 사회적 가치를 창출함에 있어 한계를 보이고 있다. 다양한 사회문제와 그 심각성에도 여전히 많은 사회적 기업이 노동 불안정과 같은 특정 영역의 사회문제 해결에만 집중하고 있다는 점은 사회적 기업의 장밋빛 미래를 불투명하게 하는 큰 걸림돌이다. 그렇다면 이상적인 사회적 기업의 역할과 그 미래는 무엇일까. 그리고 사회적 기업의 적극적인 활동을 통한 사회가치의 창출을 위해 우리는 어떠한 노력을 해야 하는가.

이에 우리는 지속가능한 사회적 기업의 미래와 방향을 제시하고자 한다. 사회적 기업이 더 많은 사회적 가치를 창출하고 보다 지속가능한, 발전된 사회로 나아가기 위해서는 지금까지와 다른 전략이 필요하다. 사회적 기업 자체의 노력뿐 아니라, 사회적·환경적 여건이 조성되어야 한다. 새로운 사회적 가치를 창출하기 위한 사회적 기업들의 탐색과 도전, 사회문제 해결을 통해 창출한 사회적 가치의 측정과 보상, 그리고 사회적 기업 생태계의 확장이 바로 그것이다.

새로운 사회가치를 탐색하고 그에 도전하라*

지금까지 사회문제를 해결하고 사회에 기여하려는 노력은 사회 곳곳에서 이루어져왔다. 예컨대 기업의 사회적 책임(Corporate Social Responsibility, CSR)이나 공유가치창출(Creating Shared Values, CSV) 논의 등이 대표적이다. 기업의 사회적 책임(CSR)은 자선활동과 시민의식을 동기로 기업의 가치사슬 상 존재하는 사회문제 및 이와 관련된 이해관계자의 이슈에 대응하는 일련의 활동을, 공유가치창출(CSV)은 지역의 경제·사회적 여건을 개선시키면서 동시에 사업의 핵심 경쟁력을 강화하여 기업 성공과 사회 발전의 조화를 추구하는 일련의 활동을 의미하는 개념이다.[1] 기업의 사회적 책임이나 공유가치창출은 기업이 법적·윤리적·환경적으로 주어진 책임과 의무를 이행하고, 지역사회와 더불어 성공과 발전을 추구한다는 점에서 사회가치 창출에 기여하는 바가 크다.

사회적 기업은 영리기업과 비영리기업의 중간에 위치한다. 사회적 기업은 사회문제 해결을 우선적으로 추구하면서 재화·서비스의 생산·판매 등 영업활동을 수행하기 때문이다. 그러나 사회적 기업은 '사회문제 해결'이라는 본연의 목적을 추구해야 한다는 점에서, 향후의 사회적 기업은 보다 더 확장된 역할과 활동이 필요하다고 본다. 일반 국민 1,000명을 대상으로 실시한 〈사회적 가치 서베이 2016〉 조사결과에 따르면 응답자 전체

* 장용석·조희진·황정윤·김보경·이영동(2017)의 「Social Innovation Monitor」 13호에 게재된 '사회문제 지도로 사회적 기업의 미래를 그리다' 연구 결과를 기반으로 발전된 논의를 재구성하였다.

의 47.7%, 즉 절반에 가까운 사람들이 사회적 가치와 경제적 가치를 연결해서 접근해야 한다고 응답한 것으로 나타났다. 마찬가지로 동일한 비율의 응답자들은 '기업이 사회문제 해결을 통해 절약한 사회적 비용에 대해서는 금전적으로 보상을 해야 한다.'고 응답하고 있다. 이러한 결과는 기업 가치를 창출하는 데 사회문제 해결이 긍정적으로 작용할 수 있음을 보여준다.

우리가 제시하는 사회적 기업의 방향은 사회문제 해결에 필요한 재원을 영리활동을 통해 '조달'하는 형태에 머물기보다는 사회문제 해결 그 자체에서 수익을 창출하는 '해결사' 형태로 진화하는 전략이다. 장기적으로 볼 때, 현재의 사회적, 환경적 이슈라고 여겨지는 것들이 미래에는 시장에서 재무적 가치를 가질 수 있게 될 가능성이 높다.[2] 쉽게 말해 사회적, 환경적 이슈가 곧 재무적 이슈가 된다는 의미는 사회문제를 해결할 혁신적인 아이디어 그 자체가 돈이 될 수 있다는 것이다. 어찌 보면 이는 사회문제 해결이 '상업화'되는 것으로도 생각할 수 있다.

그렇다면 사회적 기업이 사회문제 해결사로서 지금보다 더 적극적으로 사회문제를 해결하기 위해서는 무엇을 해야 하는가. 더 혁신적으로 사회적 가치를 창출하기 위해 사회적 기업에게는 어떠한 노력과 전략이 요구되는가.

먼저 사회적 기업의 체질 변화, 그리고 사회적 기업을 이끌어 나가는 사회적 혁신가의 태도 변화가 이루어져야 한다. 사회적 혁신가들은 보다 혁신적으로 아이디어를 제시하고 모험적 기업가 정신을 발휘하는 것이 필요하다. 최근 들어 각광받는 비즈니스 유형인 소셜 벤처(social ventures)를 생각해보면 더 명확히 이해할 수 있다. 소셜 벤처란 사회문제 또는 시장실패를 완화하거나 줄이기 위해 사회적 목적과 경제원리, 혁신성에 기반하여 사회적 가치를 생산해내는 비즈니스 벤처이다. 즉, 사회문제에 대해 창의적이고 효과적인 솔루션을 갖고 있는 사회적 기업가가 지속가능한 사회적 목적 달성을 위해 설립한 기업 또는 조직을 일컫는 말이다.[3]

소셜 벤처는 혁신적인 아이디어를 상업화했다는 점, 높은 위험부담을 감수하지만 성공할 경우 많은 이익을 가져다 줄 수 있다는 점, 모험적 사업에 도전하는 창의적 기업가 정신과 아이디어가 가장 중요한 요소라는 점, 전통적 기업의 대안적 모델이라는 점에서 일반 벤처의 특성을 가진다. 다만 소셜 벤처가 일반 벤처와 차별화되는 것은 그것이 단순히 상품이나 기술을 상업화하기 위한 기회가 아니라 '사회문제를 해결하는 데에서 사회적 기회를 찾는 것'이라는 점이다.

흔히 창의적이고 혁신적인 아이디어와 모험심, 그리고 위험 감수 등은 벤처 기업의 창업이나 기술 혁신 등에 등장할 법한 요소들이며 사회적 기업과는 거리가 멀다고 생각하기 쉽다. 그러나 오히려 사회적 기업이 일반 기업에 비해 더 혁신적인 아이디어를 필요로 하는 경우가 많다. 사회문제 해결을 통해 수익을 창출하는 것은 새롭고 신선한 시도이다. 적은 비용으로도 사회적으로 큰 영향력을 가져다 줄 수 있는 활동이 그 무엇보다 중요하다. 언제나 그렇듯 새로운 시도에는 참신한 아이디어와 정신이 필요하다.

이외에도 사회적 기업이 혁신적으로 사회문제를 해결하는 역할은 다양하게 나타날 수 있다. 사회적 기업이 직접 사회문제에 대한 해결책을 찾고, 이를 통해 사회문제 해결에 필요한 활동을 전개하는 것과 다른 형태의 역할도 기대해 볼 수 있다. 예컨대 사회적 기업 자체가 사회문제를 해결하기보다는 그에 대한 적극적인 해결책을 제시해주는 역할만을 수행하거나 혹은 다른 이들의 아이디어를 차용하여 사회문제를 해결하는 등의 형태 말이다.

미국의 기술거래 회사인 이노센티브(Innocentive)가 그 대표적인 사례이다. 이노센티브는 기술이나 지식을 지닌 전문가와 이를 필요로 하는 기업 조직, 혹은 개인들을 연결시켜주는 역할을 한다. 지식과 기술에 대한 해결책이 필요한 사람들이 이노센티브에 이를 정리하여 등록하면 과학자, 엔지니어, 연구원 등이 이를 열람한다. 해결책을 제시할 경우 당연히 대가가 지불된다. 그간 이루어진 기술 거래 중 실제 사회문제 해결과 직접적으로 관련된 경우도 꽤 존재한다. 몇 가지 예를 들자면, 록펠러 재단의 후원을 받는 SunNight Solar사의 경우 2007년 저소득 국가의 전기가 없는 지역에

램프와 손전등 역할을 동시에 할 수 있는 제품(dual use)을 만들고자 고민하던 차에 이노센티브에 문제 해결을 요청하였고, 뉴질랜드 전기기술자인 Russel McMahon은 두 기능을 만족시키는 조명등을 제시하였다.[4] 2011년 Enterprise Works/VITA는 우간다와 같은 물 부족 국가의 경제적인 빗물저장 시스템을 구축하기 위한 아이디어를 필요로 하고 있었다. 저소득 물 부족 국가를 대상으로 한 탓에 비용은 20달러 이하로 저렴해야 했고, 사람이 직접 들 수 있을 만큼 무겁지 않아야 하며 최소 125 갤런 이상의 물을 저장할 수 있어야 하는 등 여러 제한이 있었다. EWV는 이노센티브사를 통해 이 아이디어를 공모한 결과, 독일의 대학강사 Joen Lutat가 개발한 BOB라는 이름의 빗물저장백이 탄생하였다.[5]

위의 예는 사회문제 해결에 있어 혁신적 아이디어의 중요성을 단적으로 보여준다. 그러나 반드시 그 아이디어가 사회적 기업 그 자체에서 나올 필요가 없음을, 그리고 아이디어를 가지고 있다 하더라도 반드시 그 해결활동이 사회적 기업이 될 필요가 없음도 보여준다. 풍부한 아이디어를 지닌 사회적 기업가는 아이디어의 제공을 통해, 그리고 사회문제 해결을 위한 역량과 재원은 풍부하지만 아이디어가 없는 사회적 기업가의 경우 다른 이들의 아이디어를 차용함으로써 사회문제 해결이 가능하다. 이 경우 지식과 아이디어의 교환과 거래가 실제 사회문제 해결에 기여함으로써 사회적 가치를 창출하고, 또 많은 사회적 기업이 다양한 사회문제 영역에서 활동하는 결과를 만들 수 있다. 중요한 것은 사회적 기업도 '기업'이므로 확실한 비즈니스 아이디어가 있어야 한다는 점과 사회문제 해결을 통해서도 충분히 그 성과를 인정받고 수익을 창출할 수 있어야 한다는 점이다.

앞선 첫 번째 전략은 주어진 사회문제를 해결하기 위한 것이다. 그러나 우리는 사회문제 해결에 있어 이것이 충분하지 않다고 생각한다. 앞서 우리는 사회문제가 무엇인지 고민하고 이를 새로운 시각에서 재구성하는 작업을 진행하였다. 이는 무엇이 문제인지 '정의'하는 것 자체가 바로 사회문제 해결의 지름길이 될 수 있다는 생각에서 출발한다. 동일한 맥락에서 사회적 기업에게 필요한 두 번째 전략은 바로 사회문제가 무엇인지 탐색하고 정의하는 역할을 수행하는 것이다. 주어진 문제를 해결하는 것보다 더 중요하고 본질적인 것은 바로 '문제'가 무엇인지 찾아내는 것이다.

물론 현재 우리 사회가 당면한 심각한 사회문제들을 해결하기 위한 노력은 매우 중요하다. 그러나 사회적 기업이 더 성장하고 발전하기 위해, 그리고 사회문제 해결사로서의 역할을 적절히 이행하기 위해서는 단순히 주어진 사회문제를 수동적으로 받아들이고 그 대안을 탐색하는 역할보다 더 광범위하고 확장된 역할이 필요하다. 우리는 그것이 바로 현재 사회구성원들이 인식하지 못하거나 혹은 현재에는 심각하지 않다 하더라도 향후 촉발될 수 있는 다양한 사회문제들이 무엇인지 탐색하는 것에서 출발한다고 생각한다.

이런 의미에서 볼 때, 사회적 기업은 사회문제의 '크리솔버(cresolver)'가 되어야 한다. '크리솔버(cresolver)'란 창조나 생성을 의미하는 '크리에이트(create)'와 해결사를 의미하는 '솔버(solver)'를 합친 단어이다. 기존 제품을 자신에게 맞도록 새롭게 창조하는 소비자를 뜻하는 '크리슈머'와 같이 사회적 기업도 단순히 문제의 '해결사(solver)'이기보다는 사회문제를 '(재)생산'하고 '해결'하는 역할을 동시에 수행하는 것이 필요한 것이다.[1)]

앞서도 이야기했던 것처럼 사회적, 환경적 이슈들은 이제 곧 기업에 있어 재무적 이슈가 될 것이다. 지금과 같이 시장에서 상품과 서비스를 제공하는 것뿐만 아니라 사회문제 해결 그 자체가 수익을 위한 중점 사업으로 자리매김하게 될 가능성이 높다. 이러한 상황에서 사회적 기업에게 필요한 전략은 새로운 사회적 가치를 탐색하고 발굴하는 것이다. 일반 기업

1) 사회문제를 '재생산'한다는 것이 존재하지 않는 문제를 쓸데없이 새로 만들어 내거나 혹은 이미 해결된 사회문제가 다시 말썽을 일으키도록 끄집어낸다는 뜻으로 오해하지는 않기 바란다. 우리가 이야기하는 사회문제의 '재생산'이란 향후 장기적 관점에서 발생할 사회문제들을 예측하고 이를 기회로 삼아 활동하는 것이다. 기존에 발견하지 못했던 새로운 사회문제 영역을 발굴함으로써 사회문제 해결의 가능성을 여는 것이 바로 사회문제의 재생산이 의미하는 바다.

들이 사회의 변화와 수요를 예측하고 새로운 틈새시장을 개척하는 것처럼, 사회적 기업 또한 새로운 사회적 가치가 무엇인지 찾아내고 이를 개척하는 역할이 필요하다. 지역적 범위 또한 반드시 국내에 국한될 필요는 없다. 국내외 사회문제를 선도적으로 탐색, 진단하고 이를 적극적으로 해결해야 한다. 그 과정에서 다양한 제반 사회적 가치를 창출하고 발굴할 수 있기 때문이다. 새로운 사회문제의 발견은 사회적 가치의 발견이며, 사회문제 영역의 확장은 사회적 가치의 확장으로 이어진다.

여기에 해당하는 한 가지 사례가 바로 '글로벌 솝(soap) 프로젝트'이다.[6] 우간다 출신의 이민자인 데릭 케욘고(Derreck Kayon-go)는 자원봉사자들과 함께 호텔에서 버려지는 비누를 재활용해 새로운 비누로 만들어 가난한 나라에 기증하고 있다. 소비가 넘쳐나는 지금 시대에 우리는 비누의 필요성을 크게 인식조차하지 못할 것이다. 그러나 우리와 달리 당장 식량조차 살 돈이 없는 아프리카 사람들에게 비누는 사치가 될 수 있다. 미국으로 이주했을 때 잠깐 머물던 호텔에서 몇 번 쓰지 않은 어제의 비누가 새로운 비누로 교체됐음을 알게 된 그는 버려지는 비누를 모아 아프리카와 같은 저소득 국가에 보내는 아이디어를 생각해 냈다. 글로벌 솝 프로젝트는 이제 세계적인 호텔체인을 비롯한 300여 개의 호텔과 파트너십을 맺고 주요 국제보건 단체와 함께 30여 개국 이상에 비누를 공급하는 대규모 프로젝트로 거듭나게 되었다. 이를 통해 제3세계에서는 감염성 질병에 따른 사망률을 줄일 수 있었다. 이는 새로운 문제의 발견이 곧 커다란 사회적 가치의 확장으로 이어질 수 있음을 보여주는 예이다.

우리는 이러한 전략이 사회적 기업이 앞으로 나아가야 할 방향에 있어 상당한 함의를 줄 수 있다고 생각한다. 흔히 사람들은 사회문제의 해결을 두고 '어떻게' 이를 해결하는가에 초점을 두곤 한다. 그렇지만 이보다 더 중요한 것은 '무엇'을 해결하는가, 그리고 '올바르게'(right) 해결하는 가이다. 이러한 점에서 사회문제의 해결은 곧 사회문제의 정의로 귀결될 수밖에 없다. 우리가 앞서 사회문제를 새롭게 구성하고 분류한 것은 이러한 까닭이다.

사회적 가치를 측정하고 보상하라*

2007년 사회적기업육성법이 시행된 이후, 우리나라의 중앙정부 및 지방자치단체는 사회적 기업을 지원하고 육성하기 위한 다양한 사업을 꾸준히 확대하고 있다. 이제는 대기업과 정부기관이 사회적 기업의 물품을 공공 구매하거나 사회 공헌의 일환으로 지원, 투자하는 사례가 전혀 낯설지 않다. 사회적 기업뿐만 아니라 마을 기업, 협동 조합과 같은 대안적 경제 주체들도 차츰 주목을 받으며 사회적 경제 영역의 외연이 점차 확장되고 있다.[7]

하지만 우리나라의 사회적 기업은 규모나 재정 측면에서 영세한 곳이 많아 사회문제 해결을 위한 역량이 충분한지에 대한 의문이 제기되고 있다. 사회적 기업이 일반 기업과 다른 점은 사회문제 해결을 통해 사회적 가치를 창출한다는 것이다. 문제는 사회적 기업이 사회적 가치를 얼마나 창출하였는지 객관적으로 측정하여 비교하기 어렵다는 것에 있다.[8] 사회적 기업의 사회적 가치를 측정하고 평가하는 것은 이들이 사회문제 해결사로서의 역할을 하기 위해 필요한 과제 중 하나이다. 그동안 사회적 기업 육성에 가장 큰 역할을 해왔던 정부 역시 사회적 기업의 수를 확대하고 육성하는 데 방점을 두었기 때문에 이에 대한 관심이 상대적으로 부족했다. 최근에야 사회적 기업의 사회적 가치 측정에 대한 관심과 연구가 확대되고 있지만 여전히 사회적 가치를 계량화하는 데 합의된 방법론은 부재한 상황이다.[9]

---

* 장용석·조희진·황정윤·김보경·이영동(2017)의 「Social Innovation Monitor」 13호에 게재된 '사회문제 지도로 사회적 기업의 미래를 그리다' 연구 결과를 기반으로 발전된 논의를 재구성하였다.

사회적 기업의 경제적 가치와 다르게 사회적 가치는 계량화하기 어렵다. 일반적으로 기업이 추구하는 경제적 가치는 투입과 산출요소로 '계량화'하여 '측정'할 수 있기 때문에 표준화된 도구(재무제표)로 표현할 수 있다.[10] 이를 통해 기업의 경제적 가치를 추산할 수 있는 계량화된 자료가 생성된다.[11] 반면 사회적 기업이 창출하는 사회적 가치는 이를 산출하는 도구나 정형화된 틀이 일반화되어 있지 않다. 사회적 기업은 전통적으로 일반 영리기업에 제시하는 경제적 잣대를 넘어서는 가치를 창출하고 있고[12] 다양한 가치 실현에 목적을 두고 있으므로 일반적인 재무제표 등으로는 이들의 성과를 나타내기 어렵다. 특히 사회적 가치는 영역에 따라 다양하게 정의될 수 있고 그 크기도 각기 다를 수 있어 사회적 가치의 측정과 평가가 어렵다.[13] 이제까지 사회적 기업이 창출한 가치를 증명하거나 이를 측정하고 평가하기 위한 사회적 합의나 시스템이 구축되지 못한 이유이기도 하다. 이에 사회적 기업의 성과는 사회적 가치보다 경제적 가치 중심으로 평가되어 왔다. 사회성과측정시스템의 부재가 '측정되는 것만을 관리'하는 관행으로 이어져온 것이다.[14] 따라서 일반 영리기업의 재무제표와 같이 사회적 기업의 사회적 가치를 측정하고 평가하는 객관적인 방법론에 대하여 사회적 합의가 필요한 시점이다.

우리나라와 달리, 해외에서는 사회적 가치를 일정한 기준에 따라 측정하고 평가하려는 노력들이 비교적 활발히 이루어져 왔다. 일찍부터 이러한 논의가 시작된 외국에서는 SROI, IRIS, GIIRS, GRI G3, OASES 등 다양한 방식으로 사회적 가치를 측정하고 평가하는 방법론이 발달되어 왔다.[15, 16]

그중에서 SROI(Social Return on Investment)는 외국은 물론 한국에서 가장 대표적으로 활용되고 있는 지표이다. SROI는 고용형 사회적 기업에 직접 투자하는 미국의 민간재단인 REDF[2)]와 Jed Emerson이 사회적 기업에 대

2) REDF는 1997년 설립된 기관으로 샌프란시스코에 거점을 둔 벤처형의 사회공헌단체이다. 사회적 기업의 확대를 위해 캘리포니아 비영리단체들에 주식형의 자금원조나 사업지원을 하고 있다.

한 투자 또는 기부를 통해 산출된 사회적, 경제적 가치를 측정하기 위해 2000년에 개발된 방법이다.[17, 18] 2000년 이후 SROI는 영국의 싱크탱크인 Nef(New economic foundation)를 거쳐 최근 The SROI Network에 의하여 국제 표준 지표화되고 있다.[19]

SROI는 사회적 기업이나 NGO 등이 창출한 사회적 가치 측정을 기업의 투자수익률(ROI)처럼 측정한다. 어떤 조직의 성과 창출 능력을 파악하고 이해하는 여러 방법 중 가장 기초적인 지표로 활용되고 있는 개념이 바로 투자수익률(Return On Investment, ROI)이다. 투자수익률 지표는 투입(input)이 얼마나 효율적으로 산출(output)로 이어지는지를 나타낸다. ROI가 재무적 성과의 투자수익률을 따진다면, SROI는 조직의 사회적 성과에 대한 투자수익률, 즉 비용 대비 창출되는 사회적 가치를 파악하는 것이다.

SROI는 단계와 원칙에 따라 조직이 추구하는 사회적 성과가 어떤 활동 과정을 통해 창출되는지를 파악하고, 이 중 중요한 정보를 선택하여 '비용-효과 분석'(cost-benefit analysis)을 실시한 후, 각 결괏값의 총합을 구해 최종 편익을 도출한다. 다시 말해 사회적 기업 내 사회적 성과 창출 활동을 평가 실사를 통해 파악하고, 이를 A, B, C로 나눈 뒤, 각 요소의 편익을 종합하여 최종 결과가 플러스인지 또는 마이너스인지 알려주는 것이다. SROI의 가장 큰 특징은 결괏값을 화폐 가치로 환산하여 보여준다는 점이다. 즉 "1달러를 투자했을 때, 1.2달러의 사회적 편익이 발생하였다."라는 결론을 제시한다.[20] 이의 정보는 투자자는 물론, 주요 이해관계자들과 공유할 수 있다.

이와 같이 SROI는 조직이 창출한 사회적 가치를 측정함으로써 기업의 손익계산서와 같은 역할을 한다. 손익계산서는 특정 기간 동안 발생한 기업의 매출과 비용을 제시함으로써 다양한 차원의 이익들(영업이익, 세전이익, 순이익 등)을 보여준다. 이는 기업으로 하여금 기업 운영에 필요한 판단을 내릴 수 있게 하고, 경영자나 투자자의 입장에서 기업의 경영방향을 예측 및 조정할 수 있게 한다. SROI 역시 조직의 비재무적 가치나 성과를 재무적 단위로 환산하여 제시하기 때문에 어느 부분에서 사회적 편익이 발생하고 감소하는지를 개별적으로 파악할 수 있게 한다. 이를 통해 해당 조직은 더 많은 사회적 가치를 창출하기 위해 어느 부분에 역량을 강화해야 할지 전략적 의사결정을 내릴 수 있다. 비영리 조직이나 사회적 기업과 같이 재무적 성과에 취약할 수 있는 조직들은 SROI를 활용함으로써 더욱 적절하고 효과적인 의사결정이 가능하다. 특히 SROI는 과거 특정 시점부터 현재까지의 조직 성과 활동을 살펴봄으로써 조직의 현재를 되돌아볼 수 있는 동시에 투자나 경영상의 전략이 조정될 때 가치사슬 상에 나타날 변화를 구체적으로 예측할 수 있다는 점에서 의의를 가진다.[21]

SROI의 의의에서 제시한 바와 같이 사회적 가치를 측정하고 평가하는 것은 다양한 이유에서 그 필요성을 찾을 수 있다. 첫째, 사회적 기업의 사회적 가치 측정·평가는 사회적 기업 스스로 창출한 가치에 대하여 '구체적'이고 '객관적'인 수치로 알 수 있게 한다. 객관적 수치로 확인하는 과정 자체로도 사회적 기업의 지속가능성에 영향을 줄 수 있다. 이는 매출액이나 영업이익과 같이 객관적 지표의 정보들이 기업 운영에 중요한 좌표가 되는 것과 동일한 이치이다. 기업은 투입 대비 산출의 정보를 바탕으로 자원 배분의 효율성을 높이거나 적은 비용으로 더 큰 산출을 창출하기 위한 비즈니스 모델을 개발하는 등 혁신을 추구한다. 사회적 기업 역시 마찬가지이다. 사회적 기업은 여타 영리 기업과는 달리, '사회적 목적 실현'이라는 조직 미션을 가지고 있기는 하지만 한편으로는 비즈니스 모델을 바탕으로 경제적 가치를 추구해야 하는 속성도 가지고 있다. 따라서 사회적 기업가들은 경제적 가치와 사회적 가치를 극대화할 수 있는 비즈니스 모델을 구상하고 기획, 실현하고자 할 것이다. 사회적 가치를 측정·평가하는 과정은 사회적 기업으로 하여금 새로운 사회문제 영역을 발굴하여 이에 필요한 비즈니스 전략을 검토하고 기업으로서의 기반을 공고히 하는 기회가 될 수 있는 것이다.[22]

우리나라의 경우 사회적 가치를 측정·평가하는 과정 자체가 사회적 기업의 지속가능성에 더욱 긍정적인 영향을 미칠 가능성이 크다. 그동안 우리나라의 많은 사회적 기업들은 '정부 주도'의 '양적 성장'을 목표로 운영되어 왔기 때문에 사회적 기업 스스로 자생력을 갖추기 어려웠다.[23] 영세한 사회적 기업들은 일반 영리기업과 같이 체계적인 기업 운영이 어려운 경우가 많다. 이러한 사회적 기업들이 사회적 가치를 측정·평가하는 과정을 거치면서 자신들의 목표를 재설정하고 그에 따른 성과 관리가 가능해질 수 있다. 사회적 가치에 대한 계량화된 성과를 통해 사회적 기업들은 자신들이 수행한 가치창출 활동을 객관적으로 평가할 수 있고, 성과를 제고하기 위한 방안이 무엇인지 회고할 수 있는 기회를 가질 수 있다. 이에 사회적 가치의 측정·평가를 통해 산출된 정보는 사회적 기업의 사회적 가치뿐 아니라, 전체 가치를 극대화하는 데 활용되어 이들의 지속가능성을 높이는 데 기여할 수 있다.

둘째, 사회적 가치 측정·평가는 사회적 기업의 지속가능한 동력을 제공하는 사회투자시장을 확대하는 데 기여할 수 있다. 사회적 기업의 사회적 가치 평가는 경제적 가치와 함께 기업가치 정보를 제공하여 투자자들에게 투자 여부를 결정하는 데 도움을 준다.[24] 사회적 기업이 사회 후생에 얼마나 기여하는지, 어느 정도로 사회문제를 해결하고 있는지에 대한 정보의 불확실성은 사회적 기업에 대한 안정적 투자를 가로막는 장애물이 될 수 있다.[25, 26] 이러한 불확실성은 충분한 가치를 창출하고 있는 사회적 기업의 경우에도 해당한다. 사회투자로 인해 발생하게 될 위험과 기회비용보다 산출되는 사회적 가치가 크다는 것을 증명해줄 수 있는 시스템이 부재하기 때문이다.[27]

현재의 사회투자시장은 사회적 기업의 수익에 초점을 맞춘 투자가 주를 이룬다. 연 5%의 안정적인 수익이 보장되고 있는 주택 시장의 경우 사회투자 대상 영역 중 가장 큰 비중을 차지할 만큼 투자 자본이 안정화되어 있다.[28] 경제적 가치를 확인할 수 있는 만큼 사회적 가치 창출 수준을 파악할 수 있다면 이를 위한 자본의 유치 역시 활발해질 것이다.[29] 사회문제 해결에 관심을 가지고 있는 투자자들도 있기 때문이다. 그렇다 하더라도 이들에게 적절한 투자 기회가 없다면 투자를 쉽게 결정하기 어려울 것이다. 그러나 사회적 가치의 측정·평가가 일반화되면 투자자들은 사회적 기업이 창출한 사회적 가치가 얼마의 화폐가치를 가지는지 확인할 수 있게 되고 이를 바탕으로 얼마의 수익을 얻을 수 있을지 가늠할 수 있으므로 사회투자시장이 지금보다 더욱 성장할 수 있다.[30, 31] 사회투자시장이 보다 활발해지면 사회투자를 통해 수익을 볼 확률이 더 높아져 위험 회피 성향이 큰 일반 투자자들도 이에 적극 뛰어들 것이다.[32, 33] 투자의 확대는 곧 사회적 기업에 필요한 자원의 확대로 이어진다는 점에서 긍정적이다. 실제로, SK M&C에서 2012년, 사회적 기업가 70명을 대상으로 설문조사한 결과에 따르면, 사회적 기업의 발전을 저해하는 가장 큰 요인으로 '자본조달의 어려움'(25.4%)을, 사회적 기업 발전을 위해 가장 필요한 것으로 '사회적 자본시장의 활성화'(23.5%)를 꼽았다.[34] 이를 통해 사회적 기업이 성장하려면 사회투자시장을 확대시키는 사회적 가치의 측정·평가가 절실함을 확인할 수 있다.

자원 분배(allocation) 측면에서도 사회적 가치 평가의 필요성을 살펴볼 수 있다. 앞으로 사회투자시장 규모가 확대되어 막대한 자본이 투입되면 그 자본을 효과적으로 분배하는 문제가 중요해진다. 유사한 사회적 목표를 가진 여러 사회적 기업이 존재할 경우 사회적 가치 창출 능력이 높은 조직이나 경제적 가치 창출이 높은 조직에 투자하는 것이 바람직한 결정이 될 수 있다. 이러한 기준에 따라 자원 분배를 결정하는 데 사회적 가치 측정·평가가 중요한 의사결정의 근거가 될 수 있다. 예를 들어 투자자가 기업의 자금 상환 능력을 제대로 파악하지 못할 경우, 자금 사정이 좋지 못한 기업에 투자하게 될 가능성이 높아진다. 또한 경제적 이익보다는 사회후생을 높이는 곳에 투자를 원하는 투자자들에게 적합하지 못한 투자처를 선택하게 하는 문제도 발생할 수 있다. 이와 같이 사회적 가치를 측정하고 평가하는 과정은 사회적 기업에 대한 정확한 정보를 제공함으로써 사회투자를 활발히 하는 것은 물론 효율적인 자원 분배가 이루어질 수 있게 한다는 점에서 필요하다. 사회투자시장의 확대와 성장은 사회적 기업의 지속가능성을 높이는 데 기여하고 향후 사회적 기업 생태계 발전에 직접적이고 절대적인 영향을 주는 핵심 동력이 될 수 있다.[35]

마지막으로 사회적 가치를 측정·평가함으로써 사회적 가치를 객관화하는 것은 이에 대한 사회적 합의를 도출하는 데에도 기여할 수 있다. 사회적 가치의 측정·평가는 사회 구성원들 간의 커뮤니케이션을 뒷받침하는 하나의 언어로서 기능할 수 있기 때문이다. 앞서 살펴본 바와 같이 사회적 기업에 대한 투자는 사회적 가치의 산출에서부터 시작된다. 이는 사회적 기업들 사이의 커뮤니케이션에도 중요한 역할을 한다. 다양하고 혁신적인 접근법들로 사회문제를 해결하고자 하는 사회적 기업들 사이에 서로 공감하고 인정할 수 있는 합의가 이루어진다는 것은 중요하다. 동일한 사회문제 영역에 속한 사회적 기업들 간에 발전 방향을 공유함으로써 조직 활동의 개선을 이끌어낼 수 있기 때문이다.

또한 사회적 가치 측정·평가에 대한 합의를 시작으로 사회적 기업과 이들을 둘러싼 이해관계자들 사이의 활발한 커뮤니케이션이 이루어질 수 있다. 이는 사회문제 및 공동체 이익의 중요성 등 국민적 관심을 환기시켜 사회적 가치에 대한 사회 구성원들의 합의를 이끌어내는 초석이 될 수 있다. 예를 들어 돌봄·간병 고용 인력 지표와 같이 사회적 가치를 양적으로 나타낼 수 있는 객관적 지표를 활용하여 측정·평가한다면 일반 대중이 사회적 가치를 이해하는 데 도움을 주게 된다. 이와 같이 사회적 가치를 직관적으로 이해할 수 있도록 하는 과정은 사회적 가치를 공론화하여 사회적 합의를 도출하는 데 기여한다.

이미 우리나라에서도 사회적 합의에 기반한 사회적 기업의 사회적 가치 측정이 '사회성과인센티브(Social Progress Credit, 이하 SPC)'라는 이름으로 실현되고 있다. SK그룹 최태원 회장이 제안한 SPC는 '사회적 기업이 창출한 사회성과에 기반하여 인센티브를 지급하는 제도'를 의미한다.[36] 2015년,

44개의 사회적 기업 참여로 시작된 사회성과인센티브 프로젝트는 2018년 현재, 188개의 기업이 참여하는 프로젝트로 발전하였다. 사회적 기업이 창출하는 사회적 가치를 '사회성과'로 개념화하여 이를 화폐가치로 측정·보상해주는 실험을 수행한 결과, 2015년 한 해 동안 사회성과인센티브 프로젝트에 참여한 44개 사회적 기업의 사회성과는 총 95억원에 달한 것으로 나타났다.[37] 이는 기존의 시장경제체제에서는 인정되지 못하였던 사회적 가치, 즉 사회성과인센티브를 통해 새롭게 측정된 사회성과이다. 2016년에는 94개의 사회적 기업이 총 203억 원의 사회적 가치를 창출하였고 2017년에는 130개의 사회적 기업이 총 324억 원의 사회적 가치를 창출하였다. 2015년부터 2017년까지 사회성과인센티브에 참여한 사회적 기업들이 3년동안 이루어낸 총 사회성과는 622억 원에 달한다. 특히 2015년부터 2017년까지 3년 연속 참여한 44개의 사회적 기업들은 연평균 31.2% 규모로 사회성과가 증가하는 것으로 나타났다.[38] 사회적 기업의 경제적 가치는 시장경제체제를 통해 매출로 확인할 수 있지만 사회적 가치는 측정·평가 방법의 부재로 정확히 가늠할 수 없었다. 하지만 사회성과인센티브 프로젝트를 통해 참여 사회적 기업이 얼마만큼의 사회적 가치를 창출하였는지 계량화된 수치로 표현할 수 있음을 새롭게 발견할 수 있었다. 사회적 기업들의 기업 가치를 재평가할 수 있음은 물론, 불분명했던 사회적 가치 영역도 사회구성원들 간의 합의를 통해 보편타당한 방식으로 계량화할 수 있음이 증명된 것이다.

물론 현재 단계에서 사회적 가치를 측정하고 평가하는 노력들이 사회적 가치를 계량화하고 화폐화하는 데 있어 완벽하다고는 말할 수 없다. 하지만 앞으로 사회적 가치 측정과 평가에 대한 사회적 합의를 바탕으로 이것이 보편화된다면 사회적 기업뿐 아니라 일반 영리기업들도 사회문제를 해결하고 사회후생을 높이려는 활동에 적극적으로 참여할 것이다. 이러한 기대는 머지않은 미래에 실현될 것으로 보인다. 사회적 가치를 실현하는 활동은 사회 전체적으로 확산되어 최근 우리나라의 뜨거운 화두가 되고 있다. 문재인 정부는 '사회적 가치 실현을 선도하는 공공기관'을 100대 국정과제[39]로 제시하고 있고 공공기관 경영평가의 내용 역시 수익성 중심에서 사회적 가치 중심으로 바뀌고 있다.[40] 2017년 10월 국회에서 발의한 '공공기관의 사회적 가치 실현에 관한 기본법(이하 사회적가치기본법)'에서도 이러한 아이디어를 담아내고 있다. 사회적가치기본법은 공공부문부터 사회적 가치 실현을 선도하고 이것이 민간부문으로 확산될 수 있도록 하는 것을 목적으로 한다. 이를 위해 공공기관의 책무 및 역할, 이를 실행할 기본계획, 사회적가치위원회 설치, 사회적 가치 성과평가를 주요 내용으로 제시하고 있다.[41]

사회적가치기본법과 현 정부의 국정과제를 중심으로 하는 공공부문의 변화는 사회적 가치 실현에 필요한 추진력이 될 수 있다. 사회적 가치 측정과 평가, 사회문제 해결에 대한 보상, 이를 위한 사회투자시장 확대, 그에 따른 혁신 동기 유발까지 공공과 민간이 함께 참여함으로써 시너지를 이끌어낼 수 있는 선순환 구조를 완성할 수 있기 때문이다. 이는 사회적 기업의 성장은 물론 지속가능한 사회혁신을 가능하게 한다는 점에서 사회적 기업 생태계로서 기능할 수 있다.[42]

사회적 기업 생태계를 확장하라*

우리는 앞서, 사회적 기업이 사회적 가치를 적극 탐색하여 사회문제를 해결해 나가는 크리솔버(cresolver)로서의 역할과 이것이 가능하도록 사회적 가치를 측정, 평가할 수 있는 체계가 구축되어야 함을 제시하였다. 이 두 과제를 실현하기 위해서는 사회적 기업이 다양한 사회문제를 해결할 수 있도록 우호적인 생태계 조성이 필요하다. 앞에서 사회적 기업이 정부나 NGO 등 다른 사회주체들과 협력하여 다양한 사회문제를 혁신적으로 해결해 나가는 선진 사례들을 살펴보았다. 이는 사회적 기업의 성공 사례가 드문 우리나라에 시사하는 바가 크다.

우리나라의 사회적 기업은 1997년 외환위기 이후 실업률이 심각한 사회문제로 대두되자 이를 해결할 목적으로 시작되었다. 정부 정책에 따라 사회적 기업의 일자리가 창출되고 취약계층의 근로소득이 증대되는 성과도 이루었다. 하지만 여전히 고용 문제에 대한 사회적 기업의 문제 해결 수준은 기대에 미치지 못하고 있다. 사회적 기업의 비정규직 비율이 높고, 사회적 기업의 수익구조 역시 열악하기 때문이다. 사회적 기업의 이러한 문제는 비단 고용 영역에만 한정되는 것은 아니다. 사회적 기업 전반에 걸쳐 사회적 가치 창출뿐 아니라 경제적 성과도 높지 않아 이들의 지속가능성이 취약하다는 문제를 안고 있다.

* 장용석·조희진·황정윤·김보경·이영동(2017)의 「Social Innovation Monitor」 13호에 게재된 '사회문제 지도로 사회적 기업의 미래를 그리다' 연구 결과를 기반으로 발전된 논의를 재구성하였다.

그동안 정부의 정책으로 육성되어 왔던 사회적 기업은 정부 지원금에 의존하여 '일자리 제공 및 창출'이라는 제한된 목표에 집중되어 있다는 태생적 한계를 갖고 있다. 또한 정부의 사회적 기업 육성 정책은 초기 사회적 기업의 양적 성장을 통해 저변을 확대하는 데에는 기여했지만 사회적 기업의 지속적이고 장기적인 발전을 이끌지는 못했다.[3)] 이는 정부가 사회적 기업의 성장을 지원하기보다 신규 사회적 기업 발굴에 집중하면서 나타난 결과이기도 하다.[43] 이와 같이 정부의 사회적 기업 지원 방식이 인건비, 사업비 등 단기 재정지원에 있다는 점은 사회적 기업에 걸림돌이 될 수 있다. 사회적 기업으로 하여금 혁신적 아이디어, 기술을 개발하거나 새로운 시장을 개척하는 위험을 감수하려는 도전 정신을 저해할 수 있기 때문이다. 또한 인건비, 사업비 중심의 단기적인 정부 지원 정책은 사회적 기업이 장기적으로 성장할 수 있는 환경을 조성하는 데 도움이 되지 못한다.

2014년 '사회적경제기본법'이 국회에서 발의된 후 한국은 사회적 가치 추구의 중요성을 사회 구성원들이 공유할 수 있는 계기가 되었다. 향후 자유시장경제의 한계를 극복할 새로운 대안으로 제시되고 있는 사회적 경제에서 사회적 기업이 어떠한 역할을 할 수 있는지 사회적 기업에 대한 근본적인 방안이 모색되어야 할 시점이다. 중요한 것은 사회적 기업에 대한 지원 자체가 아니라 사회적 기업을 어떤 방식으로 지원할 것인가에 있다.[44]

이의 해답은 사회적 기업의 생태계를 조성하고 확장하는 것으로 제시될 수 있다. 사회적 기업의 성장은 단지 몇몇 사회적 기업이나, 사회적 기업가들만의 노력만으로는 불가능하다. 사회적 기업과 다른 조직과의 연계를 강화하는 네트워킹 활동을 통해서 사회적 기업의 장기적인 성장을 꾀할

3) 국회예산정책처의 분석에 따르면 정부 지원이 중단된 이후에도 사회적 기업에 계속 고용된 비율은 32.8%, 사회적 기업에 고용되거나 다른 직장으로 이직하여 노동시장에 남아있는 비율도 60.8%에 지나지 않았다(국회예산정책처, 2012).

수 있다.[45] 사회적 기업은 일반 영리 기업과 다르게 경쟁보다는 연대와 협력이 필요하기 때문이다.

여기에서 제시하는 사회적 기업의 생태계란 비즈니스 생태계를 의미하는 것이다. 생물학적으로 생태계는 특정한 서식지를 공유하는 유기체와 이를 둘러싼 환경으로 구성되며, 서식지의 자원과 에너지를 이용한 물질대사와 함께 다양한 상호작용이 이루어지는 하나의 시스템이다.[46] 비즈니스 생태계도 이러한 개념을 바탕으로 이해할 수 있다. 비즈니스 생태계는 기업, 고객, 공급자, 경쟁자, 이해관계자 등 다양한 경제 주체(유기체)와 이를 둘러싼 환경으로 구성되며, 경제적 생산 활동(물질대사)의 과정에서 다양한 상호작용이 나타난다.[4)] [47] 이를 사회적 기업에 적용해 보면, 사회적 기업은 물론, 정부와 지방자치단체, 민간 기업, 지원 기관과 이들을 둘러싼 각종 지원제도 및 인프라를 포괄한 것을 사회적 기업 생태계로 이해할 수 있다.

이러한 사회적 기업에 대한 생태계적 접근은 개별 사회적 기업에 대한 접근법보다 사회적 기업을 육성하고 사회적 경제를 지속가능하도록 발전시킬 수 있다는 점에서 유용하다.[48] 아직까지 우리나라의 사회적 기업은 신생기업들이 대부분이기 때문이다. 사회적 기업은 다른 조직과의 활발한 교류를 통해서 자본과 인재를 유치하고 그 외 경영에 필요한 주요한 자원들을 획득하는 전략이 필요하다. 이와 같이 사회적 기업 생태계 안에서 주요 행위자들 간의 긴밀한 협조 체계를 구축하는 것은 사회적 기업의 지속가능성 확보와 성장에도 도움이 될 수 있다. 따라서 사회적 기업은 정부와 민간기업, 시민단체, 중간지원 조직 등 다양한 조직들과의 유기적인 관계망을 형성하여 상호 간에 조화와 협력을 도모함으로써 사회적 기업 생태

4) 이는 Moore(1996)가 제안한 것으로 경제 부문에서 '산업'이라는 용어 대신에 '생태계'라는 용어를 사용하자는 것이었다. 그에 따르면 현대의 경제 활동은 주체, 시장, 산업, 제도, 부문 간 상호작용이 크기 때문에 특정한 산업으로 세분화할 수 없다는 것이다(라준영, 2014a).

계를 확장해야 한다.

그러나 현재 우리나라는 사회적 기업 생태계 내에서 주요 주체들 간의 교류와 협력이 활발하지 못하고 이들 간의 네트워킹 수준도 높지 못하다. 2013년 사회적기업진흥원의「사회적기업 성과분석 보고서」자료를 바탕으로 분석한 결과 1) 사회적 기업 지역협의회와의 교류는 활발히 이루어지고 있으나 2) 사회적 기업 간의 연계가 주로 홍보, 판매 측면에만 머물러 있고 3) 중간지원 조직과의 연계수준이 높지 않음을 확인할 수 있었다.[49] 정부 또한 사회적 기업 생태계 내에서 다른 주체들 사이의 참여와 협력을 원활히 하는 데 소극적인 것으로 나타난다. 이 같은 상황에서 정부가 구사해야 하는 주요 전략은 바로 생태계를 적절히 구축하고 조성하는 것이다. 정부가 일방적으로 사회적 기업만을 대상으로 육성하기보다 생태계를 구성하는 다양한 주체들이 능동적이고 적극적으로 생태계 안으로 들어올 수 있도록 하는 전략이 필요하다.

이를 위해서는 다양한 주체들 사이의 협력과 연대가 도모되어야 함은 물론이고 각 주체들의 위상과 역량에 따른 역할 분담이 필요하다. 이제부터 사회적 기업 생태계의 확장과 안정화를 위해 각 주체들이 어떠한 역할을 해야 하는지 살펴보도록 하자.

우선, 사회적 기업 생태계를 확장하기 위해서는 사회적 기업의 역할이 무엇보다 중요하다. 사회적 기업은 지금까지 정부 정책에 의존한 양적 성장에서 벗어나 사회적 기업 스스로의 자생력을 높일 수 있도록 해야 한다. 정부의 지원이 꾸준히 이루어지고 있지만 아직까지 사회적 기업은 정부지원금으로 위태롭게 운영되고 있는 곳이 많다. 사회적 기업의 수익구조가 취약하기 때문이다. 당초 정부의 지원이 인건비 위주로 이루어져 있어 사회적 기업의 장기적 성장을 저해할 뿐 아니라, 사회적 기업으로 하여금 정부 지원금에만 의존하도록 한다는 비판도 끊임없이 제기되고 있다.

따라서 향후 사회적 기업은 저성장을 벗어나 다양한 사회문제를 해결할 수 있는 혁신 역량을 높여야 한다. 사회적 기업은 앞서 살펴본 바와 같이 사회문제에 대한 새로운 이해가 필요함을 인지하고 이에 대한 혁신적인 문제 해결 방식을 모색해야 한다. 미래사회에는 일자리 창출, 취약계층의 사회복지 등 기존의 고질적인 사회문제뿐만 아니라 다양한 영역의 사회문제들이 새롭게 등장할 것으로 예측되고 있다. 이에 사회적 기업은 새로운 사회문제에 대한 이해와 함께 혁신적인 아이디어와 실험을 통해 이를 해결할 수 있는 역량을 갖출 필요가 있다.

문제는 현실적으로 사회적 기업에게 있어 새로운 사업 운영이나 투자는 그야말로 모험이 될 수 있다는 것이다. 이때 새로운 사업을 시작함에 있어 사회적 기업들이 불확실성을 극복할 수 있는 방법 중 하나는 다른 사회적 기업의 성공 모델을 벤치마킹하는 것이다. 사회적 기업의 성공 모델이라 함은 소비자 또는 서비스 수혜자들의 선택을 받아 이미 시장에서 어느 정도 효과를 발휘하고 있음을 의미한다. 때문에 불확실성에서 비롯되는 비용을 감소시키는 데 도움이 될 수 있다.[50] 물론 다른 사회적 기업들의 성공 모델을 받아들인다는 것은 이를 무비판적으로 복제하는 것이기보다는 자신의 상황에 맞춰 선택적으로 수용하는 것을 의미한다. 이를 위해 가장 효과적인 방법은 바로 다른 주체들과 지속적인 협력과 연대를 꾀하는 것이다. 사회적 기업이 속한 지역사회, 사회적 기업과 연계된 다른 시장경제 주체, 사회적 기업들 간의 소통, 협력을 통해서 새로운 문제를 인식하고 이를 혁신적으로 해결할 수 있는 역량 역시 확산될 수 있기 때문이다. 사회적 기업 간 네트워킹을 통해 사회적 기업 생태계를 확장하려는 전략은 사회적 기업의 자생력을 키울 수 있는 바탕이 됨과 동시에 사회적 기업의 역량을 확장시키는 선순환 구조를 이룰 수 있다.

두 번째, 민간기업은 사회적 기업 생태계에서 빼놓을 수 없는 중요한 주체이다. 민간기업은 막대한 자본력뿐만 아니라 경영 노하우, 우수 인력 등 다양한 자원을 보유하고 있고 그 전문성 또한 높다. 특히 대기업은 사회문제 해결을 위한 역량이나 자원을 정부만큼 보유하고 있다.[51] 이러한 자본은 사회적 기업의 자본투자를 가능하게 할 뿐만 아니라 사회적 기업 운영에 실질적인 도움이 될 수 있다.

사회적 기업 생태계 안에서 민간기업의 중요한 역할 중 하나가 자본시장의 형성이다. 사회적 기업 생태계의 발전을 위해서는 자본시장이 형성되어야 한다. 사회적 기업을 단순한 기부나 후원, 정부지원금만으로 운영하기에는 지속가능성 측면에서 한계가 있기 때문이다. 사회적 기업이 영리활동을 병행하기는 하지만 실제 그 수익을 상당 부분 사회문제 해결에 활용하므로 사회적 기업 운영에 있어 어떻게 자본을 조달할 것인가의 문제는 언제나 중요한 이슈이다. 따라서 자본시장은 사회적 기업뿐만 아니라 사회적 기업 생태계를 활성화하는 데 무엇보다 직접적인 영향을 줄 수 있다. 사회적 기업에 대한 자본시장은 사회적 은행(Social Bank), 임팩트 투자펀드(Impact Investment Fund), 크라우드 펀딩(Crowd Funding Platform) 등 다양한 자금공급통로를 통해 형성된다.[52]

아직까지 우리나라에서 사회적 기업에 대한 자본시장은 활성화되어 있지 못하다. 우리나라의 경우, 정부가 가장 큰 공급자이기 때문에 민간자본시장의 규모는 크지 않다. 이에 민간자본시장을 통해 사회적 기업 자본을 조달하는 것은 쉬운 일이 아니다. 우리나라는 아직까지 영세한 사회적 기업들이 많아 재무성과도 불확실하고 사회적 가치 역시 구체적으로 제시되기 어려워 자본시장 규모도 제한적이다. 그러나 안정적인 수익이 보장되거나 사회적 기업의 가치가 분명하게 제시되는 경우 민간으로부터의 자본유입이 수월하다. '제너럴바이오'라는 사회적 기업은 2016년 12월 미래에셋 등 우리나라의 대표 벤처투자회사들로부터 53억 원의 투자 유치에 성공하였다. 이는 사회적 기업이 전문벤처펀드로부터 투자를 유치한 첫 번째 사례에 해당한다.[53] 사회적 기업에 대한 투자가 활발해지면 우수한 기술과 인력이 공급될 수 있다.[54] 이는 사회적 기업가들에 대한 경영 자문이나 법률 자문, 컨설팅, 마케팅 지원 등이 기업의 성장 단계별로 이루어질 수 있도록 한다. 또한 사회적 기업을 중심으로 지원 기관들의 협업체계가 구축되기 때문에 민간자본시장의 형성은 사회적 기업 생태계를 확장시키는 핵심적인 역할을 할 것이다.

자본시장을 형성하는 것 외에도 사회적 기업 생태계 안에서 민간기업의 역할은 다양하다. SK, 포스코 등 일부 대기업들은 사회적 기업을 직접 설립하기도 하며 NGO, 정부와 함께 사회적 기업에 대한 경영지원 및 재정투자 등을 확대하고 있다.[5)] [55] 민간기업의 풍부한 경영 노하우는 사회적 기업에게 있어 사회문제를 해결하면서 이윤을 창출할 수 있도록 '맞춤형 컨설팅'의 효과를 가진다. 현재, 많은 사회적 기업들은 사업 확대의 어려움, 원가절감의 문제 등 경영상의 어려움들을 경험하고 있다. 이때, 민간기업과의 협력은 '문제 중심의 맞춤형 컨설팅' 효과를 가짐으로써 사회적 기업에게 실질적인 도움이 될 수 있다.[56] 이처럼 대기업과 사회적 기업의 연계 측면에서 볼 때, 점차 많은 대기업들이 사회적 기업에 대해 관심을 가지는 것은 고무적이라 할 만하다.

다만 향후 사회적 기업 생태계 확장을 위해서는 민간기업의 역할 전환이 필요하다. 지금처럼 대부분의 대기업이 사회적 기업을 직접 설립하고 지원하는 '직접 지원 방식'만을 고집할 필요는 없다. 대기업과 사회적 기업의 연계는 기존의 방식에서 진화되어야 한다. 대기업뿐만 아니라 일반 민간기업이 갖고 있는 다양한 자원을 사회문제에 따라 폭넓게 활용하는 방식을 고려하여 사회적 기업의 생태계를 풍성하게 할 수 있기 때문이다.

사회적 기업 포스플레이트 사례는 대기업과 사회적 기업의 협력이 지향해야 할 새로운 발전 모델을 제시하고 있다. 전라도 광양시의 사회적 기업 포스플레이트는 대기업 '포스코'를 모기업으로 하는 사회적 기업이다. 포스플레이트는 포스코의 핵심 가치사슬 안에서 사업이 운영되기 때문에 안정적인 매출처 확보는 물론 일자리 창출에도 높은 성과를 나타내고 있다.[57]

---

5) 다솜이재단은 교보생명보험의 지원을 받은 비영리단체가 사회적 기업으로 성장한 사례이다. SK그룹의 행복나눔재단은 대기업이 직접 재단을 설립하여 사회적 기업을 지원한 사례이다. 포스코는 취약계층의 안정적 일자리 창출을 위해 자본을 100% 출자하여 자회사형 사회적 기업을 설립, 운영하고 있다(윤진수·안상아, 2012).

특히 포스플레이트의 사례는 모기업으로부터 근로자 교육, 작업장 환경 개선 등 각종 제도와 시스템의 적용이 수월하게 이루어지는 성과를 보이고 있다. 이러한 방식의 대기업-사회적 기업 연계 모델은 교류와 협력의 비용을 감소시킬 수 있다는 장점을 갖고 있다. 또한 대기업과 사회적 기업이 일회성의 시혜적 관계에서 운명공동체로 이어질 수 있다는 점에서 사회적 생태계의 확장을 기대할 수 있다.

해외에서도 다양한 협력 모델 사례를 확인할 수 있다. 프랑스의 Group SOS 사례가 그것이다. 프랑스의 대표적인 사회적 기업으로 손꼽히고 있는 Group SOS는 1984년에 설립되었는데, 지금까지 44개의 사회적 기업이 모여 연간 9,000억 원 내외의 매출을 올리는 소위 '사회적 대기업'이라 할 수 있다.[58] Group SOS는 다양한 사회적 기업으로 구성되어 있기 때문에 협력을 통해 고용, 보건 의료, 교육 등 복잡하고 다양한 사회문제를 해결함으로써 사회적 가치를 창출하고 있다. 뿐만 아니라 회계나 인사관리 등 전문경영인을 고용하여 운영함으로써 효율적이고 전문적인 기업 운영을 실현하고 있다.[59] 프랑스 Group SOS 사례를 통해 규모가 작고 영세한 사회적 기업 수가 많은 우리나라의 상황에 필요한 함의를 찾을 수 있다. 대기업은 사회적 기업들의 '지주회사'로서 경영전략을 수립하고 자회사격인 사회적 기업을 지휘하는 역할을 할 수 있다. 사회적 기업은 대기업은 물론 다른 사회적 기업과의 교류와 협력을 통해 사회적 가치 창출의 시너지 효과를 높일 수 있다. 이러한 모델은 사회문제 해결 주체들 사이의 협력을 지속가능하게 하고 사회적 가치뿐만 아니라 경제적 가치를 함께 추구할 수 있는 비즈니스 모델을 구축한다는 점에서 진화된 버전의 사회적 생태계라 할 수 있다.

이와 같이 사회적 기업 생태계에서 민간기업은 매우 큰 잠재력을 갖고 있다. 사회적 기업에 대한 민간기업의 관심과 지원 활동은 향후 사회적 기업 생태계의 발전과 확장에 중요한 밑거름이 된다. 이를 더욱 튼튼히 하기 위해서는 민간기업의 참여를 활발히 유도할 제도가 필요하다. 따라서 정부는 사회적 기업 생태계에 민간기업이 적극적으로 동참할 수 있도록 다양한 유인 제도를 마련해야 한다.

사회적 기업, 민간기업과 함께 정부는 사회적 기업 확장에 가장 주도적인 역할을 해야 하는 주체 중 하나이다. 지금까지 사회적 기업의 성장에 정부가 큰 역할을 해왔듯이 사회적 기업 생태계의 확장과 안정화를 위해서도 더 많은 노력이 이루어져야 한다. 이미 정부는 '한국사회적기업진흥원'을 설립하여 사회적 기업 생태계를 육성하고자 하는 의지를 보이고 있다.[60] 정부 주도의 사회적 기업 육성 방식이 사회적 기업의 지속가능성을 낮춘 문제도 있지만 사회적 기업 성장에 기여한 바가 큰 것 또한 사실이다. 다만 지금까지와는 다른 방식의 정부 역할과 기능이 필요하다. 기존의 사회적 기업 정책을 살펴봄으로써 향후 바람직한 정부의 역할을 모색할 수 있다.

초기 단계의 사회적 기업 정책은 취약계층 고용창출에 목표를 두고 인건비 지원 중심으로 설계되어 있었다.[61] 그 결과 정부가 사회문제 해결이라는 목적을 달성하기 위해 사회적 기업을 육성했다기보다는 '사회적 기업 육성' 자체가 목적인 상황이 되어버렸다. 사회문제 해결이라는 거시적인 목적을 간과하고 사회적 기업 발굴에만 집중하고 있다는 비판이 여기에서 비롯된 것이다.[62] 지금과 같이 자생력이 부족하고 '일자리 창출' 목적에만 치우친 사회적 기업들이 우후죽순 생겨나는 것이 그 증거이다(5장 참조). 또한 사회적 기업 지원 정책이 기업의 업종이나 유형에 따라 달라지는 것이 아니라 획일적으로 이루어졌다. '일자리 창출'이 오랫동안 우리나라의 고질적인 사회문제였기는 하지만 정부는 사회 곳곳에서 다양하게 발생하고 있는 사회문제에 대비할 수 있어야 한다. 일자리 수요 증가의 대안으로 사회적 기업의 역할을 규정하는 것은 오히려 사회적 기업의 잠재적 가능성을 제한할 수 있다. 이에 사회적 기업에 대한 지원이 획일적으로 이루어지기보다, 사회 곳곳에서 발생하는 다양한 사회문제를 대비하는 방향으로 이루어질 필요가 있다. 우리는 사회 양극화, 가족 해체 증가, 인구다원화 등 사회 환경 변화로 인하여 복잡하고 다양해지는 사회문제들을 확인하였고 이를 혁신적으로 해결하는 사회적 기업 사례들을 살펴보았다(2, 5장 참조). 우리나라의 사회적 기업 역시 해외 사례와 같이 '스타' 사회적 기업으로 성장할 수 있다. 이를 위해서는 사회적 기업을 '일자리 창출의 대안', '취약계층의 복지' 등 특정한 이슈에 한정하여 바라보는 관점에서 벗어나야 한다.

따라서 정부는 사회문제 중심으로 사회적 기업을 지원함으로써 사회적 기업 생태계를 확장해야 한다. 인건비 중심의 사회적 기업 지원은 여전히 그 목적이 '사회적 기업 육성' 자체에만 머물러 있는 근본적인 문제를 해결하지 못한다. 정부는 현재와 미래사회를 객관적으로 진단하고 예측함으로써 사회문제를 도출하고, 이를 효율적으로 해결할 수 있는 사회적 기업을 지원하기 위한 정책을 설계해야 한다. 이를 통해 정부는 다양한 사회문제들을 해결해 나가는 사회적 기업을 균형 있게 육성할 수 있다. 또한 사회문제 중심의 접근법은 사회적 기업 생태계 내에 '사회문제 해결'이라는 목표 아래 다양한 주체들이 자유롭고 적극적으로 참여할 수 있는 가능성을 높인다. 여기에 사회문제 해결에 동참하고자 하는 사회적 기업뿐만 아니라, 사회투자자, 민간기업, 비영리 단체 등이 자연스럽게 모일 수 있게 된다. 정부는 이렇게 모인 자원과 역량을 낭비 없이 효과적으로 활용할 수 있도록 협력적 거버넌스 체계를 구축할 수 있다.

사회적 기업에 대한 정부 지원이 인건비 중심이라는 문제와 함께 창업 초창기 5년에 집중되어 있는 점도 사회적 기업 생태계 확장을 위해 해결해야 하는 문제이다.[63] 정부의 인건비 지원 기간은 예비 사회적 기업일 경우 최대 2년, 사회적 기업일 경우 최장 3년이다. 이에 사회적 기업에 대한 정부 지원기간은 총 5년으로 한정된다. 이는 인건비 중심의 재정지원이 사회적 기업의 창업이나 생존단계에만 초점을 두고 있음을 의미한다. 사회적 기업 육성법이 시행된 지 10여 년이 지난 현 시점에서 정부의 재정지원이 창업 초기의 사회적 기업 중심에서 생애주기별로 체계화되는 것으로 확대될 필요가 있다. 사회적 기업들을 대상으로 한 설문조사를 살펴보면 사회적 기업 스스로를 성장단계를 넘어 성숙단계에 접어들었다고 응답한 기업들도 나타나고 있다. 그 비율도 전체의 절반에 이르고 있어 이들 사회적 기업을 관리하기 위한 정책이 필요함을 알 수 있다.

정부는 기초컨설팅, 전문컨설팅 등 차별화된 경영컨설팅을 지원한다고 하지만 여전히 중견 기업들에 대한 지원은 체계적이지 못하다. 2017년까지의 제2차 사회적 기업 육성 기본 계획을 살펴보면 '사회적 기업 3천 개 육성'을 목표로 따뜻한 공동체를 구현하겠다는 비전을 제시하고 있다. 이를 실현하기 위해 정부는 재정지원, 경영컨설팅, 공공기관 우선 구매, 판로개척, 프로보노, 네트워크 구축, 민간자원연계, 국제협력, 금융 및 세제 지원 등의 다양한 정책들을 제시하고 있다.[64] 최근 발표된 제3차 사회적 기업 육성 기본 계획에 따르면, 혁신적인 방식으로 사회문제를 해결하는 '혁신형'이 '일자리 제공형', '지역사회 공헌형' 외에 사회적 기업 유형으로 추가될 예정이다. 하지만 여전히 사회적 기업 수 확대와 확산에 초점이 맞춰져 있다. 특히 이러한 정책 설계는 수요자 중심이라기보다 공급자 중심이라 할 수 있다. 이는 다양한 어려움을 경험하고 있는 사회적 기업의 접근성을 떨어뜨린다. 따라서 정부는 수요자 중심의 맞춤형 지원을 위하여 사회적 기업들의 창업 – 성장 – 성숙 – 자립단계에 따른 생애주기별 정책을 설계해야 한다.

이와 같이 사회적 기업 생태계를 확장하기 위해서는 사회적 기업, 민간기업, 정부 등 다양한 주체들의 역할이 중요하다. 미국이나 유럽보다 사회적 기업의 역사는 길지 않지만 사회적 기업 육성 정책을 시행한 지난 10여 년 동안 사회적 기업이 확산되고 그에 따른 일자리가 창출되는 성과도 이루었다. 한국사회적기업진흥원을 설립하고 지역별 지원기관 체계도 마련되었다. 특히 지방자치단체 및 일반기업을 포함하여 민간자원을 연계하려는 노력도 이루어졌다. 하지만 이러한 노력들은 사회적 기업이 안정적으로 정착하고 사회문제 해결의 역량을 충분히 발휘하도록 하는 데에는 미치지 못하였다. 이는 사회적 기업 생태계를 확장함으로써 해결할 수 있다. 지금보다 진화된 사회적 기업 생태계 안에서 사회적 기업은 정부의 그늘에서 벗어나 자율적이고 혁신적인 도전을 시도하고, 다른 주체들과의 형식적인 거버넌스가 아닌 진정한 공동체로서의 연대가 일상적으로 이루어질 것이라 기대한다.

Epilogue

지속가능한 대한민국의 미래를 그리다

"아무리 잘 나가는 비즈니스라 하더라도
이를 둘러싼 사회와 환경이 지속가능하지 못하다면 결국 실패할 수밖에 없다."

지금까지 우리는 新 사회문제가 무엇인지 정의하고 분류하는 새로운 시도를 통해 사회적 가치를 재구성하고 이를 사회적 기업의 활동 영역과 연계시켜 살펴보았다. 또한 이를 바탕으로 사회적 기업이 사회문제 해결사로서 도약하기 위해 풀어야 할 몇 가지 과제와 방향도 제시하였다.

사회적 기업에 있어 중요한 점은 '기업'으로서의 자생력을 갖추는 것과 함께 사회문제 '해결'을 통해 실질적으로 사회적 가치를 '창출'하는 것에 있다. 이를 달성하기 위해서는 해결해야 할 사회문제가 무엇인지 정확히 정의하고, 분류하는 과정이 선행되어야 한다. 이에, 우리는 연역적·귀납적 접근을 아우르는 다각적인 분석을 통해 '경제적 불평등 – 소득 및 주거 불안, 노동 불안정, 교육 불평등', '사회적 위험 – 삶의 질 저하, 사회구조 변화, 사회통합 저해, 안전 위협', '환경파괴 – 환경오염, 자원고갈, 자연재해'라는 新 사회문제를 도출하였다. 이는 국제사회 및 국내 사회에서 강조하는 모든 사회문제들을 체계적으로 총망라한 종합 지표로 활용될 수 있다는 점에서 의의가 크다. 현대 사회의 심각한 사회문제를 정의하고 분류한 우리의 시도는 기존 연구에서 볼 수 없었던 차별화된 접근법이라 할 수 있다.

다음으로 사회적 기업이 어떠한 사회문제에 초점을 맞춰 활동하고 있는지 분석하였다. 우리는 2015년 기준, 고용노동부 인증 사회적 기업 1,299곳을 중심으로 사회적 미션을 확인하고, 사회문제 중심으로 사회적 기업의 활동 영역을 재분류하였다. 그간 사회적 기업은 '한국사회적기업진흥원'의 분류법에 따라 구분되어 왔는데, 이는 실제 국민들이 체감하는 사회문제와 다소 거리가 있다. 일자리 제공형, 사회서비스 제공형으로 사회적 기업을 크게 분류하고는 있지만, 이는 사회적 기업의 활동 영역을 제대로 담아내기에 부족하다. 현재의 시급한 사회문제도 반영하지 못함은 물론이다. 따라서 사회문제와 연계하여 사회적 기업을 바라보고자 했던 우리의 시각은 사회적 기업과 '사회문제 해결' 간의 연결 고리를 강화할 수 있다는 점에서 의미를 지닌다. 또한, '고용' 문제 해결에 편중되어 있는 우리나라 사회적 기업의 상황은 사회문제 해결사로서 이들의 미래가 밝지만은 않음을 보여준다. 이에, 사회적 기업이 부족한 특정 사회문제 영역에서 활동하고 있는 국내외 선진 사회적 기업 사례들을 심층 분석하여 사회적 기업의 현주소를 진단하고, 발전 방향을 모색하였다.

사회적 기업이 보다 다양한 사회적 가치를 창출하기 위해서는 사회적 기업 그 자체의 역할 변화도 중요하지만, 이를 둘러싼 제반 환경의 변화도 동반되어야 한다. 먼저, 창의적인 아이디어 및 기술 개발로 틈새시장을 공략하여 '취약계층 고용'에 치우쳐 있는 현 실태를 개선하고, 사회문제 해결에 있어 부족한 부분을 채워야 한다. 특히 지금과 같이 사회문제 해결에 필요한 재원을 영리활동을 통해 '조달'하는 형태에 머물기보다는 사회문제 해결 그 자체에서 수익을 창출하는 '해결사' 형태로 진화하는 것이 필요하다. 선도적으로 사회적 가치를 탐색하고 다양한 사회문제 해결에 도전하는 창의적인 혁신성이 결합될 때, 장기적으로 경제적 가치와 사회적 가치 모두를 달성할 수 있다.

둘째, 이러한 사회적 기업의 활동은 이들의 사회문제 해결 정도, 즉 사회적 성과를 측정하고 평가할 수 있는 체계가 만들어질 때, 더 활발해질 수 있다. 사회적 가치는 영역에 따라 다양하게 정의되고 그 크기도 다르므로, 이를 측정하고 평가하는 작업에는 상당한 어려움이 따른다. 사회적 가치를 측정하고 평가하기 위한 다양한 시도들이 이루어지고 있음에도 불구하고 여전히 한계는 많다. 성과의 측정기준이나 평가방법을 명확히 정의하고 그 정보를 널리 활용할 수 있는 기반을 마련하여 그에 대한 사회적 합의를 이끌어내어야 한다. 또한 측정과 평가에 그치지 않고 이들이 창출한 가치를 실제 보상하기 위한 제도적인 노력도 뒷받침되어야 한다. 사회적 기업을 넘어 다양한 조직들이 사회적 가치 창출에 동참하는 변화야말로 실제 사회문제 해결을 통해 지속가능발전에 이바지하기 위한 본질적이고 필수적인 부분이다.

마지막으로, 민간 기업, 정부, NGO 등과 함께 적극적인 협력 네트워크를 구축하고 사회적 기업 생태계를 확장하는 것은 사회적 기업이 사회문제 해결사로 나아가기 위해 반드시 풀어야 할 숙제이다. 지금의 사회적 기업 생태계는 지속가능하지 못하다. 정부의 지원정책에 따른 사회적 기업의 양적 성장에도 불구하고 이들의 지속가능성은 여전히 의문시되고 있다. 사회적 기업의 지속가능성을 높이기 위해서는 질적 성장이 이루어져야 한다. 서로 다른 행위자들이 각기 다른 목표와 결과를 기대하며 나아가는 전략은 핵심적인 사회문제의 발견과 해결을 가로막는다. 때문에 정부, 자본시장, 사회적 기업 등 주요 행위자들의 역할 분담을 통한 협력이 효과적으로 이루어지는 것이 그 무엇보다 중요하다.

우리는 사회적 기업과 이들의 사회문제 해결 영역을 중심으로 논의를 진행하였다. 이는 지속가능한 대한민국의 미래를 설계함에 있어 상당한 함의를 가져다 줄 것이다. 물론 사회적 기업뿐 아니라 기업이나 비영리 조직 등의 사회문제 해결 영역을 함께 비교한다면, 우리나라 전체의 사회문제 해결 지형도를 더욱 명확하게 한 눈에 파악할 수 있을 것이다. 그럼에도 사회문제를 분류하고 재구성한 것, 그리고 사회적 기업들이 어떠한 사회문제 해결에 초점을 맞추고 있는지 분석한 것 자체가 새로운 시도이기 때문에 학술적, 정책적으로 기여하는 바가 크다. 다른 행위자들의 역할과 활동을 고려한 전체 사회문제 지형도의 분석은 추후의 숙제로 남겨두고자 한다.

사회문제 해결사로서 사회적 기업이 다양한 사회적 가치를 창출할 수 있도록 거시적이고 장기적인 시각에서 우리가 할 수 있는 일이 무엇인지를 현실적으로 냉철하게 고민하는 연구자들과 사회혁신가들에게 미흡하나마 이 글이 도움이 되었으면 하는 바람이다.

주

Prologue 사회문제 해결, 누구의 책임인가?

1. Kaletsky, A. 2010. *Capitalism 4.0: The Birth of a New Economy in the Aftermath of Crisis*. New York: Public Affairs.
2. Sachs, J. D. 2015. *The Age of Sustainable Development*. New York: Columbia University Press.
3. Fukuyama, F. 1995. *Trust: The Social Virtues and the Creation of Prosperity*. New York: Free Press.
4. Lakin, N. & Scheubel, V. 2010. *Corporate Community Involvement: The Definitive Guide to Maximizing Your Business' Societal Engagement*. California: Stanford University Press.
5. 이명석·배재현·양세진. 2009. 협력적 거버넌스와 정부의 역할: 사회적 기업 사례를 중심으로. 한국정책학회보 18(4): 145-171.
6. 장용석·조희진. 2013. 공공-민간 경영 패러다임의 융합적 전환: 변화의 추세와 조직의 대응. 인사조직연구 21(3): 69-104.
7. 장용석·김회성·황정윤·유미현. 2015. 사회적 혁신 생태계 3.0. CS 컨설팅 & 미디어.
8. Battilana, J. & Dorado, S. 2010. Building Sustainable Hybrid Organizations: The Case of Commercial Microfinance Organizations. *Academy of Management Journal* 53(6): 1419-1440.
9. Scott, R. W. 1994. Institutions and Organizations: Toward a Theoretical Synthesis. In W. R. Scott & J. W. Meyer(Eds.). *Institutional Environments and Organizations: Structural Complexity and Individualism*. Thousand Oaks, CA: Sage.
10. 조희진·장용석. 2016. 사회적 기업의 지속가능성과 사회적 기업가 정신. 한국정책학회보 25(4): 329-258.

11. Battilana, J. & Dorado, S. 2010. Building Sustainable Hybrid Organizations: The Case of Commercial Microfinance Organizations. *Academy of Management Journal* 53(6): 1419-1440.
12. Jay, J. 2013. Navigating Paradox as a Mechanism of Change and Innovation in Hybrid Organizations. *Academy of Management Journal* 56(1): 137-159.
13. 조희진·장용석. 2016. 사회적 기업의 지속가능성과 사회적 기업가 정신. 한국정책학회보 25(4): 329-258.
14. 최태원. 2014. 새로운 모색, 사회적 기업. 이야기가 있는 집.
15. Dart, R. 2004. The Legitimacy of Social Enterprise. *Nonprofit Management and Leadership* 14(4): 411-424.
16. 김경휘·반정호. 2006. 한국 상황에서의 사회적 기업의 개념과 유형에 관한 소고. 노동정책연구 6(4): 31-54.
17. 최태원. 2014. 새로운 모색, 사회적 기업. 이야기가 있는 집.
18. 장용석·김회성·황정윤·유미현. 2015. 사회적 혁신 생태계 3.0. CS 컨설팅 & 미디어.

Chapter 01 지속가능발전의 시대: 新 사회문제의 등장

1. Kohn, M. L. 1976. Looking Back-A 25-year Review and Appraisal of Social Problems Research. *Social Problems* 24: 94-112.
2. Merton, R. K. 1971. Epilogue: Social Problems and Sociological Theory. In R. Merton & R. Nisbet(Eds.). *Contemporary Social Problems*. New York: Harcourt Brace Jovanovich.
3. Fuller, R. C. & Myers, R. R. 1941. The Natural History of a Social Problem. *American Sociological Review* 6(3): 320-329.
4. Blumber, H. 1971. Social Problems as Collective Behavior. *Social Problems* 18(3): 298-306.
5. Frank, D. J., Meyer, J. W. & Miyahara, D. 1995. The Individualist Polity and the Centrality of Professionalized Psychology. *American Sociological Review* 60: 360-377.
6. Meyer, J. W. & Jepperson, R. 2000. The Actors of Modern Society: The Cultural Construction of Social Agency. *Sociological Theory* 18(1): 100-120.

7. Hwang, H. 2006. Planning Development: Globalization and the Shifting Locus of Planning in G. S. Drori, J. W. Meyer & H. Hwang(eds.). *Globalization and Organization: World Society and Organizational Change*. New York: Oxford Press.
8. 한겨레. 2016. 미국판 삼포세대 절반, 자본주의지지 안한다. 4월 29일자.
9. 헤럴드경제. 2016. '삼포세대'는 세계적 현상, 청년층 좌절감 역대 최대. 3월 9일자.
10. Smeeding, T. M. 2004. *Public Policy and Economic Inequality: The United States in Comparative Perspective*. LIS Working Paper Series 367.
11. Milanovic, B. 1999. *True World Income Distribution, 1988 and 1993: First Calculation Based on Household Surveys Alone*. World Bank Policy Research Working Paper Series No. 2244.
12. Thorbecke, E. & Charumilind, C. 2002. Economic Inequality and Its Socioeconomic Impact. *World Development* 30(9): 1477-1495.
13. Solt, F. 2008. Economic Inequality and Democratic Political Engagement. *American Journal of Political Science* 52(1): 48-60.
14. Goodin, R. & Dryzek, J. 1980. Rational Participation: The Politics of Relative Power. *British Journal of Political Science* 10(3): 273-292.
15. Brush, J. 2007. Does Income Inequality Lead to More Crime? A Comparison of Cross-sectional and Time-series Analyses of United States Counties. *Economics Letters* 96(2): 264-268.
16. Meyer, J. W. 2010. World Society, Institutional Theories, and the Actor. *Annual Review of Sociology* 36: 1-20.
17. 허다혜. 2008. 한국의 정부조직개편추세에 관한 연구: 정부의 사회적 기능을 중심으로. 연세대학교 석사학위 논문.
18. Meyer, J. W., Bromley, P. & Ramirez, F. O. 2010. Human Rights in Social Science Textbooks: Cross-national Analyses, 1970-2008. *Sociology of Education* 83(2): 111-134.
19. 장용석 · 조희진. 2013. 공공-민간 경영 패러다임의 융합적 전환: 변화의 추세와 조직의 대응. 인사조직연구 21(3): 69-104.
20. Frank, D. J. 1997. Science, Nature, and the Globalization of the Environment, 1870-1990. *Social Forces* 76(2): 409-435.
21. Meyer, J. W., Frank, D. J., Hironaka, A., Schofer, E. & Tuma, N. B. 1997.

The Structuring of a World Environmental Regime, 1870-1990. *International Organization* 51: 623-651.
22. 정장훈. 2012. 국제환경협력 참여의 결정요인: 생태계 보호를 위한 람사협약을 중심으로. 한국정책학회보 21(1): 155-189.
23. https://www.ramsar.org/country-profiles
24. Sachs, J. D. 2015. *The Age of Sustainable Development*. New York: Columbia University Press.
25. Giddings, B., Hopwood, B. & O'Brien, G. 2002. Environment, Economy and Society: Fitting Them Together into Sustainable Development. *Sustainable Development* 10: 187-196.

Chapter 02 사회문제의 재구성: 새로운 분류가 필요하다

1. Meyer, J. W. & Rowan, B. 1977. Insititutionalized Organizations: Formal Structure as Myth and Ceremony. *American Journal of Sociology* 83: 340-363.
2. 백성진. 2012. Horizon 2020의 예산 및 주요 특징. 산업기술정책브리프, 2012-42: 1-25. 한국산업기술진흥연구원.
3. 임도빈. 2008. 역대 대통령 국정철학의 변화: 한국행정 60년의 회고와 과제. 행정논총 46(1): 211-251.
4. 주간경향. 2012. 이명박 정부의 녹색 성장, 미래는 있을까. 7월 31일자. (주간경향 986호).
5. 임도빈. 2008. 역대 대통령 국정철학의 변화: 한국행정 60년의 회고와 과제. 행정논총 46(1): 211-251.
6. Sen, A. 2000. *Social Exclusion: Concept, Application, and Scrutiny*. Asian Development Bank. Social Development Papers No.1.
7. 송위진·성지은·임홍탁·장영배. 2013. 사회문제 해결형 연구개발사업 발전방안 연구. 과학기술정책연구원 정책연구 2013=11.
8. 국가과학기술위원회. 2012. 新 과학기술 프로그램 추진전략(안): 더 행복한 대한민국.
9. 최항섭·이명진. 2009. 미래예측방법론을 활용한 디지털 컨버젼스의 미래연구. 정보통신정책연구원.
10. 유의선·이민형·조승헌·박우철. 2010. 미래 메가트렌드와 저탄소 사회 패러다임

의 상호작용. 과학기술정책연구원 2010-26.
11. 미래창조과학부. 2015. 미래이슈 분석보고서.
12. 조희진. 2014. 공공가치의 융합적 전환: 정부의 효율성과 시장의 책임성을 중심으로. 연세대학교 박사학위 논문.
13. Tuchman, G. 1978. *Making News: A Study of Construction of Reality*. New York: Free Press.
14. 정정화. 2007. 환경갈등과 언론: 부안 방폐장에 대한 이해집단과 미디어 프레임 비교분석. 한국정책학회보 16(3): 177-208.
15. 명재규·김진영. 2015. 세월호 사건보도에 나타난 언론의 행동경제학적 편향에 대한 분석. 한국정책학회보 24(3): 121-155.
16. 임순미. 2010. 집단지성(Collective Intelligence)에 대한 언론 프레이밍 연구. 정치정보연구 13(2): 161-189.
17. 이준구. 1992. 소득분배의 이론과 현실. 다산출판사.
18. Rawls, J. 2001. *Justice as Fairness: A Restatement*. Cambridge, MA: The Belknap Press of Havard University Press.
19. 김종엽. 2003. 한국 사회의 교육 불평등. 경제와 사회 59: 55-77.
20. Wright, E. O. 1997. *Class Counts*. Cambridge: Cambridge University Press.
21. 신광영. 2003. 한국의 사회계급과 불평등 상태: 서베이 자료 분석을 넘어서. 경제와 사회 59: 32-54.
22. 백승주·금현섭. 2013. 불평등의 다차원적 접근: 측정 및 활용. 한국정책학회보 22(2): 283-312.
23. Sen, A. 1992. *Inequality Reexamined*. Oxford University Press.
24. 김영란. 2006. 새로운 위험과 여성빈곤 그리고 탈빈곤정책. 한국사회학 40(2): 189-226.
25. Felce, D. & Perry, J. 1995. Quality of Life: Definition and Measurement. *Research in Developmental Disabilities* 16(1): 51-74.
26. 고명철. 2013. 공공서비스 만족도, 정부성과, 그리고 삶의 질 간 영향관계 분석: 상향확산식 접근을 토대로. 한국행정학보 47(2): 1-30.
27. 장용석·박명호·강상인·오완근·이영섭·한상범·박찬열·정명은·박나라. 2010. 한국 경제·사회 선진화의 조건(II): 통합사회지표. 경제·인문사회연구회.
28. 최종렬. 2004. 신뢰와 호혜성의 통합의 관점에서 바라본 사회자본: 사회자본 개념의 이념형적 구성. 한국사회학 38(6): 97-132.

29. 황창호·김영주·문명재. 2015. 행정가치에 대한 국민인식이 정부신뢰에 미치는 영향. 한국행정학보 49(4): 123-150.
30. Beck, U. 1998. *World Risk Society*. Cambridge: Polity Press.
31. 박성희. 2006. 위험보도의 위기구축 기제 프레임 분석: 식품안전 보도를 중심으로. 한국언론정보학보 35: 181-210.
32. Esteva, G. 1992. Development in W. Sachs(ed.). *The Development Dictionary*. London: Zed Books.
33. Bartoli, H. 2000. *Rethinking Development: Putting on End to Poverty*. Paris: UNESCO.
34. Hwang, H. 2006. Planning Development: Globalization and the Shifting Locus of Planning in G. S. Drori, J. W. Meyer & H. Hwang(eds.). *Globalization and Organization: World Society and Organizational Change*. New York: Oxford Press.
35. 박종민·왕재선·김영철. 2005. 환경가치와 신념의 근원: 脫물질주의, 정치이념 및 문화편향. 한국행정학보 39(4): 369-387.
36. 니클라스 루만. 1996. 생태학적 커뮤니케이션. 유영사. 이남복 역.
37. 김재범. 2000. 환경문제의 인식과 언론보도의 역할. 한국언론정보학보 15: 7-47.

Chapter 03 사회문제 해결, 지금 이대로 충분한가?

1. 이창언·김광남·오수길·조희연. 2013. 사회문제를 보는 새로운 눈: 한국사회의 33가지 쟁점. 도서출판선인.
2. OECD. 2014. *OECD Factbook: Economic, Environmental and Social Statistics*. Paris: OECD.
3. 연합뉴스. 2016. 빚 갚기 턱없이 부족한 소득...가계부채가 소득의 1.5배. 3월 26일자.
4. 한겨레. 2016. 전셋값 갑절 뛰는데, 소득은 제자리 '빚내서 집 얻기'. 3월 29일자.
5. YTN. 2015. 부족한 연금...노인 빈곤율 OECD 1위. 9월 26일자.
6. Keeley, B. 2015. *Income Inequality: The Gap between Rich and Poor*. Paris: OECD(OECD Insights).
7. 박정현·이은복. 2015. 글로벌 5개국 20대의 가치관 비교, LG Business Insight LG경제연구원.

8. 연합뉴스. 2016. “중국, 빈부격차 좁혀지지 않고 고착화...지니계수 상승”. 2월 19일자.
9. Merton, R. K. 1938. Social Structure and Anomie. *American Sociological Review* 3: 672-682.
10. 경향신문. 2015. “[거꾸로 가는 노동 개혁] 해고가 자유로운 나라, 한국...개별·집단해고 보호지수, OECD 평균보다 낮아”. 3월 29일자.
11. 국민일보. 2016. 재취업 중장년의 40%, 낯선 업종으로 이동...50대 재취업 가장 많아. 3월 25일자.
12. OECD. 2015. “Gender wage gap”(indicator). DOI: http://dx.doi.org/10.1787/7cee77aa-en(Accessed on 03 April 2016)
13. 서울신문. 2015. “사교육비 많은 것도 힘든데... 공교육 개인 부담 OECD 최고”. 11월 25일자.
14. OECD. 2014. Education at a Glance 2014: OECD Indicators, OECD Publishing. http://dx.doi.org/10.1787/eag-2014-en
15. 김종엽. 2003. 한국 사회의 교육 불평등. 경제와 사회 59: 55-77.
16. 여유진·정해식·김미곤·김문길·강지원·우선희·김성아. 사회통합 실태진단 및 대응방안 Ⅱ: 사회통합과 사회이동. 한국보건사회연구원 연구보고서.
17. Putnam, R. 2016. 우리 아이들: 빈부격차는 어떻게 미래 세대를 파괴하는가. 정태식 옮김. 페이퍼로드.
18. 여유진·정해식·김미곤·김문길·강지원·우선희·김성아. 사회통합 실태진단 및 대응방안 Ⅱ: 사회통합과 사회이동. 한국보건사회연구원 연구보고서.
19. Bowles, S. & Gintis, H. 1976. *Schooling in Capitalist America*. New York: Basic Books.
20. 세계일보. 2015. “한국 복지지출 OECD 꼴찌...'저부담 저복지' 여전”. 3월 27일자.
21. OECD. 2015. Better Life Index 2015.
22. 삼성경제연구소. 2009. 한국의 소득불균형과 사회행복. SERI 경제포커스 제257호.
23. OECD. 2015. Health at a Glance 2015: OECD Indicators, OECD Publishing, Paris. http://dx.doi.org/10.1787/health_glance-2015-en
24. 서경현. 2006. 고령화 사회에서 한국인의 건강과 삶의 질. 한국심리학회지: 문화 및 사회문제 12(5): 133-147.
25. OECD. 2015. Better Life Index 2015: Quality of Social Network.
26. 경향신문. 2016. “[세상속으로] 각자도생 사회...무너지는 인간관계...‘섬’이 된 사

람들". 2월 26일자.

27. OECD. 2013. Pensions at a Glance 2013: OECD and G20 Indicators. OECD Publishing. http://dx.doi.org/10.1787/pension_glance-2013-en
28. OECD. 2014. Society at a Glance 2014: OECD Social Indicators. OECD Publishing. http://dx.doi.org/10.1787/soc_glance-2014-en
29. 장경섭. 2011. '위험회피' 시대의 사회재생산: 가족출산에서 여성출산으로?. 가족과 문화 23(3): 1-23.
30. 서울뉴스통신. 2016. 경기연, 전국 농가 19.2%↓ 농가인구 31.7%↓. 3월 7일자.
31. 이상영·정진욱·김영택·윤시몬·채수미·채희란. 2014. 자살위험도 결정요인 및 지역 간 격차요인 분석. 한국보건사회연구원.
32. 노컷뉴스. 2015. "81.8% "노인 존경받지 못한다"...노후보장의 위기". 3월 30일자.
33. 노대명. 2009. 사회통합의 현황과 향후 정책과제. 보건복지포럼. 재인용.
34. 장용석·박명호·강상인·오완근·이영섭·한상범·박찬열·정명은·박나라. 2010. 한국 경제·사회 선진화의 조건(Ⅱ): 통합사회지표. 경제·인문사회연구회.
35. 조희진. 2016. 우리나라 사회통합의 현주소, 지속가능발전을 위협하다. 한국정책학회 정책논단 봄호. 재인용.
36. 연합뉴스. 2016. 나이 많을수록 다문화에 부정적 태도: 여가부 조사. 3월 14일자.
37. e-나라지표. http://www.index.go.kr/
38. 조선일보 더나은미래. 2015. 안전은 비용 아닌 투자...주민 주도형 재난관리 시스템 마련해야. 9월 22일자.
39. 조선일보 더나은미래. 2015. 안전은 비용 아닌 투자...주민 주도형 재난관리 시스템 마련해야. 9월 22일자.
40. 프레시안. 2016. '갈색 경제'의 몰락, 기로에 선 한국. 3월 30일자.
41. 서울경제. 2016. "물 확보하라"...가뭄과의 전쟁 나선 정부. 3월 31일자.
42. 파이낸셜 뉴스. 2016. 亞대륙, 2050년 심각한 물 부족, 10억 명 고통 예상. 3월 31일자.
43. 아주경제신문. 2016. [긴급진단 식량위기] 2020년 곡물생산 20% 감소...식량 '빈익빈 부익부'. 3월 28일자.
44. OECD. 2015. Environment at a Glance. OECD Publishing.
45. 국민안전처 재해연보. '자연재난 발생현황'.

1. 조희진·장용석. 2016. 사회적 기업의 지속가능성과 사회적 기업가 정신. 한국정책학회보 25(4): 329-358.
2. Campbell, S. 1998. Social Entrepreneurship: How to Develop New Social Purpose Business Ventures. *Health Care Strategic Management* 16(5): 17-8.
3. Borzaga, C. & Defourny, J. 2004. *The Emergence of Social Enterprise*. Routledge: London & New York.
4. OECD. 1999. *Social Enterprises*. Organization for Economic Co-operation and Development.
5. 이은선. 2009. 사회적 기업의 특성에 관한 비교 연구: 영국, 미국, 한국을 중심으로. 행정논총 47(4): 363-397.
6. 황정윤·조희진. 2016. 사회적 기업 설립의 영향요인 분석: 기능주의와 제도주의 관점을 중심으로. 정부학연구 22(3): 237-277.
7. 조희진·장용석. 2016. 사회적 기업의 지속가능성과 사회적 기업가 정신. 한국정책학회보 25(4): 329-358.
8. 노동부. 2006. 사회적 기업 육성 전략. 사회서비스 확충 전략 관계부처합동 보고회 자료.
9. 고동현·이재열·문명선·한솔. 2016. 사회적 경제와 사회적 가치: 자본주의의 오래된 미래. 한울아카데미.
10. 장용석·김회성·황정윤·유미현. 2015. 사회적 혁신 생태계 3.0. CS 컨설팅&미디어.
11. Kerlin, J. A. 2006. Social Enterprise in the United States and Europe: Understanding and Learning from the Differences. *Voluntas* 17: 247-263.
12. Kerlin, J. A. 2006. Social Enterprise in the United States and Europe: Understanding and Learning from the Differences. *Voluntas* 17: 247-263.
13. Young, D. 2003. New Trends in the US Non-profit Sector: Towards Market Integration? In OECD(Ed.). *The Nonprofit Sector in a Changing Economy*. Paris: OECD.
14. 이은선. 2009. 사회적 기업의 특성에 관한 비교 연구: 영국, 미국, 한국을 중심으로. 행정논총 44(4): 363-397.
15. 성연옥. 2013. 비교론적 관점에서 사회적 기업 특성 연구: 영국, 이탈리아 및 미국을 중심으로. 한독사회과학논총 23(3): 101-140.

16. Kerlin, J. A. 2006. Social Enterprise in the United States and Europe: Understanding and Learning from the Differences. *Voluntas* 17: 247-263.
17. 한국사회적기업진흥원. 2014. 사회적 기업 개요집. 1094.
18. 장용석·김회성·황정윤·유미현. 2015. 사회적 혁신 생태계 3.0. CS 컨설팅 & 미디어.
19. 문병기·유범상. 2012. 사회복지정책론. 서울: 한국방송통신대학교출판부.
20. 김봉화·김재호. 2010. 세계 사회적 기업의 현황과 전략. 한국학술정보(주).
21. 성연옥. 2013. 비교론적 관점에서 사회적 기업 특성 연구: 영국, 이탈리아 및 미국을 중심으로. 한독사회과학논총. 23(3): 101-140.
22. 성연옥. 2013. 비교론적 관점에서 사회적 기업 특성 연구: 영국, 이탈리아 및 미국을 중심으로. 한독사회과학논총. 23(3): 101-140.
23. 김명희. 2008. 영국의 사회적 기업 사례 연구와 한국에의 정책적 함의. 사회복지정책 33: 135-157.
24. 김봉화·김재호. 2010. 세계 사회적 기업의 현황과 전략. 한국학술정보(주).
25. 이은선. 2009. 사회적 기업의 특성에 관한 비교 연구: 영국, 미국, 한국을 중심으로. 행정논총 44(4): 363-397.
26. 조선일보 더나은미래. 2015. 100만 개 일자리 만드는 영국 사회적 기업의 비밀. 12월 22일자.
27. Social Enterprise Coalition. 2003. There's More to Business Than You Think: A Guide to Social Enterprise. London: Social Enterprise Coalition.
28. GROUNDWORK 홈페이지(https://www.groundwork.org.uk/).
29. GROUNDWORK. 2011. Annual Report and Financial Statements 2010/2011.
30. GROUNDWORK. 2015. GROUNDWORK IN ACTION, ANNUAL REVIEW 2015.
31. 조선일보 더나은미래. 2016. 사회적 기업 성공이나 수익보다 '소셜 미션'에 집중하라. 3월 15일자.
32. 조선일보 더나은미래. 2016. 사회적 기업 성공이나 수익보다 '소셜 미션'에 집중하라. 3월 15일자.
33. 성연옥. 2013. 비교론적 관점에서 사회적 기업 특성 연구: 영국, 이탈리아 및 미국을 중심으로. 한독사회과학논총 23(3): 101-140.
34. 이은선. 2009. 사회적 기업의 특성에 관한 비교 연구: 영국, 미국, 한국을 중심으로. 행정논총 44(4): 363-397.
35. 성연옥. 2013. 비교론적 관점에서 사회적 기업 특성 연구: 영국, 이탈리아 및 미

국을 중심으로. 한독사회과학논총 23(3): 101-140.
36. 굿윌스토어 밀알송파점 홈페이지(www.goodwillsongpa.org).
37. GOODWILL 홈페이지(http://www.goodwill.org/about-us/).
38. 조희진·장용석. 2016. 사회적 기업의 지속가능성과 사회적 기업가 정신. 한국정책학회보 25(4): 329-358.

Chapter 05 사회문제 지도로 사회적 기업을 바라보다

1. 관계부처합동. 2006. 사회서비스 확충전략, 사회서비스분야 좋은 일자리 창출 추진 보고회. 노동부 사회적 기업 육성 전략. 47-69.
2. 한국사회적기업진흥원. 2014. 사회적 기업 개요집. 1094.
3. 함께일하는세상(주) 기업소개 Report_2016. 함께일하는세상 SEB센터 블로그(http://blog.daum.net/hssseb/19).
4. 함께일하는세상(주) 투자제안서. 함께일하는세상 SEB센터 블로그(http://blog.daum.net/hssseb/19).
5. 대경일보. 2016. 더불어 일하며 행복한 세상을 꿈꾸는 '착한기업'. 4월 1일자.
6. http://www.edu-money.co.kr/Edumoney
7. http://strikedebt.kr/ 2016년 5월 2일 기준.
8. 이두휴. 2011. 도시와 농촌 간 교육양극화 실태분석. 교육사회학연구 제21권 제2호. 121~148.
9. (사)전북사회경제포럼 전라북도 사회적 기업·협동조합 통합지원센터 홈페이지(http://jbse.or.kr/korean/SubPage.html?CID=pages/jeonbuk04_view.php&co_area=&co_saup=5&&co_id=38).
10. 국제신문. 2015. 동의애프터스쿨, 교육부 돌봄교실 특별상. 10월 5일자.
11. (사)동의애프터스쿨 홈페이지(http://www.das.or.kr/03_management/01_1.php?sv=&sw=&page=1).
12. 부산 잡코리아. 기업정보(http://www.jobkorea.co.kr/Recruit/Co_Read/C/8902657?PageGbn=PS&Oem_Code=C151).
13. 김종수. 2010. 문화영역 사회적 기업의 역할. 행정언어와 질적 연구 1(1): 97-120.
14. 브릿지경제. 2016. 한신플러스케어 이인재 대표를 만나다. 1월 29일자.
15. 브릿지경제. 2016. 한신플러스케어 이인재 대표를 만나다. 1월 29일자.
16. 원주의료복지사회적협동조합 홈페이지(http://www.wjmedcoop.org/page/

view.php/1sub2).

17. G1TV. 2016. 원주의료협동조합 "의료의 사회적 공공성 추구". 3월 16일자.
18. 마포FM 홈페이지(http://mapofm.net/).
19. 서울마을미디어지원센터 뉴스레터(http://maeulmedia.tistory.com/158).
20. 서울잡스(http://seouljobs.net/recruit/mapofm/).
21. 통일한국. 2012. 4월호.
22. 해럴드매일. 2016. [기고] 러시아 연해주 고려인과 사회적 기업 '바리의꿈'. 2월 11일자.
23. 바리의꿈 홈페이지(http://www.baridream.co.kr/shop/main/html.php?htmid=service/com_01.htm&tplSkin=designbook_greenfarm&gd_preview=1&gd_preview_file=service/com_01.htm).
24. 네이버 블로그(http://blog.naver.com/dongtuni/220649872830).
25. 따뜻한마음청소년센터 홈페이지(http://www.yebang1004.com/).
26. 국제신문. 2011. 사회적 기업이 여는 희망세상 〈1-21〉 사회적 기업들: 블루인더스. 8월 16일자.
27. ㈜블루인더스 E-Brochure.
28. ㈜블루인더스 홈페이지(http://www.blueind.co.kr/).
29. 뉴시스. 2018. [양산소식] 블루인더스 황사마스크 공영홈쇼핑 대박. 4월 18일자.
30. 월간 함께사는길. 2015. 1월호.
31. 연합뉴스. 2018. 지난해 일회용 기저귀 사용량 30억 개...5년 간 44% ↑. 10월 7일자.
32. SR센터 홈페이지(http://www.srcenter.kr/).
33. (주)에코시티서울. 2018. 서울특별시SR(Seoul Resource) 센터_(주)에코시티서울소개자료.
34. SR센터 홈페이지(http://www.srcenter.kr/).
35. AVING. 2016. [국제전기전력전] '태양광 미니발전소 보조금 지원사업'. 서울시민햇빛발전협동조합. 5월 11일자.
36. ETN 뉴스. 2015. 바다 쓰레기 7만 톤 회수할 '100km 울타리'. 4월 27일자.
37. 허핑턴포스트코리아. 2015. [허핑턴 단독] 바다 스스로 쓰레기를 청소하게 만든 스무 살 청년. 5월 27일자.
38. 허핑턴포스트코리아. 2015. [허핑턴 단독] 바다 스스로 쓰레기를 청소하게 만든 스무 살 청년. 5월 27일자.

39. http://www.bloter.net/archives/253026
40. 국민안전처. 2016. 2017년도 재난안전예산, 신속한 재난대응과 사전 예방기능 강화에 중점투자. 국민안선처 보도자료. 6월 29일자.
41. 조선일보 더나은미래. 2015. 안전문제 해결하는 사회적기업은 1.15%뿐. 9월 22일자.
42. 전자신문. 2016. [WIS2016] 포드림. 5월 13일자.
43. SBS 뉴스. 2016. [한수진의 시사 전망대] 춤추는 부동산 정책, 그 오랜 역사 한 눈에 보기. 7월 16일자.
44. 조임곤·정재진. 2011. 거래세 감면이 대도시 부동산 시장에 미치는 영향. 한국정책학회보 20(4): 219-242.
45. 한겨레21. 2015. 사회변혁은 집에서 출발한다. 9월 7일자.
46. 한겨레21. 2015. 집, 가난과 대결하다. 5월 20일자.
47. 중앙시사매거진. 2015. 김정현 셰어하우스 WOOZOO(우주) 대표-전문가에게 쓰는 돈 아끼지 말라. 2월 9일자.
48. 조선일보 더나은미래. 2012. [사회적 기업 2.0 시대가 왔다] ① 세계 사회적 기업은 진화 중_일본의 사회적 기업 '고토랩' 르포. 5월 22일자.
49. 박형수·류덕현. 2010. 교육분야 정부지출의 효율성 측정과 결정요인. 재정학연구 3(4): 39-77.
50. (사)행복한아침독서 웹페이지(http://blog.naver.com/10minreading/50162345212).
51. 다음뉴스 정책브리핑. 2006. 미국선 방과후 학교도 사회적 기업 몫. 5월 15일자.
52. (사)행복한아침독서 웹페이지(http://blog.naver.com/10minreading/50162345212).
53. http://www.bloter.net/archives/253026
54. 조선비즈. 2013. 칸 아카데미 "기술 발달이 '교육 평등화' 이룰 것". 3월 8일자.
55. 장용석·조희진. 2015. 이윤에 윤리를 더하라: 지속가능한 책임경영 생태계 조성을 위한 사회적 기업화 전략. 서재혁·장용석·정재관 편저. 사회적 책임, 사회적 기업. 동아시아연구원.
56. Rottenberg, L. & Morris, R. 2013. New Research: If You Want to Scale Impact, Put Financial Results First. *Harvard Business Review* January.

1. 장용석·김회성·황정윤·유미현. 2015. 사회적 혁신 생태계 3.0. CS 컨설팅 & 미디어.
2. Harvard Business Review 홈페이지(https://hbr.org/2015/11/the-best-performing-ceos-in-the-world).
3. 한국사회적기업진흥원 홈페이지(http://www.socialenterprise.or.kr/foundation/training_sintro_concept.do).
4. Everett, B. 2011. *Evidence Review–Environmental Innovation Prizes for Development*. DEW Point Enquiry No. A0405.
5. Spradlin, D. 2013. Are You Solving the Right Problem?. *Harvard Business Review* September.
6. 한국사회적기업진흥원. 2015. 작은 비누가 만든 커다란 기적. 사회적 기업 매거진 36(5): 22-25.
7. 한국임팩트평가. 2013. 사회적 성과 평가의 역사와 현황 및 국내 적용에 대한 연구. 한국사회투자 용역보고서.
8. 최태원. 2014. 새로운 모색, 사회적 기업. 이야기가 있는 집.
9. 이승규·라준영. 2010. 사회적 기업의 사회경제적 가치 측정: 사회투자수익률(SROI). 벤처경영연구 13(3): 41-56.
10. 곽선화. 2014. 사회적 기업의 경제적 가치와 사회적 가치의 측정. 한국사회적경제신문 2014년 3월 4일자 오피니언.
11. 한국사회적기업진흥원·한국사회적기업연구소. 2011. 사회적 기업의 사회적 가치 측정 사례연구. 한국사회적기업진흥원 연구보고서.
12. 조영복·류정란. 2014. 사회적 기업의 사회적 가치 측정, 그 접근법과 발전방향의 모색: SROI의 우수성을 중심으로. 인적자원관리연구 21(3): 475-494.
13. 최태원. 2014. 새로운 모색, 사회적 기업. 이야기가 있는 집.
14. Bryde, D. & Robinson, L. 2005. Client versus Contractor Perspectives on Project Success Criteria. *International Journal of Project Management* 23: 622-629.
15. 문철우 외. 2014. 사회적 경제 사회가치 측정 지표 정교화 및 활용을 위한 연구. 고용노동부. 한국사회적기업진흥원 연구보고서.
16. Mulgan, G. 2010. Measuring Social Value. *Stanford Social Innovation Review* 8(3): 38-43.

17. 이승규·라준영. 2010. 사회적 기업의 사회경제적 가치 측정: 사회투자수익률(SROI). 벤처경영연구 13(3): 41-56.
18. Emerson, J., Wachowics, J. & Chun, S. 2000. Social Return on Investment: Exploring Aspects of Value Creation in the Nonprofit Sector, in REDF(2000). *Social Purpose Enterprise and Venture Philanthropy in the New Millennium: Investor Perspective*. Roberts Enterprise Development Fund, San Francisco. 2: 132-173.
19. 조영복·류정란. 2014. 사회적기업의 사회적 가치 측정, 그 접근법과 발전방향의 모색: SROI의 우수성을 중심으로. 인적자원관리연구 21(3): 475-494 재인용.
20. 한국임팩트평가. 2013. 사회적 성과 평가의 역사와 현황 및 국내 적용에 대한 연구. 한국사회투자 용역보고서.
21. 임팩트스퀘어. 2013. 사회적 성과 평가 방법론의 글로벌 발전 동향 연구. 산업통상자원부 연구보고서.
22. 최태원. 2014. 새로운 모색, 사회적 기업. 이야기가 있는 집.
23. 신국현·서순탁. 2014. 사회적 기업의 거버넌스 심층분석: 신수동 행복마을(주)과 홍성유기농영농조합의 사례를 중심으로. 도시행정학보 27(1): 317-343.
24. 이승규·라준영. 2010. 사회적 기업의 사회경제적 가치 측정: 사회투자수익률(SROI). 벤처경영연구 13(3): 41-56.
25. 라준영. 2014a. 사회적 기업 생태계와 정책 혁신: 진화론적 관점. 한국협동조합연구 32(3): 25-57.
26. Drexeler, M., Noble, A. & Bryce, J. 2013. *From the Margins to the Mainstream Assessment of the Impact Investment Sector and Opportunities to Engage Mainstream Investors*. World Economic Forum.
27. 라준영. 2014b. 사회적 자본시장과 성장자본: 보조금 연계형 사회영향투자. 한국협동조합연구 32(3): 91-113.
28. J. P. Morgan. 2015. *Eyes on the Horizon: The Impact Investor Survey*.
29. 라준영. 2014b. 사회적 자본시장과 성장자본: 보조금 연계형 사회영향투자. 한국협동조합연구 32(3): 91-113.
30. 심상달. 2012. 사회적성과 보상제도. 2012 KDI Journal of Economic Policy Conference 발표자료.
31. Jackson, E. T. & Harji, K. 2012. *Accelerating Impact: Achievements, Challenges, and What's Next in Building the Impact Investing Industry*. Rockefeller

Foundation: New York.
32. 라준영. 2014b. 사회적 자본시장과 성장자본: 보조금 연계형 사회영향투자. 한국협동조합연구 32(3): 91-113.
33. 최태원. 2014. 새로운 모색, 사회적 기업. 이야기가 있는 집.
34. 심상달. 2012. 사회적성과 보상제도. 2012 KDI Journal of Economic Policy Conference 발표자료.
35. 최태원. 2014. 새로운 모색, 사회적 기업. 이야기가 있는 집.
36. 최태원. 2014. 새로운 모색, 사회적 기업. 이야기가 있는 집.
37. SK. 2015. 사회성과 인센티브: 발자취와 미래상. 사회성과인센티브 어워드 발표자료.
38. 사회적가치연구원홈페이지(https://www.cses.re.kr/business/spc.do#).
39. 대한민국 정부. 2017. 08. 100대 국정과제(http://pmo.go.kr/pmo/inform/inform01_02a.jsp).
40. 기획재정부. 2017. 12. 28. 공공기관 경영평가제도 전면 개편 추진. 보도자료.
41. 법제처 법제조정총괄법제관실. 2018. '최근 입법동향: 공공기관의 사회적 가치 실현을 위한 의원발의 법안'. 법제소식. 69: 21-26.
42. 최태원. 2014. 새로운 모색, 사회적 기업. 이야기가 있는 집.
43. 고용노동부. 2014. 사회적 기업 육성 정책 평가 및 과제. 고용노동부 연구보고서.
44. 라준영. 2014a. 사회적 기업 생태계와 정책 혁신: 진화론적 관점. 한국협동조합연구 32(3): 25-57.
45. 장용석·김회성·황정윤·유미현. 2015. 사회적 혁신 생태계 3.0. CS 컨설팅 & 미디어.
46. Tansley, A. G. 1935. The Use and Abuse of Vegetational Concepts and Terms. *Ecology* 16: 284-307.
47. Moore, J. F. 1996. *The Death of Competition: Leadership and Strategy in The Age of Business Ecosystems*. NY: Harper Business.
48. 장용석·김회성·황정윤·유미현. 2015. 사회적 혁신 생태계 3.0. CS 컨설팅 & 미디어.
49. 장용석·김회성·황정윤·유미현. 2015. 사회적 혁신 생태계 3.0. CS 컨설팅 & 미디어.
50. Dees, J. G., Anderson, B. B. & Wei-Skillern, J. 2004. Scaling Social Impact. *Stanford Social Innovation Review* 1(1): 24-32.

51. Porter, M. E. & Kramer, M. R. 2011. Creating Shared Value: How To Reinvent Capitalism and Unleash a Wave of Innovation and Growth. *Harvard Business Review* Jan-Feb.
52. 고용노동부. 2015. 사회적 기업 자금조달 길라잡이. 고용노동부 사회적기업과.
53. 조선일보 더나은미래. 2016. 사회적 기업은 취약하다? 35개국서 러브콜, 53억 투자까지 받아. 1월 26일자.
54. 최태원. 2014. 새로운 모색, 사회적 기업. 이야기가 있는 집.
55. 윤진수·안상아. 2012. 사회적 기업 활성화를 위한 국내 대기업의 지원 현황. 한국기업지배구조원 기업지배구조리뷰 64(5).
56. 한겨레. 2015. 사회적 기업들, 대기업 컨설팅 받고 매출 껑충. 1월 18일자.
57. 서재교. 2013. 대기업-사회적 기업 협력 모델 제시한 포스플레이트. 사회적기업매거진 제4호. 한국사회적기업진흥원.
58. 한국경제. 2013. 사회적 기업 그룹 SOS 아이디어 덕에 노숙인 의료비 예산 75% 아낀 프랑스. 12월 2일자.
59. 조선일보 더나은미래. 2012. 프랑스 SOS 그룹 자회사 CID 니콜라 아자르 대표_ "영리·나눔 함께 창출하는 사회적 기업에 투자". 3월 12일자.
60. 박성준. 2011. 사회적 기업이 발전하기 위해서는 사회적기업생태계가 잘 만들어져야 한다(http://songhwajun.com/786).
61. 이인재 외. 2014. 사회적기업 육성 정책 평가 및 과제. 고용노동부 연구보고서.
62. 고용노동부. 2014. 사회적 기업 육성 정책 평가 및 과제. 고용노동부 연구보고서.
63. 고용노동부. 2014. 사회적 기업 육성 정책 평가 및 과제. 고용노동부 연구보고서.
64. 한국사회적기업진흥원 홈페이지(http://www.socialenterprise.or.kr/foundation/training_sintro_concept.do).

참고문헌

1. 국내문헌

SK. 2015. 사회성과 인센티브: 발자취와 미래상. 사회성과인센티브 어워드 발표자료.

고동현·이재열·문명선·한솔. 2016. 사회적 경제와 사회적 가치: 자본주의의 오래된 미래. 한울아카데미.

고명철. 2013. 공공서비스 만족도, 정부성과, 그리고 삶의 질 간 영향관계 분석: 상향확산식 접근을 토대로. 한국행정학보 47(2): 1-30.

고용노동부. 2014. 사회적 기업 육성 정책 평가 및 과제. 고용노동부 연구보고서.

고용노동부. 2015. 사회적 기업 자금조달 길라잡이. 고용노동부 사회적기업과.

곽선화. 2014. 사회적 기업의 경제적 가치와 사회적 가치의 측정. 한국사회적경제신문 2014년 3월 4일자 오피니언.

관계부처합동. 2006. 사회서비스 확충전략, 사회서비스분야 좋은 일자리 창출 추진 보고회. 노동부 사회적 기업 육성 전략. 47-69.

국가과학기술위원회. 2012. 新 과학기술 프로그램 추진전략(안): 더 행복한 대한민국.

국민안전처 재해연보. '자연재난 발생현황'.

국민안전처. 2016. 2017년도 재난안전예산, 신속한 재난대응과 사전 예방기능 강화에 중점투자. 국민안전처 보도자료. 6월 29일자.

기획재정부. 2017. 12. 28. 공공기관 경영평가제도 전면 개편 추진. 보도자료.

김경휘·반정호. 2006. 한국 상황에서의 사회적 기업의 개념과 유형에 관한 소고. 노동정책연구 6(4): 31-54.

김명희. 2008. 영국의 사회적 기업 사례 연구와 한국에의 정책적 함의. 사회복지정책 33: 135-157.

김봉화·김재호. 2010. 세계 사회적 기업의 현황과 전략. 한국학술정보(주).

김영란. 2006. 새로운 위험과 여성빈곤 그리고 탈빈곤정책. 한국사회학 40(2): 189-226.

김재범. 2000. 환경문제의 인식과 언론보도의 역할. 한국언론정보학보 15: 7-47.
김종수. 2010. 문화영역 사회적 기업의 역할. 행정언어와 질적 연구 1(1): 97-120.
김종엽. 2003. 한국 사회의 교육 불평등. 경제와 사회 59: 55-77.
노대명. 2009. 사회통합의 현황과 향후 정책과제. 보건복지포럼. 재인용.
노동부. 2006. 사회적 기업 육성 전략. 사회서비스 확충 전략 관계부처합동 보고회 자료.
니클라스 루만. 1996. 생태학적 커뮤니케이션. 유영사. 이남복 역.
다음뉴스 정책브리핑. 2006. 미국선 방과후 학교도 사회적 기업 몫. 5월 15일자.
대경일보. 2016. 더불어 일하며 행복한 세상을 꿈꾸는 '착한기업'. 4월 1일자.
라준영. 2014a. 사회적 기업 생태계와 정책 혁신: 진화론적 관점. 한국협동조합연구 32(3): 25-57.
라준영. 2014b. 사회적 자본시장과 성장자본: 보조금 연계형 사회영향투자. 한국 협동조합연구 32(3): 91-113.
로버트 퍼트넘. 2016. 우리 아이들: 빈부격차는 어떻게 미래 세대를 파괴하는가. 정태식 옮김. 페이퍼로드.
명재규·김진영. 2015. 세월호 사건보도에 나타난 언론의 행동경제학적 편향에 대한 분석. 한국정책학회보 24(3): 121-155.
문병기·유범상. 2012. 사회복지정책론. 서울: 한국방송통신대학교출판부.
문철우 외. 2014. 사회적 경제 사회가치 측정 지표 정교화 및 활용을 위한 연구. 고용노동부. 한국사회적기업진흥원 연구보고서.
미래창조과학부. 2015. 미래이슈 분석보고서.
박성준. 2011. 사회적 기업이 발전하기 위해서는 사회적기업생태계가 잘 만들어져야 한다(http://songhwajun.com/786).
박성희. 2006. 위험보도의 위기구축 기제 프레임 분석: 식품안전 보도를 중심으로. 한국언론정보학보 35: 181-210.
박정현·이은복. 2015. 글로벌 5개국 20대의 가치관 비교. LG Business Insight. LG경제연구원.
박종민·왕재선·김영철. 2005. 환경가치와 신념의 근원: 脫물질주의, 정치이념 및 문화편향. 한국행정학보 39(4): 369-387.
박형수·류덕현. 2010. 교육분야 정부지출의 효율성 측정과 결정요인. 재정학연구 3(4): 39-77.

백성진. 2012. Horizon 2020의 예산 및 주요 특징. 산업기술정책브리프, 2012-42: 1-25. 한국산업기술진흥연구원.

백승주·금현섭. 2013. 불평등의 다차원적 접근: 측정 및 활용. 한국정책학회보 22(2): 283-312.

법제처 법제조정총괄법제관실. 2018. '최근 입법동향: 공공기관의 사회적 가치 실현을 위한 의원발의 법안'. 법제소식. 69: 21-26.

삼성경제연구소. 2009. 한국의 소득불균형과 사회행복. SERI 경제포커스 제257호.

서경현. 2006. 고령화 사회에서 한국인의 건강과 삶의 질. 한국심리학회지: 문화 및 사회문제 12(5): 133-147.

서재교. 2013. 대기업-사회적 기업 협력 모델 제시한 포스플레이트. 사회적기업매거진 제4호. 한국사회적기업진흥원.

성연옥. 2013. 비교론적 관점에서 사회적 기업 특성 연구: 영국, 이탈리아 및 미국을 중심으로. 한독사회과학논총 23(3): 101-140.

송위진·성지은·임홍탁·장영배. 2013. 사회문제 해결형 연구개발사업 발전방안 연구. 과학기술정책연구원 정책연구 2013년 11월호.

신광영. 2003. 한국의 사회계급과 불평등 상태: 서베이 자료 분석을 넘어서. 경제와 사회 59: 32-54.

신국현·서순탁. 2014. 사회적 기업의 거버넌스 심층분석: 신수동 행복마을(주)과 홍성유기농영농조합의 사례를 중심으로. 도시행정학보 27(1): 317-343.

심상달. 2012. 사회적성과 보상제도. 2012 KDI Journal of Economic Policy Conference 발표자료.

여유진·정해식·김미곤·김문길·강지원·우선희·김성아. 사회통합 실태진단 및 대응방안 Ⅱ: 사회통합과 사회이동. 한국보건사회연구원 연구보고서.

원주의료복지사회적협동조합 홈페이지(http://www.wjmedcoop.org/page/view.php/1sub2)

월간 함께사는길. 2015. 1월호.

유의선·이민형·조승헌·박우철. 2010. 미래 메가트렌드와 저탄소 사회 패러다임의 상호작용. 과학기술정책연구원 2010-26.

윤진수·안상아. 2012. 사회적 기업 활성화를 위한 국내 대기업의 지원 현황. 한국기업지배구조원 기업지배구조리뷰 64(5).

이두휴. 2011. 도시와 농촌 간 교육양극화 실태분석. 교육사회학연구 21(2): 121-148.

이명석·배재현·양세진. 2009. 협력적 거버넌스와 정부의 역할: 사회적 기업 사례를 중심으로. 한국정책학회보 18(4): 145-171.

이상영·정진욱·김영택·윤시몬·채수미·채희란. 2014. 자살위험도 결정요인 및 지역 간 격차요인 분석. 한국보건사회연구원.

이승규·라준영. 2010. 사회적 기업의 사회경제적 가치 측정: 사회투자수익률(SROI). 벤처경영연구 13(3): 41-56.

이은선. 2009. 사회적 기업의 특성에 관한 비교 연구: 영국, 미국, 한국을 중심으로. 행정논총 47(4): 363-397.

이인재 외. 2014. 사회적기업 육성 정책 평가 및 과제. 고용노동부 연구보고서.

이준구. 1992. 소득분배의 이론과 현실. 다산출판사.

이창언·김광남·오수길·조희연. 2013. 사회문제를 보는 새로운 눈: 한국사회의 33가지 쟁점. 도서출판선인.

임도빈. 2008. 역대 대통령 국정철학의 변화: 한국행정 60년의 회고와 과제. 행정논총 46(1): 211-251.

임순미. 2010. 집단지성(Collective Intelligence)에 대한 언론 프레이밍 연구. 정치정보 연구 13(2): 161-189.

임팩트스퀘어. 2013. 사회적 성과 평가 방법론의 글로벌 발전 동향 연구. 산업통상자원부 연구보고서.

장경섭. 2011. '위험회피' 시대의 사회재생산: 가족출산에서 여성출산으로?. 가족과 문화 23(3): 1-23.

장용석·김회성·황정윤·유미현. 2015. 사회적 혁신 생태계 3.0. CS 컨설팅&미디어.

장용석·박명호·강상인·오완근·이영섭·한상범·박찬열·정명은·박나라. 2010. 한국 경제·사회 선진화의 조건(II): 통합사회지표. 경제·인문사회연구회.

장용석·조희진. 2013. 공공-민간 경영 패러다임의 융합적 전환: 변화의 추세와 조직의 대응. 인사조직연구 21(3): 69-104.

장용석·조희진. 2015. 이윤에 윤리를 더하라: 지속가능한 책임경영 생태계 조성을 위한 사회적 기업화 전략. 서재혁·장용석·정재관 편저. 사회적 책임, 사회적기업. 동아시아연구원.

장용석·조희진·황정윤·김보경·이영동. 2017a. 한국 사회문제 지도. Social Innovation Monitor Vol. 11. 사회적기업연구소.

장용석·조희진·황정윤·김보경·이영동. 2017b. 사회적 기업과 사회문제 미스매치. Social Innovation Monitor Vol. 12. 사회적기업연구소.

장용석·조희진·황정윤·김보경·이영동. 2017c. 사회문제 지도로 사회적 기업의 미래를 그리다. Social Innovation Monitor Vol. 13. 사회적기업연구소.

정장훈. 2012. 국제환경협력 참여의 결정요인: 생태계 보호를 위한 람사협약을 중심으로. 한국정책학회보 21(1): 155-189.

정정화. 2007. 환경갈등과 언론: 부안 방폐장에 대한 이해집단과 미디어 프레임 비교분석. 한국정책학회보 16(3): 177-208.

조영복·류정란. 2014. 사회적 기업의 사회적 가치 측정, 그 접근법과 발전방향의 모색: SROI의 우수성을 중심으로. 인적자원관리연구 21(3): 475-494.

조임곤·정재진. 2011. 거래세 감면이 대도시 부동산 시장에 미치는 영향. 한국정책학회보 20(4): 219-242.

조희진. 2014. 공공가치의 융합적 전환: 정부의 효율성과 시장의 책임성을 중심으로. 연세대학교 박사학위 논문.

조희진. 2016. 우리나라 사회통합의 현주소, 지속가능발전을 위협하다. 한국정책학회 정책논단 봄호. 재인용.

조희진·장용석. 2016. 사회적 기업의 지속가능성과 사회적 기업가 정신. 한국정책학회보 25(4): 329-258.

최종렬. 2004. 신뢰와 호혜성의 통합의 관점에서 바라본 사회자본: 사회자본 개념의 이념형적 구성. 한국사회학 38(6): 97-132.

최태원. 2014. 새로운 모색, 사회적 기업. 서울: 이야기가 있는 집.

최항섭·이명진. 2009. 미래예측방법론을 활용한 디지털 컨버젼스의 미래연구. 정보통신정책연구원.

통일한국. 2012. 4월호.

한국사회적기업진흥원. 2014. 사회적 기업 개요집. 1094.

한국사회적기업진흥원. 2015. 작은 비누가 만든 커다란 기적. 사회적 기업 매거진 36(5): 22-25.

한국사회적기업진흥원·한국사회적기업연구소. 2011. 사회적 기업의 사회적 가치측정 사례연구. 한국사회적기업진흥원 연구보고서.

한국임팩트평가. 2013. 사회적 성과 평가의 역사와 현황 및 국내 적용에 대한 연구. 한국사회투자 용역보고서.

허다혜. 2008. 한국의 정부조직개편추세에 관한 연구: 정부의 사회적 기능을 중심으로. 연세대학교 석사학위 논문.

황정윤·조희진. 2016. 사회적 기업 설립의 영향요인 분석: 기능주의와 제도주의 관점을 중심으로. 정부학연구 22(3): 237-277.

황창호·김영주·문명재. 2015. 행정가치에 대한 국민인식이 정부신뢰에 미치는 영향. 한국행정학보 49(4): 123-150.

2. 국외문헌

Bartoli, H. 2000. *Rethinking Development: Putting on End to Poverty*. Paris: UNESCO.

Battilana, J. & Dorado, S. 2010. Building Sustainable Hybrid Organizations: The Case of Commercial Microfinance Organizations. *Academy of Management Journal* 53(6): 1419-1440.

Beck, U. 1998. *World Risk Society*. Cambridge: Polity Press.

Blumber, H. 1971. Social Problems as Collective Behavior. *Social Problems* 18(3): 298-306.

Borzaga, C. & Defourny, J. 2004. *The Emergence of Social Enterprise*. Routledge: London & New York.

Bowles, S. & Gintis, H. 1976. *Schooling in Capitalist America*. New York: Basic Books.

Brush, J. 2007. Does Income Inequality Lead to More Crime? A Comparison of Cross-sectional and Time-series Analyses of United States Counties. *Economics Letters* 96(2): 264-268.

Bryde, D. & Robinson, L. 2005. Client versus Contractor Perspectives on Project Success Criteria. *International Journal of Project Management* 23: 622-629.

Campbell, S. 1998. Social Entrepreneurship: How to Develop New Social Purpose Business Ventures. *Health Care Strategic Management* 16(5): 17-8.

Dart, R. 2004. The Legitimacy of Social Enterprise. *Nonprofit Management and Leadership* 14(4): 411-424.

Dees, J. G., Anderson, B. B. & Wei-Skillern, J. 2004. Scaling Social Impact. *Stanford Social Innovation Review* 1(1): 24-32.

Drexeler, M., Noble, A. & Bryce, J. 2013. *From the Margins to the Mainstream Assessment of the Impact Investment Sector and Opportunities to Engage Mainstream Investors*. World Economic Forum.

Emerson, J., Wachowics, J. & Chun, S. 2000. Social Return on Investment: Exploring Aspects of Value Creation in the Nonprofit Sector, in REDF(2000). *Social Purpose Enterprise and Venture Philanthropy in the New Millennium: Investor Perspective*. Roberts Enterprise Development Fund, San Francisco. 2: 132-173.

Esteva, G. 1992. Development in W. Sachs(ed.). *The Development Dictionary*. London: Zed Books.

Everett, B. 2011. *Evidence Review–Environmental Innovation Prizes for Development*. DEW Point Enquiry No. A0405.

Felce, D. & Perry, J. 1995. Quality of Life: Definition and Measurement. *Research in Developmental Disabilities* 16(1): 51-74.

Frank, D. J. 1997. Science, Nature, and the Globalization of the Environment, 1870-1990. *Social Forces* 76(2): 409-435.

Frank, D. J., Meyer, J. W. & Miyahara, D. 1995. The Individualist Polity and the Centrality of Professionalized Psychology. *American Sociological Review* 60: 360-377.

Fukuyama, F. 1995. *Trust: The Social Virtues and the Creation of Prosperity*. New York: Free Press.

Fuller, R. C. & Myers, R. R. 1941. The Natural History of a Social Problem. *American Sociological Review* 6(3): 320-329.

Giddings, B., Hopwood, B. & O'Brien, G. 2002. Environment, Economy and Society: Fitting Them Together into Sustainable Development. *Sustainable Development* 10: 187-196.

Goodin, R. & Dryzek, J. 1980. Rational Participation: The Politics of Relative Power. *British Journal of Political Science* 10(3): 273-292.

GROUNDWORK. 2011. Annual Report and Financial Statements 2010/2011.

GROUNDWORK. 2015. GROUNDWORK IN ACTION, ANNUAL REVIEW 2015.

Hwang, H. 2006. Planning Development: Globalization and the Shifting Locus of Planning in G. S. Drori, J. W. Meyer & H. Hwang(eds.). *Globalization and*

Organization: World Society and Organizational Change. New York: Oxford Press.

J. P. Morgan. 2015. Eyes on the Horizon: The Impact Investor Survey.

Jackson, E. T. & Harji, K. 2012. *Accelerating Impact: Achievements, Challenges, and What's Next in Building the Impact Investing Industry*. New York: Rockefeller Foundation.

Jay, J. 2013. Navigating Paradox as a Mechanism of Change and Innovation in Hybrid Organizations. *Academy of Management Journal* 56(1): 137-159.

Kaletsky, A. 2010. *Capitalism 4.0: The Birth of a New Economy in the Aftermath of Crisis*. New York: Public Affairs.

Keeley, B. 2015. *Income Inequality: The Gap between Rich and Poor*. Paris: OECD(OECD Insights).

Kerlin, J. A. 2006. Social Enterprise in the United States and Europe: Understanding and Learning from the Differences. *Voluntas* 17: 247-263.

Kohn, M. L. 1976. Looking Back-A 25-year Review and Appraisal of Social Problems Research. *Social Problems* 24: 94-112.

Lakin, N. & Scheubel, V. 2010. *Corporate Community Involvement: The Definitive Guide to Maximizing Your Business' Societal Engagement*. California: Stanford University Press.

Merton, R. K. 1938. Social Structure and Anomie. *American Sociological Review* 3: 672-682.

Merton, R. K. 1971. Epilogue: Social Problems and Sociological Theory. In R. Merton & R. Nisbet(eds.). *Contemporary Social Problems*. New York: Harcourt Brace Jovanovich.

Meyer, J. W. & Jepperson, R. 2000. The Actors of Modern Society: The Cultural Construction of Social Agency. *Sociological Theory* 18(1): 100-120.

Meyer, J. W. & Rowan, B. 1977. Insititutionalized Organizations: Formal Structure as Myth and Ceremony. *American Journal of Sociology* 83: 340-363.

Meyer, J. W. 2010. World Society, Institutional Theories, and the Actor. *Annual Review of Sociology* 36: 1-20.

Meyer, J. W., Bromley, P. & Ramirez, F. O. 2010. Human Rights in Social Science

Textbooks: Cross-national Analyses, 1970-2008. *Sociology of Education* 83(2): 111-134.

Meyer, J. W., Frank, D. J., Hironaka, A., Schofer, E. & Tuma, N. B. 1997. The Structuring of a World Environmental Regime, 1870-1990. *International Organization* 51: 623-651.

Milanovic, B. 1999. *True World Income Distribution, 1988 and 1993: First Calculation Based on Household Surveys Alone*. World Bank Policy Research Working Paper Series No. 2244.

Moore, J. F. 1996. *The Death of Competition: Leadership and Strategy in The Age of Business Ecosystems*. New York: Harper Business.

Mulgan, G. 2010. Measuring Social Value. *Stanford Social Innovation Review* 8(3): 38-43.

OECD. 2013. Pensions at a Glance 2013: OECD and G20 Indicators, OECD Publishing. http://dx.doi.org/10.1787/pension_glance-2013-en

OECD. 1999. Social Enterprises. Organization for Economic Co-operation and Development.

OECD. 2014. Education at a Glance 2014: OECD Indicators, OECD Publishing. http://dx.doi.org/10.1787/eag-2014-en

OECD. 2014. OECD Factbook: Economic, Environmental and Social Statistics. Paris: OECD.

OECD. 2014. Society at a Glance 2014: OECD Social Indicators. OECD Publishing. http://dx.doi.org/10.1787/soc_glance-2014-en

OECD. 2015. Gender wage gap(indicator). DOI: http://dx.doi.org/10.1787/7cee77aa-en(Accessed on 03 April 2016)

OECD. 2015. Better Life Index 2015: Quality of Social Network.

OECD. 2015. Environment at a Glance. OECD Publishing.

OECD. 2015. Health at a Glance 2015: OECD Indicators, OECD Publishing, Paris. http://dx.doi.org/10.1787/health_glance-2015-en

Porter, M. E. & Kramer, M. R. 2011. Creating Shared Value: How To Reinvent Capitalism and Unleash a Wave of Innovation and Growth. *Harvard Business Review* Jan-Feb.

Rawls, J. 2001. *Justice as Fairness: A Restatement*. Cambridge, MA: TheBelknap Press of Havard University Press.

Rottenberg, L. & Morris, R. 2013. New Research: If You Want to Scale Impact, Put Financial Results First. *Harvard Business Review* January. Harvard Business Review 홈페이지(https://hbr.org/2015/11/the-best-performingceos-in-the-world).

Sachs, J. D. 2015. *The Age of Sustainable Development*. New York: Columbia University Press.

Scott, R. W. 1994. Institutions and Organizations: Toward a Theoretical Synthesis. In W. R. Scott & J. W. Meyer(eds.). *Institutional Environments and Organizations: Structural Complexity and Individualism*. Thousand Oaks, CA: Sage.

Sen, A. 1992. *Inequality Reexamined*. New York: Oxford University Press.

Sen, A. 2000. *Social Exclusion: Concept, Application, and Scrutiny*. Asian Development Bank. Social Development Papers No.1.

Smeeding, T. M. 2004. *Public Policy and Economic Inequality: The United States in Comparative Perspective*. LIS Working Paper Series 367.

Social Enterprise Coalition. 2003. *There's More to Business Than You Think: A Guide to Social Enterprise*. London: Social Enterprise Coalition.

Solt, F. 2008. Economic Inequality and Democratic Political Engagement. *American Journal of Political Science* 52(1): 48-60.

Spradlin, D. 2013. Are You Solving the Right Problem?. *Harvard Business Review* September.

Tansley, A. G. 1935. The Use and Abuse of Vegetational Concepts and Terms. *Ecology* 16: 284-307.

Thorbecke, E. & Charumilind, C. 2002. Economic Inequality and Its Socioeconomic Impact. *World Development* 30(9): 1477-1495.

Tuchman, G. 1978. *Making News: A Study of Construction of Reality*. New York: Free Press.

Wright, E. O. 1997. *Class Counts*. Cambridge: Cambridge University Press.

Young, D. 2003. New Trends in the US Non-profit Sector: Towards Market Integration? In OECD(ed.). *The Non-profit Sector in a Changing Economy*. Paris: OECD.

3. 신문기사

AVING. 2016. [국제전기전력전] '태양광 미니발전소 보조금 지원사업'. 서울시민햇빛발전협동조합. 5월 11일자.

ETN 뉴스. 2015. 바다 쓰레기 7만 톤 회수할 '100km 울타리'. 4월 27일자.

G1TV. 2016. 원주의료협동조합 "의료의 사회적 공공성 추구". 3월 16일자.

SBS 뉴스. 2016. [한수진의 시사 전망대] 춤추는 부동산 정책, 그 오랜 역사 한 눈에 보기. 7월 16일자.

경향신문. 2015. "[거꾸로 가는 노동 개혁] 해고가 자유로운 나라, 한국...개별·집단해고 보호지수, OECD 평균보다 낮아". 3월 29일자.

경향신문. 2016. "[세상속으로] 각자도생 사회...무너지는 인간관계...'섬'이 된 사람들". 2월 26일자.

YTN. 2015. 부족한 연금...노인 빈곤율 OECD 1위. 9월 26일자.

국민일보. 2016. 재취업 중장년의 40%, 낯선 업종으로 이동...50대 재취업 가장 많아. 3월 25일자.

국제신문. 2011. 사회적 기업이 여는 희망세상 〈1-21〉 사회적 기업들: 블루인더스. 8월 16일자.

국제신문. 2015. 동의애프터스쿨, 교육부 돌봄교실 특별상. 10월 5일자.

노컷뉴스. 2015. "81.8% "노인 존경받지 못한다"...노후보장의 위기". 3월 30일자.

뉴시스. 2018. [양산소식] 블루인더스 황사마스크 공영홈쇼핑 대박. 4월 18일자.

브릿지경제. 2016. 한신플러스케어 이인재 대표를 만나다. 1월 29일자.

서울경제. 2016. "물 확보하라"...가뭄과의 전쟁 나선 정부. 3월 31일자.

서울뉴스통신. 2016. 경기연, 전국 농가 19.2%↓ 농가인구 31.7%↓. 3월 7일자.

서울신문. 2015. "사교육비 많은 것도 힘든데... 공교육 개인 부담 OECD 최고". 11월 25일자.

세계일보. 2015. "한국 복지지출 OECD 꼴찌...'저부담 저복지' 여전". 3월 27일자.

아주경제신문. 2016. [긴급진단 식량위기] 2020년 곡물생산 20% 감소...식량 '빈익빈 부익부'. 3월 28일자.

연합뉴스. 2016. "중국, 빈부격차 좁혀지지 않고 고착화...지니계수 상승". 2월 19일자.

연합뉴스. 2016. 나이 많을수록 다문화에 부정적 태도: 여가부 조사. 3월 14일자.

연합뉴스. 2016. 빚 갚기 턱없이 부족한 소득...가계부채가 소득의 1.5배. 3월 26일자.

연합뉴스. 2018. 지난해 일회용 기저귀 사용량 30억개...5년간 44% ↑. 10월 7일자.
전자신문. 2016. [WIS2016] 포드림. 5월 13일자.
조선비즈. 2013. 칸 아카데미 "기술 발달이 '교육 평등화' 이룰 것". 3월 8일자.
조선일보 더나은미래. 2012. [사회적 기업 2.0 시대가 왔다] ① 세계 사회적 기업은 진화 중_일본의 사회적 기업 '고토랩' 르포. 5월 22일자.
조선일보 더나은미래. 2012. 프랑스 SOS 그룹 자회사 CID 니콜라 아자르 대표_"영리·나눔 함께 창출하는 사회적 기업에 투자". 3월 12일자.
조선일보 더나은미래. 2015. 100만 개 일자리 만드는 영국 사회적 기업의 비밀. 12월 22일자.
조선일보 더나은미래. 2015. 안전문제 해결하는 사회적 기업은 1.15%뿐. 9월 22일자.
조선일보 더나은미래. 2015. 안전은 비용 아닌 투자...주민 주도형 재난관리 시스템 마련해야. 9월 22일자.
조선일보 더나은미래. 2016. 사회적 기업 성공이나 수익보다 '소셜 미션'에 집중하라. 3월 15일자.
조선일보 더나은미래. 2016. 사회적 기업은 취약하다? 35개국서 러브콜, 53억 투자까지 받아. 1월 26일자.
주간경향. 2012. 이명박 정부의 녹색 성장, 미래는 있을까. 7월 31일자. (주간경향 986호).
중앙시사매거진. 2015. 김정현 셰어하우스 WOOZOO(우주) 대표-전문가에게 쓰는 돈 아끼지 말라. 2월 9일자.
파이낸셜 뉴스. 2016. 亞대륙, 2050년 심각한 물 부족, 10억 명 고통 예상. 3월 31일자.
프레시안. 2016. '갈색 경제'의 몰락, 기로에 선 한국. 3월 30일자.
한겨레. 2015. 사회적 기업들, 대기업 컨설팅 받고 매출 껑충. 1월 18일자.
한겨레. 2016. 미국판 삼포세대 절반, 자본주의지지 안한다. 4월 29일자.
한겨레. 2016. 전셋값 갑절 뛰는데, 소득은 제자리 '빚내서 집 얻기'. 3월 29일자.
한겨레21. 2015. 사회변혁은 집에서 출발한다. 9월 7일자.
한겨레21. 2015. 집, 가난과 대결하다. 5월 20일자.
한국경제. 2013. 사회적 기업 그룹 SOS 아이디어 덕에 노숙인 의료비 예산 75% 아낀 프랑스. 12월 2일자.
해럴드매일. 2016. [기고] 러시아 연해주 고려인과 사회적 기업 '바리의꿈'. 2월 11일자.
허핑턴포스트코리아. 2015. [허핑턴 단독] 바다 스스로 쓰레기를 청소하게 만든 스무 살 청년. 5월 27일자.
헤럴드경제. 2016. '삼포세대'는 세계적 현상, 청년층 좌절감 역대 최대. 3월 9일자.

4. 기타 참고자료

(사)동의애프터스쿨 홈페이지
(http://www.das.or.kr/03_management/01_1.php?sv =&sw=&page=1).
(사)전북사회경제포럼 전라북도 사회적 기업·협동조합 통합지원센터 홈페이지
(http://jbse.or.kr/korean/SubPage.html?CID=pages/jeonbuk04_view.php&co_area=&co_saup=5&&co_id=38).
(사)행복한아침독서 웹페이지(http://blog.naver.com/10minreading/50162345212).
(주)에코시티서울. 2018. 서울특별시SR(Seoul Resource) 센터_(주)에코시티서울소개자료.
e-나라지표(http://www.index.go.kr/).
GOODWILL 홈페이지(http://www.goodwill.org/about-us/).
GROUNDWORK 홈페이지(https://www.groundwork.org.uk/).
http://strikedebt.kr/
http://www.bloter.net/archives/253026
http://www.edu-money.co.kr/Edumoney
https://www.ramsar.org/country-profiles
SR센터 홈페이지(http://www.srcenter.kr/).
굿윌스토어 밀알송파점 홈페이지(www.goodwillsongpa.org).
네이버 블로그(http://blog.naver.com/dongtuni/220649872830).
대한민국 정부. 2017. 08. 100대 국정과제
(http://pmo.go.kr/pmo/inform/inform01_02a.jsp).
따뜻한마음청소년센터홈페이지(http://www.yebang1004.com/)
마포FM 홈페이지(http://mapofm.net/).
바리의꿈 홈페이지
(http://www.baridream.co.kr/shop/main/html.php?htmid=service/com_01.htm&tplSkin=designbook_greenfarm&gd_preview=1&gd_preview_file= service/com_01.htm).

부산 잡코리아 기업정보

(http://www.jobkorea.co.kr/Recruit/Co_Read/C/8902657?PageGbn=PS&Oem_Code=C151).

사회적가치연구원홈페이지(https://www.cses.re.kr/business/spc.do#).

서울마을미디어지원센터 뉴스레터(http://maeulmedia.tistory.com/158).

서울잡스(http://seouljobs.net/recruit/mapofm/).

㈜블루인더스 홈페이지(http://www.blueind.co.kr/).

함께일하는세상㈜ 기업소개 Report_2016. 함께일하는세상 SEB센터 블로그 (http://blog.daum.net/hssseb/19).

한국사회적기업진흥원 홈페이지 (http://www.socialenterprise.or.kr/foundation/training_sintro_concept.do).

저자 약력

장용석

연세대학교 행정학과 교수

조희진

사회적가치연구원 수석연구원

김보경

서울시립대학교 객원교수

황정윤

연세대학교 공공문제연구소 정부와기업센터 연구원

이영동

Social Balance 대표

사회적 가치의 재구성

대한민국 사회문제 지도로 사회적 기업의 미래를 그리다

초판 인쇄 2018년 12월 24일
초판 발행 2018년 12월 31일

지은이 장용석 · 조희진 · 김보경 · 황정윤 · 이영동
펴낸이 김영훈
기획 영업 전영완
편집인 김병성
펴낸곳 도서출판 문우사 MoonWoo
주소 경기도 고양시 일산동구 정발산로 24, T2-814호(장항동, 웨스턴돔타워)
전화 031) 901-6542, 070) 4200-6542 **팩스** 031) 906-6542
홈페이지 www.munu.co.kr **대표메일** moonwoosa@hanmail.net
출판신고번호 제396-2013-000113호

ISBN 979-11-85994-51-2

값 25,000원